质量型发展

项润 著

企业管理出版社
ENTERPRISE MANAGEMENT PUBLISHING HOUSE

图书在版编目（CIP）数据

质量型发展/项润著.—北京：企业管理出版社，2019.7

ISBN 978-7-5164-1979-3

Ⅰ.①质… Ⅱ.①项… Ⅲ.①质量管理 Ⅳ.①F273.2

中国版本图书馆CIP数据核字（2019）第132621号

书　　　名：	质量型发展
作　　　者：	项　润
责任编辑：	张　羿
书　　　号：	ISBN 978-7-5164-1979-3
出版发行：	企业管理出版社
地　　　址：	北京市海淀区紫竹院南路17号　邮编：100048
网　　　址：	http://www.emph.cn
电　　　话：	总编室（010）68701719　发行部（010）68701816　编辑部（010）68701891
电子信箱：	80147@sina.com
印　　　刷：	河北宝昌佳彩印刷有限公司
经　　　销：	新华书店
规　　　格：	170毫米×240毫米　16开本　19.25印张　300千字
版　　　次：	2019年7月第1版　2019年7月第1次印刷
定　　　价：	88.00元

版权所有　翻印必究·印装错误　负责调换

质量规则 13 条

1. 质量属性：质量无处不在，其优劣决定价值的走向、高低。在任何的组织里，观念质量是钥匙，决策质量是锁，机制质量是门，人的质量是剑，时刻面对的是资源要素及其系统结构的质量。

2. 质量内核：质量永恒的主体是观念、结构、运行的持续优化。活力源于现场，标志在于传承与创新，潜力在于结构。

3. 质量五观念：（1）最好的质量是恰当而非最高。质量过剩是浪费，质量不足即事故。（2）产品质量既不是质量的唯一，也不是质量的全部。（3）完整的质量由三维、三层、三表现构成，在物质、意识、人文生态三维体系中，具有文化、管理、产品三层，生存、竞争、发展三表现。其中，文化质量是基因，管理质量是鸡，产品质量是蛋。好基因产好鸡，好鸡产好蛋。（4）要造产品先造人、机制、观念。（5）质量与成本成反比，质量观与结果成正比。前者是质量高，成本低；质量低，成本高。后者是质量观优秀度有多高，结果的优秀程度就有多高。

4. 质量意识：人和组织皆有着天然的质量意识，只有后天的持续孵化、催化、聚化，才能将天然的质量意识化为自然行为习性的人文基因。

5. 质量责任：首要责任人是头号人物，首要责任主体是机制质量，首要责任行为是决策质量，首要责任任务是塑造质量意识，首要责任目标是确立质量的主导地位。

6. 质量规律：识别并处理好根本、基本、关键三类因素是质量的准绳，其任何成败都将带来倍数级的益或损、利或害。

7. **质量共识**：质量的强度由正反、优劣、成熟度决定，力度由愿景、路径、方法决定。强则力聚，弱则力散，无则力乱。其中，正向越强，困扰越弱，效益越好；负向越强，乱象越多，效益越糟。

8. **质量三角**：内三角是文化决定常青度、模式决定生命力、机制决定稳定性；外三角是队伍制造质量、技术保障质量、产品表现质量。

9. **质量支点**：由文化、管理、产品三个质量控制点体系构成的质量支点，类别、层次、作用为三要素，动态、阶段性为特征。控制点识别的精准度越高，体系就越精简，质量表现与结果的波动就越少。

10. **质量三途**：塑造，关键是创意、设计、规范、标准、目标；优化，关键是集长、补短、升级；蜕变，核心是再聚焦、再定位、再结构。

11. **质量变革**：（1）由数量主导变为质量主导；（2）由数量单维度体系变为质量、数量二维度体系；（3）由恒量主导数量、质量。它们的实现由观念、理论、模式、机制、方法、工具、策略7因素决定。

12. **质量效益**：质量投入是软性的，作用是刚性的，效果是裂变性的。产品质量落地能立竿见影但难以持续，所以呈现无规则波动、岛礁状的常态；管理质量则见效快、持续时间长。

13. **质量法则**：（1）一切混乱源于责任丧失。质量乱象只有两种结果，要么一命鸣呼，要么浴火重生。后者的概率极低。（2）质量普遍存在残障、智障、魂障"三障"现象。（3）组织出现思想、压力、人才恐怖三断层，意味着生命质量病变，其汇聚度越高死期越近。

质量，缔造文明强度

一切皆有质量！

在生活、学习、工作上，在决策、执行、结果中，在总结、激励、精神、意志等方面，如果没有质量，它们将会怎样？！

无处不在的质量，决定着我们活着的分量、活着的境界！

然而，决定文明优劣的质量，至今却没有一本《质量学》，一个覆盖文化质量、管理质量、产品质量的质量学科，全世界尚没有一所囊括质量哲学、质量理论、质量应用的质量大学，我们也无法对人的质量、企业等各种组织以及城市、社会、文明的质量系统鉴定、系统考量，甚至，我们的眼神几乎很少离开产品，瞄向管理质量、瞄向文化质量。

我们说：任何的成功都是重视质量的结果，任何的崛起都是源于质量的高涨！

质量崛起，意味着质量由被动支撑到质量主导；意味着质量哲学凌空；意味着质量科学体系成熟，质量人才涌动，质量动能驱动；意味着质量型社会、质量型国家、质量型企业、质量型人生诞生！

中国·泰山质量论坛站在文明的顶层，聚焦三维质量观念，聚合传统的、前沿的、创新的质量亮点，聚变质量的意识、理论、体系、工具、方法！

我们说，数量证明富足，质量塑造强盛，恒量涅槃征程！

面对代内、代际和种内、种际竞争交叉叠合、防不胜防、防无所防的速变、剧变、巨变，思想、精神、意志，模式、机制、标准的质量，注定了我们最终收割什么样的产品市场、人心市场、思想市场。

大风起，云飞扬！

我们说：在世界质量版图上，已经横亘美国、日本、德国……一道道质量山岭，已矗立朱兰、戴明、克劳士比……一座座质量高峰！中国的伟大复兴，积60多年抗争，160多年历史反转，5000年血脉持续绵延——

新世纪，新纪元，新文明！

注定要隆起一座中国质量山系！

注定要崛起一座世界人文质量逶迤壮阔的中华喜马拉雅！

那是站在质量哲学顶端，用中国人的肩膀，将文明质量地平线抬升，去耸动质量思想、质量理论、质量方法、质量标志的一部部巨著、一尊尊巨擘、一篇篇历史激荡聚合的巍峨山峰！

（注：本文是2018年第三届中国·泰山质量论坛专题片解说词。）

序 言
PREFACE

质量型发展，站在新的维度上眺望

党的十九大报告中指出："我国经济已由高速增长阶段转向高质量发展阶段。"这是根据国际、国内环境变化，特别是我国发展条件和发展阶段持续提高，关于国家发展性质升级的方针，标志着我国开启质量型发展的新阶段，其核心是质量主导数量，而非质量为数量背书、当配角、挡子弹。

这是前所未有的。

可以说，一直以来，地球文明是数量型单维度主导着发展，一个应该是恒量灵魂、质量主导、数量表现的三维（量）体系，只是隐然存在，虽时而爆闪出应有的光芒，创造了一个个历史经典、作品，却终没有形成思想体系、知识体系、工具体系、方法体系、策略体系的系统，作为质量的维度终于走向主导数量的角色，应该是开启了质量主导数量的二维时代。

质量是老话题，质量型是新课题。质量的历史与文明史是等长的，然而，从科学管理之父泰勒先生提出现代"质量"概念之后才算正式登上文明的前台，由此，"质量"伴随着工业文明进程，成为现代管理的一个重要内容。也就是说，有史以来，质量就从没有离场于文明发展的每一步，历史的长河不乏如金字塔、万里长城、空中花园、都江堰、阿波罗登月等一个个质量经典。但是，值得深思的是，我们很难说哪个时代是质量型时代、哪个国家是质量型国家、哪个社会是质量型社会，或者说，"质量型"的概念看似熟悉，却比较陌生。因此，质量型可以初步理解为是全社会的质量，这样的话，其内容就十分丰富且宏大，应该包括了社会治理、政府运行、经济管理、文化发展、科技进步、法制建设……质量无处不在！哪个方面没有质量的存在与作用、管理与结果、方法与策略？

质量型发展是质量观的升级。作为一种习惯化的思维定式，一说到质量就自然联想到产品、产品问题，"质量即产品问题"已成为社会性的思维定格，政府中、企业中、社会上，提到质量就想到质量部门、质量检验、质量标准、计量、认证。这是观念的局限所致。

直观地看，"质量"是工业革命的产物，质量型是管理的概念，随着大工业化的倍增式扩张，产品作为劳动过程与价值的结晶，其合格率问题成为影响经济发展的一大重要因素，日益庞大的产量、快速增多的产品品类，让质量由"被迫"到主动，逐渐发展成为一个庞大的体系，为解决产品的合格率而独立起来的现代质量内容及其体系，成为经济运行的一个焦点、一个支点。问题是一代代质量人在产品质量管理方面创造了较为系统的工具、方法，在保障产品质量上，几乎穷尽了一切手段，但产品质量的稳定性、可靠性、缺陷性等却一直是难以排解得开的困扰。

享誉世界的质量巨擘朱兰博士敏锐地认识到了质量的重要性，曾预言"21世纪是质量的世纪"，另一位同样是大师级的人物克劳士比先生断言"质量问题94%的责任是决策者，6%属于操作者"，他们已经将"质量"从微观的产品载体升级到宏大的社会主体，以及明确了责任主体，事实上在叩打质量层级的大门，挖掘那个隐身于产品质量后面的决定因素。因为，影响产品质量的是人、机、料、法、境、测等物性六因素，在它们背后，还有更具价值的文化与人文生态的主导性内容，这是地心（万有）引力一样的力量。

我国的发展是举世瞩目的，高速的发展在迅速提升国力、提升产品质量基准线的基础上，将"中国货""中国制造"推到了世界的角角落落。显然，对于有着复兴梦的我国，这不是终极目标。从2014年5月10日习近平总书记在

| 序言 |
质量型发展，站在新的维度上眺望

郑州考察中铁装备时，提出推动"中国制造向中国创造转变、中国速度向中国质量转变、中国产品向中国品牌转变"，到2017年10月18日党的十九大报告提出"由高速增长阶段转向高质量发展阶段"，再到2018年4月24日—28日习近平总书记在湖北考察时强调："推动高质量发展是做好经济工作的根本要求"，"要提高供给体系质量，增强供给体系对需求的适应性，使中国质量同中国速度一样享誉世界。"翻遍历史，这种举国由数量型向质量型、产品型向管理型、制造型向创造型转变的国家意识、国家意志、国家意图的国家质量观，在全世界还是头一个。

质量型发展考量的主导因素是管理质量能力。说到底，产品质量是物性个体为主因素的问题，尽管产品质量的稳定是一个管理问题，但操作上一个走神、一个疏忽、一个偏差，就会造成质量事故。质量型的主因是资源集合体的运营能力水平，不论是一个项目、一个企业，还是一个地区，任何一个决策都是资源的集合、聚合，作为一个系统，这个资源体的"观念、结构、运行"三大主体构成的优质程度，必然影响全局的走向、走势、走速与结果状态。所以，要实现质量型发展，就要实现三个转变：

（1）由物性个体转型为系统的整体，即由产品型转变为管理型；

（2）由数量型转变为质量型，具体就是由规模、速度、效益等数量性要求主导的高速发展，转型到由价值、质地、持续性等质量性要求主导的优质发展；

（3）由以成败论英雄的结果导向转变为可持续性发展的全过程优质导向。

质量型发展的基础是质量知识普及。我国的复兴是从农业国家基础上起步，在工业文明、信息文明迭代发展的机遇中发生的，大量的产业工人（数以亿计的农民工）从农田一转身进了车间，几亿双手从撸锄杆变为开车床、操游标卡尺，在中国货走遍世界，由低端迈向中、高、尖端的进程中，一是以较高的残次品为代价实现的，尽管这是工业化进程中难以跨越的必然；二是巨大的国内低端市场的容纳力、承受力。它与三个基础问题紧密关联，（1）产业人的职业质量素养，（2）社会质量意识与氛围的相对薄弱，（3）质量教育的不足。当然最为为基础的是由物质财富基准线支撑。实际上，不论文明发展到何种程度，全民质量意识的强度、知识的厚度、素养的丰度都是永恒的追求，也是永远不能满足却又在不断满足的路上。

质量型发展需要理论、组织、人才三大建设主导。质量与数量一道构成了社会发展的基本面，质量型发展是这个基本面的整体抬升。客观上我国几十年的长程高速发展、宽厚积累，已经为质量型发展做了准备、储备，但在我国开启质量型发展的今天，理论、组织、人才队伍三大支柱的建设与升级自然成为关键。

首先，一个知识体系强度不足的组织，其力量的强度自然不足。这个道理对于个人、企业、地区、国家也是一样的。质量型发展的任务已经历史性地摆在我们面前，观念、观点、口号十分明确，但思想体系、知识体系、方法体系等核心内容显然难以满足现实的需要。

作为参照，在质量领域，美国涌现了戴明、朱兰、费根鲍姆、克劳士比等一大批闻名世界的人物，也产出了"质量十四点原则""质量三部曲""质量免费"等享誉世界的论断、观点、著作，站在国家发展的顶层看，他们作为美国思想与知识生产的一部分，共同汇聚成理论先行与技术创新的力量，与物质财富一道，成就了美国一个多世纪高居金字塔尖顶的牢固地位。没有了这种软力量，仅靠物质财富是难以"堆"得出20世纪的美国的。

其次，质量组织体系与内容的立体性。我国社会经济发展到今天的状态，"中国制造"享誉全球，中国品牌逐步强壮，中国产品从世界产业价值链的低端已攀升到中高端，形象地说，它们的演进离不开质量组织的长城作用以及全民质量意识的逐步觉醒、觉悟。一方面，从宏观管理的政府，到微观管理的企业为主体的社会成员、第三方的专业质量服务机构，质量组织体系像血管一样满布于国家周身，这种健全的组织体系发挥着护佑社会经济发展的守护神作用，这是以产品质量为核心的组织体系与机能的健全，它们保障了"中国质量"基线的不断抬高、攀升。另一方面，在非物理性产品产出的领域、层面，例如软科学性的管理质量、运营质量、人文生态质量如思想产品类、文化产品类、艺术产品类等的质量，专门的、专业的质量组织体系与功能还比较薄弱以至于空缺。这些内容的质量高低、优劣，只有靠社会关注度、流行度、持续性来拉动，而没有形成"质量"全覆盖的规范、标准、体系、机制。根本原因并非是这些内容只能数量化考量，无法

| 序 言 |
质量型发展，站在新的维度上眺望

质量化管控、运营，而是知识的根基性欠缺难以透彻到知识体系、质量精度的深层。一如动物的怀孕、生育走过了自然—人为的过程，虽然尚未达到产品质量化的程度，但随着基因工程的深入发展，生育的质量化必然会实现。

最后，人才队伍的建设。从全国质量人才队伍的状态看，高等教育院校与专业近几年才开始设立设置，所以，整体看质量队伍，半路出家的多，从计量、检测、检验岗位上成长起来的多、科班出身的少、专业研究人员少。而且，从质量型发展的角度看，这种状况还反映出一个质量意识形态、知识结构、能力结构偏向产品质量的事实，这种情况自然延伸到"社会管理质量"的政府机构、微观管理的企业等组织、专业质量服务的咨询与中介组织、大学与专业研究四大领域，它提出的严峻问题是国家公务员、专业组织领导者、专业质量从业人员、质量研究者4支队伍建设的滞后、空缺、空白。其中，（1）国家公务员队伍。政府作为社会的公器，系统地驾驭着社会的发展，作为全社会资源的系统驾驭者，其行政质量的作用、价值、优劣一如驾驶员驾驭机器。政府不是产品政府，而是以人为主体的社会资源驾驭者，它必然包括了产品质量监管，管理质量、文化质量、人文+自然生态质量的引导与促进，若用产品质量的方式、方法、逻辑进行社会管理会如何？（2）各类专业组织领导者队伍。作为社会组成部分的具体实施者，如企业经营者、学校管理者等，他们的质量程度必然决定着社会经济发展的质量，如果一个国家、地区有享誉全国、享誉世界的企业家、教育家、经营家等持续不断地涌现，这个国家、地区的数量实力、质量实力就是不言而喻的。（3）专业质量工作者、研究者，他们为以上两支队伍提供着实践资源、知识创新的资料，作为根基制造者、思想与知识养分供给者，共同地养育着社会的质量发展。"二战"后日本经济腾飞过程中，涌现出了石川馨、田口玄一、狩野纪昭等享誉世界的质量人物，也向世界贡献了QC新老七工具等，在工业文明、后工业文明中，美国、日本的路，不就是我国质量人要接续、延伸的吗？面对扑面而来的信息文明时代，新的质量观、质量理论、质量工具、质量方法等需要完善、升级，更需要发展、发现、发明。

质量缔造文明强度！时值我国内涵型升级的历史路口，真心期待在这样前

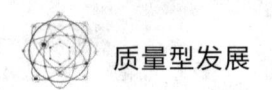

所未有的社会变革当中，我国涌现出一大批质量领域享誉世界的人物、著作、产品、品牌，由是形成我国持续性发展的质量根基与动力。

历史机遇的门扉已经打开，期待在实践中终将成为现实！

二〇一九年五月二十九日

目 录
CONTENTS

思想与内容

第 一 章　质量型发展：内容、对象、关键点 / 002

　　一、内容：质量的层次与体系 / 003

　　二、对象：质量型发展的主体、内容、作用体 / 011

　　三、关键点：原点、支点、作用点 / 013

第 二 章　质量，我们真的懂吗 / 015

　　一、质量是什么 / 016

　　二、质量现状：现象与原因 / 025

　　三、质量的深向思考：明魂、确位、施策 / 038

第 三 章　三维全角度透视质量：灵魂、内容、体系 / 051

　　一、质量深度看：三维三层三表现体系 / 051

　　二、内容：七要素结构体系 / 056

　　三、质量的灵魂：塑造、成活、发展 / 061

　　四、质量，谁的事 / 062

第 四 章　组织的质量 / 064

一、案例说事：组织质量的作用 / 067

二、组织质量，不该被空白的空间 / 070

三、组织质量的基本现象与规律 / 075

四、组织质量提高的钥匙：兴、衰、续三态透视 / 085

第 五 章　管理质量，中国跃变的窗户纸 / 119

一、中国发展的瓶颈与成因 / 119

二、跃变的动力机制 / 124

三、必然！捅开那层窗户纸吧 / 125

四、管理质量，另一种视野 / 127

第 六 章　企业文化五境界 / 129

一、企业文化的五种境界 / 129

二、文化境界意味着什么 / 133

三、层次升级的策略 / 135

第 七 章　中国质量教育的制高点在哪 / 139

一、质量内容的发展与中国质量教育现实的三大不对称 / 139

二、质量教育的五大瓶颈 / 143

三、任务：抢占质量教育三大制高点 / 149

四、国民质量意识教育是质量型发展之基 / 154

第 八 章　中国四重变革："双高"增长期之门 / 156

一、双高增长，新文明下发展的主轴 / 158

二、范式，中国两次变革两次高增长 / 160

三、课题：国家的四大重构 / 166

四、央企的价值不止是赚钱 / 168

目录

质量型发展，站在新的维度上眺望

第 九 章　中国质量：根本任务与出路 / 172
　　一、关于质量的再认识 / 173
　　二、清晰当前问题 / 175
　　三、聚焦核心任务 / 179
　　四、质量精神强大，质量才能崛起 / 183

方法与行为

第 十 章　三层次质量的药方 / 188
　　一、精神质量药方 / 189
　　二、管理质量药方 / 190
　　三、产品质量药方 / 190

第十一章　质量型发展，首要考量谁、考量啥 / 192
　　一、国家质量型发展，新动能驱动：机制、内容、操盘者 / 193
　　二、国家发展由高速度向高质量转变，意味着质量角色更重，要求更高 / 195
　　三、迈进质量时代后，职能部门抓什么 / 197
　　四、一个根基性问题：国民质量意识教育 / 199

第十二章　中国，管理质量时代来了 / 201
　　一、中国已处在管理质量跃升的临界面上 / 202
　　二、重新认识质量管理 / 204
　　三、质量实现体系 / 207
　　四、现实难题 / 207

第十三章　质量强市：强什么、凭什么、怎么强 / 210

一、内容：质量强市强什么 / 210

二、标志：质量强市凭什么 / 214

三、策略：质量强市怎么强 / 216

第十四章　政府质量奖，国家兴衰的脉门 / 218

一、美国故事 / 218

二、日本故事 / 223

三、政府质量奖，脉门透视现状 / 225

第十五章　政府质量奖，机制与落地 / 227

一、政府质量奖，奖什么 / 227

二、政府质量奖，质监局的坎儿 or 龙门 / 230

三、政府质量奖落地：一个标杆、一套程序、五种机制、三大作用 / 246

四、企业如何落地卓越绩效模式 / 249

五、省、市竞秀三张底牌 / 252

第十六章　质量型发展案例 / 256

一、管理质量，银川蝶变金钥匙 / 256

二、常州蝶变：杠杆、支点、突破口 / 266

三、粤港澳大湾区，质量型发展旧道、新途不同归 / 272

后　　记　拥抱质量文明 / 291

思想与内容

　　质量型发展作为隐藏并支撑数量型发展的力量由来已久，且不时爆出耀眼的光点，这种自然现象没有成为理论自觉，而让文明在一半是光明一半是黑暗的历史上摸索着。既然质量型发展的概念已经提出，那么，理论的超前性就必须站在哲学的顶层，预见性地指导未来之路。

第一章
质量型发展：内容、对象、关键点

我国在开创性地塑造质量型国家与社会，这是一种文明形态的层次升级。

质量型发展作为国家发展的历史阶段，以国家意识、意志、意图明确提出并作为国家纲领还是前所未有的。因为，一直以来，我们活在一个数量型主导的世界。尽管人类文明几千年，创造了灿烂而丰富多彩的文明系统、体系、层次、板块，但数量型文明像地心说一样形成了认知的格局、架构、秩序。

与数量的大小、多少、长短、快慢等规模性、速度性表述不同，质量（品质）是本质属性如高低、优劣、强弱、对错的反映，其特征是可靠、便捷、耐用、舒适，反映的是为达成稳定且持续优质化的结果所形成的能力与水平状态。

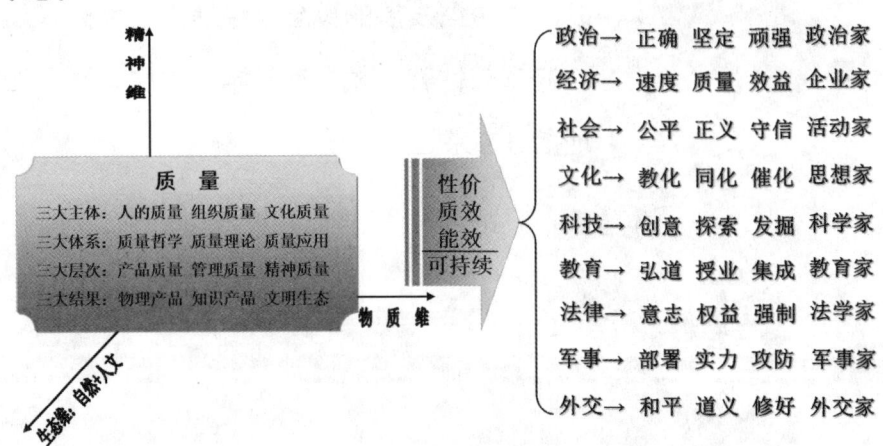

图1-1 国家质量型发展的要素结构

第一章

质量型发展：内容、对象、关键点

所谓质量型文明，是品质意识主导下，以性价、质效、能效趋优化与可持续性促使事物表现的形态。一个国家的质量型，主体上包括了政治、经济、文化、社会、法律、科技、教育、军事、外交等领域的质量高低，决定着一个国家的生存状态，其结果包括了物性、知识、文明生态三大内容。所以，质量型发展，就不是经济甚或产品属性的问题，产品是国家意义中的基础部分。

事实上，在质量型文明形态之上还有一个恒量型文明形态，这是价值追求所形成的定律、公理、公式性的表现形态。这是哲学顶层里数量、质量（品质）、恒量（规律）三维形态的一维。

那么，离开质量，社会将会怎样？

一、内容：质量的层次与体系

内容为王！

一个狼群、一个种族、一个地区、一个国家、一个企业，一个任何的组织，其兴衰沉浮都是质量的外显，或者说是质量的必然结果。这种质量，宏观层面包括了他们的精神质量、管理质量、产品质量，微观层面包括了观念、决策、执行、人才、作风的质量。

质量是人类文明发展与生俱来的问题，既古老又十分年轻，既有十分清晰的结果，其内容却又十分模糊。因内容极其宏大且偶尔露峥嵘，也就难以被看全、弄清、吃透。一直以来，文明的发展既受其惠泽，又被其困惑、制裁，可以说，合乎质量规律性要求的程度越高，文明景气的水平就越高，时间就越长。

事实上，质量是无处不在、无时不有的存在，所以，一切皆有质量。作为一个无所不包的内容体系，显然需要凌越哲学、理论、应用三界，覆盖文明的所有领域，但其主体不外乎三个，即元素性质的人、功能性质的组织、系统性质的文明生态。

哲学是认识所有事物的钥匙，从这样的角度出发，任何组织的质量型发展都需要站在这样的基点之上。这些内容包括了顶层的思想、系统的要素、结构

的内容、质量型的体系。

1. 思想：质量主导数量

之所以数量型文明一直在主导着世界的发展，根子是思想意识的到位度缺口太大。

数量的要素之一是速度。一辆汽车，有着速度资源与机能，但需要跑什么速度是受行车环境约束的。糟路况显然难以释放一部汽车的机能资源，而应该100千米时速的路况却要跑200千米/小时，或是50千米的低速表现，这种资源、机能、机遇的匹配程度，表现出来，就是安全前提、资源基础、车辆性能与法律环境（交通规则）下的高（适）速。显然，高速是有条件的，一味地高速或低速都非好事，车辆行驶的快慢、左右、超让车，以及停下来的检查、保养、维修等，都是质量主导数量的一般现象，其目的是用完好率、有效利用率保证数量结果。

优秀的车手，不是一味地高速下去，而是总能以最优的车速，安全（人、道路、车辆）、经济（优质的投入产出比）地抵达终点。这种思想是典型的质量主导数量。即在性价比、质效比、能效比与可持续性的"三比一性"指导下谋求更快、更高、更强的发展。

本质上质量与数量是主从关系，但眼前切实的利益与景况，将这种关系颠倒成数量主导质量，甚至"质量说起来重要干起来不要"。数量型发展的要素是速度、规模、机遇、盈亏；特征是物性、粗放、效率、非持续。它与质量型构成了事物的手心和手背。

在数量型的体系中，尽管理念上是平层次地看待质量问题，实际上则是效率优先，质量是被动地服从，配角一样地起被动支撑作用。在企业群体中有不少优秀分子创造了发展经典，由于质量不能覆盖全部活动，使得优秀分子自己既难以持续，也难以被克隆，只是以优秀因子的成分成为社会发展的元素，像钟乳石一样积淀社会文明的高度。

甚至于说，质量被重视是被迫的。这是工业革命一次次发生的结果，面对工业化高效率带来好产品、残次品的高效率产出，虽然催生了质量管理的诞生与发展，但其地位几乎被限定在保险丝、顶门棍的位置上，一直都是产品属性

第一章
质量型发展：内容、对象、关键点

的解决方法，未能从企业管理系统以及更高的社会及其经济的系统进行解决。

低质量的高速发展近乎饮鸩止渴式的毁灭。不论东西方，都走了一条由野蛮发展到文明发展的轨迹，只是长度不同、自觉性不同。即使随着自然环境的劣化而引起社会经济发展质量的重视，但还是掉入生产管控的窠臼。这是质量科学体系发展的严重滞后。事实上，人文生态环境的两次世界大战的"人祸"并没有促进人类进行文明的全面深刻思考（联合国是政治性的），"文明的冲突"虽然站在了文化的高度审视人世社会的动荡与杀戮，但还是零和博弈的思维产物。人类命运共同体则完全不同，同是人类，同一个地球，和合共存的彼此依附关系，需要文明质量的升级，让速度成为质量主导下的工具，即地球文明的发展进化应由质量主导。

国家的质量型发展，所指质量不限于产品、服务、工程这些物性结果。质量可概分为产品、管理、文化三大层次，形象些说，产品质量是蛋，管理质量是鸡，文化质量是基因。国家围绕人的质量、组织质量、文化质量三大主体，组织人文、自然、生态三大资源体系，按照发展所需，现实或前瞻地产出物性质量、知识质量、文明形态质量。所以，质量型与数量型的根本差别是二者谁主导谁。

当克劳士比教授说"质量免费"，朱兰博士说"质量零缺陷的实施带来的利润相当于再造一个工厂"时，产品质量的经济效益已是昭然若揭，对于国家这样的超级组织，其存在质量当然取决于国家系统、经济及其企业系统、科技系统、教育系统、文化系统等组织的运营管理水平。

2. 要素：性价比、质效比、能效比、可持续性

第一，质量型发展的要素关系。

质量型发展的谜底是系统性的质量优先主义，虽然关键时刻也会不惜一切代价，但是，那是具有战略意义节点上的行为。对于质量型发展，其要素的逻辑结构如1-2图所示。

图 1-2 质量型发展的要素构成

其实，3+1的要素是不难理解的。问题在于从系统的观点看，性价比不是越高越好，因为谁都知道同维度上性价比越高成本越大。因此，作为一个体系，就要与质效比、能效比一同考量，其核心是匹配度，以规避高能低配的大马拉小车或低能高配的小马拉大车现象；根本目的是可持续性地发展。任何事物，在其成长过程中都会有产出物、伴生物、衍生物、废物等，即产品、副产品、辅产品、废品、废料，以及原料、辅料、工具、能耗等，在数量型主导的环境之下，攻其一点不及其余、速度大于一切、单点突进不顾其他、非综合考量综合利用……结果是吃了好吃的、不好吃的、不能吃的、不想吃的统统不管不顾，于是生态破坏、环境污染、废物堆积，违背了天生我材必有用的价值观、生态链，让发展难以为继。如果说这是自然层面的问题，那么在人文层面，则是前后任、上下级、平层面、跨层面的人文生态有可能在寅吃卯粮、以邻为壑、上房抽梯等行为之下断裂、失衡甚至成为碎片、空洞。

其中，能效比分为三个内容，一是单位的能量消耗，二是能力的表现，三是能级水平；质效比同样分为三个内容，即质量效率比、质量效益比、质量效能比。

在产品层面，尽管十分明确地提出了"合格产品不是检验出来的而是生产出来的""以质量求生存，以质量求发展，向质量要效益"，揭示了管理质量的道理，但质量的规律、质量的思想、质量的机制、质量的方法由于限定在"产品的属性""效益的终端界面"的思考之上，自然导致了结果论定或事件论定

第一章
质量型发展：内容、对象、关键点

的逆向评价十分广泛地存在，也大量地衍生出默默祈祷"只要不出事就好"的被动心态、挨打者心态。

质量主导显然不是屁股后作揖式的行为，而是控制关口由终端前移至源头，从源头、系统、体系等根本性的层面进行治理。

称数量型发展是地心说并非调侃，除了数量的直观性、直接性、现实性以及便于量化的因素，还有就是一种低级的错误观念十分流行，即搞质量就要增加成本、降低效率。尽管不少的质量专家如朱兰博士、克劳士比教授早已明确指出质量、数量非但不矛盾，反而是随着质量的提高，成本下降，效率提高。但是，道理几乎人人都懂，"质量是生命"的口号也很响亮，"质量与效益冲突时，质量总是去当孙子"的现象却遍地都是。这种场面之下，质量成为默默无闻的潜行者，像编剧隐身于幕后，只是有事时跑出来敲打甚至惩罚一下疯狂的数量意识。但与编剧能够制作剧本不同，质量只能是被动地支撑，不能从设计到决策、到执行、到总结具有主导运行全过程的地位与作用。

质量型显然不同。浅层的质量观点是合乎标准，深层的质量要解决的是可不可、能不能、好不好的问题。对一件事情、一个事物，从性价比、质效比、能效比、可持续性的"三比一持续"的维度系统地考量。

第二，质量型发展的维度。

低级的数量型是以钱为核心的单维度拼争，高明的数量型是物质和意识二维坐标中的活动，质量型则是物质、意识、人文生态三维体系中的综合发展。

单砖码墙的速度较之水泥黏合是要快很多的，谁都知道干码而成的墙一推就倒。如果要牢固，就需要水泥等黏合剂，如果要成为永久建筑，就需要墙的厚度、结构，以及严密的工艺。单砖码墙与水泥砌墙的速度不是一个数量级的问题。低级的数量主义几乎都是单维度的物质主义者，但要持久发展的国家，没有系统的三维体系是单薄、脆弱的，自然也难以持久。

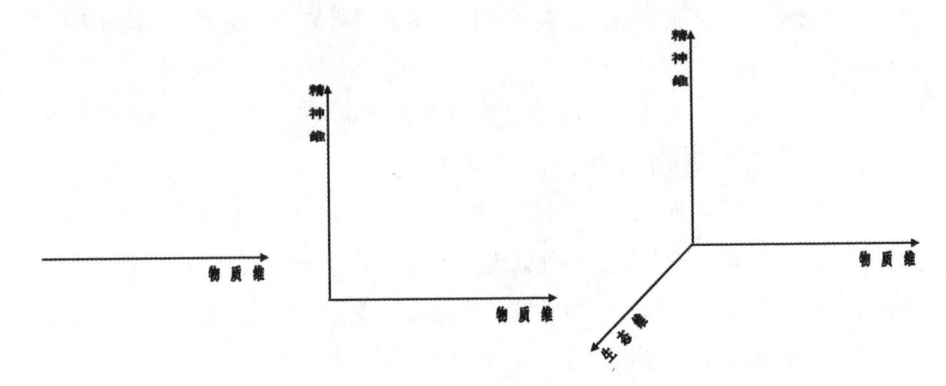

图 1-3　数量型、质量型发展的维度

流行的一个观点是降维搏取或降维打击。降维是行动，这种行动是建立在全维度基础上的"力出一孔"，目的是聚合力量，捷径性成功。地球是由两个生态系统组成的，一是自然生态，二是人文生态，生态系统就是生物场，是由牵一发而动全身的生物链组成的，任何孤立、静止、片面的行为，都会带来生态反应，只是这种系统的反应不是现世报。正是这种反应的滞后性，让忽视者有了似乎充足的理由，并且会为眼前的成绩沾沾自喜。

图 1-3 的维度体系中，三维坐标揭示了质量型发展的全面性。数量型发展不是三维坐标体系而是三个维度彼此不关联，同时，即使在单一的物质维度上，前后、左右、上下也互不关联。

可以说，维度的健全性决定了数量型、质量型的差异，但这只是基础，因为，即使维度健全，在调研、创意、决策、执行、评价、结果的流程上，特别是前后任的承继、上下级的支持、左邻右舍的协同方面，也有着岛礁与陆地的差别，最常见的是断头路，后任不管前任事。维度的离解、流程的局部、考量的碎片等问题当然是价值观、机制的落地问题。那么，好端端的价值观、机制为什么落不了地呢？

第三，质量型与数量型是非同层的关系。

从图 1-3 即可看出两种发展型制的根本差异，所以，二者不是一个层次的问题。

质量型发展较之于数量型绝不仅仅是多出一条线组成的一个三维坐标系那

第一章
质量型发展：内容、对象、关键点

么简单，人文生态的被忽略导致的是人类像高级的野兽，"强者生存"，强者屠戮弱小、欺压弱小。这种维度让中国推出了人类命运共同体的概念与理想。人之为人是因为有人性、有道德、有知识、有思想，"天地之间人为贵"的人本思想、人文思想，才让人越来越具有人的性质，那么，面对同一个地球、只有一个地球的直立的生命群体，污染、战争、地球开发，地球不胜其重的人类家园，如果不能站在"人类命运共同体"的基点上共同维护地球，那是无异于无期徒刑的自我判决。

多了一条线，观念两重天。

应该看到，一般的数量主义不是不讲质量，典型的概念是口头禅"保质保量"，这是具象的就眼前的产品与事物而言的，还缺少将具体事物置放于所处大系统的考量。至于极端的数量主义，才不管结局如何，先发展起来再说，其结果是前人消费，后人还账。

其实，保质保量的前提还是数量为主体的概念与终极目的，从而在质与量构成的二维空间展开活动。

3. 内容：理论、机制、模式、人才、结果

天下乐发展久矣，亦苦发展久矣！

人类在享受发展带来的高度物质丰富同时，也深受其折磨。一是环境之苦，工业革命催生了资本主义的野蛮发展，青山绿水被浓烟臭水覆盖了几百年，觉醒的"世界只有一个地球"之后，治理的是自己的小环境，转嫁出去的则是对落后地区的环境污染。二是贫富差距，虽然本着人道主义开启了南南合作，建立了国际援助的世界银行，以及战后的联合国、金融危机之后的G20，但"先富带后富"的根本路径与模式是在数量型发展的轴线上活动，资本在比较利益驱动下转移给落后国家的是可淘汰的技术与设备，以此构筑的是世界一体化的利益金字塔体系。三是瓜分世界版图的战争，两次世界大战之后的世界，为了地盘与阵营却一刻也没有停下战争的脚步。环境、贫富、战争，根本治理发展的负面内容，在于人类命运共同体的真正形成。

中国逆袭式的发展成功在于三个方面，(1) 打破了后发展国家"落后→发展→落后"的死循环，让自己的主权独立靠着经济、军事的日益强壮而拥有与

之相匹配的话语权；（2）教育、能源、交通、通信等基础建设与设施的成功范例，放大为"一带一路"模式，种族、宗教、国家、文化的口号性平等在国家基础的底盘上变成实在的平等行为；（3）中国式国际输出的造血机制，帮助后发展国家强大了自己的现代国民经济体系能力。

这种森林共生模式与金字塔的产业分工模式，高下自然分明，虽然还需要时日让认同的天平向中国倾斜，但我国巍然屹立的国家发展路径对于大多数后发展国家是启迪，对于发达国家试图稳定自己的"始皇帝、二世、三世……"逻辑同样具有颠覆作用。

然而，质量型发展作为一种新的历史形态，其理论是什么？

质量型发展与数量型发展的内容框架或者并无二致，但其内容却是大相径庭的。其框架的拟人化表现如图1-4所示。

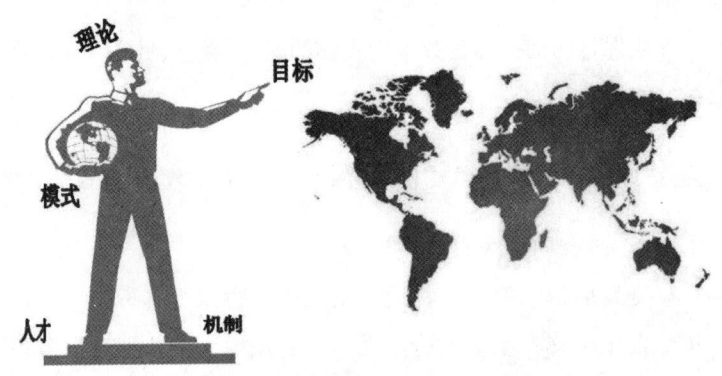

图1-4 质量型发展的内容体系

尽管我们在质量型的路上走了很久，但相比于数量型还是陌生许多。毕竟，我们早已习惯于数量型的路径。

相对于崇山峻岭一样丰富的实践，理论总是落后和苍白。这种滞后的经验性具有指导未来不再重复既有失败、促使少走弯路的作用。实际上，质量型发展作为隐藏并支撑数量型发展的力量由来已久，且不时爆出耀眼的光点，这种自然现象没有成为理论自觉，而让文明在一半是光明一半是黑暗的历史上摸索着。既然质量型发展的概念已经提出，那么，理论的超前性就必须站在哲学的顶层，预见性地指导未来之路。

第一章
质量型发展：内容、对象、关键点

理论的价值在于行动司南，是因为理论揭示规律，像路标一样指示着路程、方向、方法、提示、警示。无疑，我们面临着理论、机制、模式、人才以及结果考量、评价等方面思考与实践的双重难题，这是开创性的——好在质量型的内容积淀十分丰厚。

二、对象：质量型发展的主体、内容、作用体

对于国家，质量型文明表现在它的生存、竞争、发展之上，具体地表现为国家的政治、经济、社会、文化、科技、教育、法律、军事、外交等九个方面，这些层面的质量型强弱，体现着国家质量型的程度。

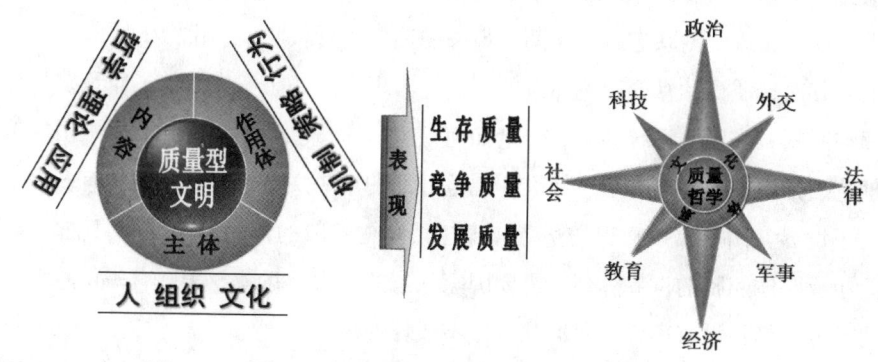

图 1-5　质量型发展的对象与表现体系

图 1-5 是质量型文明的对象与表现体系。首先，作为三大主体的人、组织、文化的质量主导着质量型发展。主体质量的高低、运行质量的高低，自然决定着结果的质量。具体而言，质量表现在以下内容之上：（1）生活、工作、学习；（2）观念、行为、作风；（3）机制、模式、标准；（4）决策、执行、反馈、结果；（5）生存、竞争、发展。

国家质量具体是国民的事，任何国家都不可能让每一位国民拥有理想的质量"三意"（意识、意图、意志），水涨船高，当一个国家15%的国民达到了所需要的质量素养之后，一个国家的质量就会发生天翻地覆的变化。如果说

传为神话的德国质量得益于日耳曼民族天生的秉性,那么,国家的教育、文化、社会、法律所导向、培育、涵养的国民质量意识,是自大国崛起的意志形成之后,就成了国家的必要部分。"二战"后的日本,"质量兴国"成就了这个岛国有史以来的第三次腾飞,以"戴明奖"为标志的国家质量意识,促使日本国民、组织、国家文化的主体发生了变化,从而促就了日本式的质量哲学、理论、应用的诞生,在宏观的国家和微观的企业、家庭、岗位,形成了相应的机制、策略、行为模式。

质量型发展是蜕变式国家转型,面对如此巨大的历史性变革,首先,在社会教育上我们需要建立起相对完善的质量社会教育体系。其中,中小学、大学是一个方面,另一个方面是面向公众的社教内容与体系。国家有责任让国民质量意识塑造与提升的专业质量教育体系和质量社教体系两个轮子同时转动。如果说一个国家40年后的命运在小学教科书里,未来20年的命运在大学课堂上,那么,现实的状态就在车间、街头的墙板、看板与培训讲台上。

其次,质量的社会舆论体系的系统性表现。想一想,媒介给了质量多少版面与时间?内容的系统性、含金量如何?中国质量已经走向世界,但中国质量理论、知识、技术、方法、标准、规范方面的重头文章、案例、著作有多少走向了世界?国家质量意识的塑造,媒体具有翅膀般的作用,但媒体只是个体,要组成媒体翅膀的世界阵列,需要国家意志的统筹、运筹,美国有一位总统说得十分透彻:没有舆论,我们几乎做不成任何事!

最后,政府的社会质量职能不仅仅是稽查产品、服务,重要的是营造质量环境。形象些说,产品是球,队员是产品供给者,看客是消费者,裁判是市场和法律,政府是体育场的提供者以及球场秩序、氛围的保障者,设施与秩序、氛围的软硬件环境极大地影响着比赛。所以,营造质量环境包括了政策、制度、行为、活动、标杆、激励、学习、评价、论坛、沙龙等形式多样的表现,典型的是质量红黑榜、光荣榜、曝光榜以及经典产品、人物、事件、案例,以此塑造崇尚质量意识、行为和追求质量的社会氛围。

三、关键点：原点、支点、作用点

我国用"带路"的杠杆在撬动世界。一个涉及地球 60% 人口、联结亚欧大陆与非洲板块的超级倡议，采取的是完全不同于传统对抗的包容、和平、合作思想，表现在交通、通信、能源、信息等基础建设之上的新模式。

三共：共商项目投资、共建基础设施、共享合作成果；

五通：道路联通、贸易畅通、货币流通、政策沟通、人心相通；

三大使命：探寻经济增长之道、实现全球化再平衡、开创地区新型合作。

我国为现代世界的管理贡献了多少内容？从立国、治国的思想、理论、经验、方法、模式、机制，到试点方法、岗位目标责任、改革、开放，再到和平崛起、一带一路、质量型发展，应该是十分丰富且具有开创性意义，但在西方军事霸权、经济霸权、文化霸权、知识霸权、话语霸权的环境之中，一个占全球人口 20%、存在 60 多年、已成为世界第二经济体的国家，却总是被傲慢的眼光忽视、漠视，以及一直被充满敌意地封锁、围堵。或者正应了但丁的那句名言：走自己的路，让别人说去吧！

质量型发展是一种人文世界新形态的开创。在世界的眼里，任性的中国"只要想干，就没有她干不成的"。那么，质量型发展的原点、支点、作用点是什么？

1. 原点：理念、人才、纲领

首先，作为基本的观念，质量型即品质意识主导下，事物的性价、质效、能效趋优化与可持续性表现的形态。那么，在全社会数量主义盛行的大环境下，质量理念应从产品质量属性层面拉高到系统审视底层产品、中层管理、顶层文化的三层质量大厦，立足于一切皆有质量，"质量缔造文明强度"，促使质量意识、意图、意志得以在以下方面表现出来：

个体的工作、生活、学习质量；

组织的生存、竞争、发展质量，机制、模式、标准的质量；

终极的物性、知识、人文生态质量。

其次是人才，我国质量专业人才需求是 6 万名左右，但每年毕业的大学生只有约 1500 名，这组数据充分地揭示了质量的现状。质量不是专业质量人员

的事，对于任何单位和组织，首要的质量责任人是一把手、董事长、CEO，因为，最大的失败是决策的失败，决策质量的高低决定着组织存在、竞争、发展的质量。一个不懂质量的决策者并不可怕，可怕的是决策者不重视质量。这是"质量工作不质量"的根本原因，要知道，任何一支优秀队伍，都是质量意识、意志、意图持续塑造的结果。

最后是国家质量型发展纲领。质量并不陌生，质量型发展却是崭新的命题，我们需要"论持久战""新民主主义论""论十大关系"式的指导纲领引领发展的思想、方向、路线、策略。

2. 支点：试点、样板、案例

杠杆若没有支点，只是一根平常的棍子。

质量型发展作为巨大的潜在要求普遍存在，要撬动这种资源，需要试点、样板、案例这样的支点。需求是最好的动力，效果是最有力的工具！可以说，试点制是一个极其重要的管理发明，样板、案例在现实社会中大量存在，所需要的是找对、找准、用巧、用足这些支点。

与创新、创造面临巨大的不确定性不同，质量型发展是转型，是转换观念意识、资源结构，重构要素关系、模式形态、机制要点，这种"99°+1°"式的变革，考量的是管理者的智慧与能力，其关键是将质量型的杠杆与支点、作用点构建成一个杠杆组。甚至于说，在数量的世界，插入一个质量的维度。

3. 作用点：区域、企业、KPI

在传统的数量型体系中，KPI是一个近乎单维度的数量概念，包括了规模的产销量，效率的速度、交期、回款周期，效益的成本与利润等内容，质量内容作为配角，难以承当维度的作用，自然就不具有主导性，甚至质量的数据都存在疑问。所以，作用点的根本问题是KPI的维度。数量维度、质量维度结构的二维体系还不足以让质量型发展达到稳定，还需要恒量维度的加入。在三维的质量观里面，质量型才是可靠的。

质量型发展是系统性的，相对于更大的系统，区域、企业作为作用点，又具有试点、样板的作用，因此，突破口的价值与意义就十分明确。

第二章
质量，我们真的懂吗

质量令人荣耀，也令人十分头痛。

与人类完全等长甚至历史更长的质量，在文明长河中自然不乏经典，它们犹如星罗棋布一样闪烁辉映。但在两个问题上，却是让人郁闷不已。

一是质量丑闻，纵向上历代迭出，横向上各国不时闪现。

二是除了产品质量层面有不算多的著作、方法、工具、策略外，在管理质量、文化质量两个层面，涵盖物态、意识、人文生态三维内容的质量哲学、思想、理论、学科、机制却鲜有权威的思想、著作、人物，甚至尴尬地连一本"质量学原理"满世界都难以找到，而且，这个世界上重要度几无可匹的质量内容，在全世界竟然没有一所专业的质量大学；在中外的院士队伍中，质量专业、领域，全世界又有几位？

——质量无处不在！

——质量是组织的生命！

——质量应主导数量！

理应如此的质量，事实上却没有名实相符的地位，甚至我们都说不清质量的定义、质量的内容、质量是什么东西。大至国家、民族、宗教、信仰，中至企业、军队、学校、城市、社区、乡村，小至个人、岗位、家庭，质量的内容、结构、形态、评价、过程、结果有多少人能说得清、道得明、谈得透、干得精、悟得彻？

或者说，在漫长的文明进程中，我们一直存在于数量世界，时常活动在质量门口的广场，却没有能成功迈进质量的门槛！不是没有质量，而是太浅太低太薄，具有坐标级、里程碑式的质量经典，如伟大的时代、思想巨著、历史巨人、旷世工程与建筑、应用千百年的物态及知识性工具与用品等，星星点点兀然矗立在这个世界的历史长河中，但它们只是质量冰山的一角，巨大的冰山体我们几乎没有深究，没有形成像物理、化学或是语言学、文学、经济学、法学一样的学科体系——这是不是令"文明"尴尬？活在质量世界的人类，却没有将导演世界文明形态的质量透视出来。

不论是朝代的江山永固，还是企业的百年字号，以及种种社会文化经济组织的健康长寿，它们的质量如何？是如何形成的？又是怎样的构成？如何考量？从内到外，质量具有什么样的基因、机理、结构、体系、规律呢？

一、质量是什么

这个世界最大的质量是什么？命运！

不论是个人，还是诸如企业、学校、医院、城市、社区，以至于民族、宗教、国家等各种组织，命运的好坏肯定是质量决定着的（其实还有一个比质量更重要的内容，就是恒量，不过我们在这里仅就质量、数量的二维体系进行讨论），即质量的程度，文明的强度！其质量的高低、优劣，必然要通过决策、执行、结果表现，具有宿命性意义的则是文化，即常说的有什么样的文化，就会有什么样的命运。

这已经涉及两个极其宏大的主题：管理质量和文化质量。

在历史的框架内，实际上这两个问题一直隐约浮现于文明的崇山峻岭，就像深居历史之幕后面的编剧、导演，或者连他们都是前台表演的牵线木偶，指挥他们的是规律——这是一个终极性的话题。

也就是说，规律将指挥棒交到他们手中，表演的活剧就看他们理解、认识、掌握、运用规律的数量、质量。于是，一段段辉煌或是平庸、糟糕、耻辱的历史，出现在文明的长河中。显然，辉煌的时段、经典的瞬间、标志性的内容是高质量的结果，糟糕的、黑暗的时段是低质量的代价。历史的跌宕当然是文明的悲剧，而断崖式的崩溃、漫长的黑暗时期则是毫无疑问的大悲剧。值得深思的是高质量的内涵、规律难以连续，低质量的故事不仅难以规避，而且一再重演。

人类是思想的动物，在哲学这样的顶层内容体系已经高度发达的文明之中，质量那么重要，为什么却一直在主体活动的缺席名单之上，或者只能充当一只备胎？这是不应该的。虽然没有质量，我们不敢想象这个世界会是什么样，但没有尊严的质量，就是这样存在于世，并一再地重复上演着类似的剧目。

关于质量的定义，应该有许多种，当前最具权威性的出自ISO体系，这也是几经修改后确定的。如果站在物态、意识、人文生态的三维角度，立体地审视"质量"这个对象，自然难以覆盖全部内容。因为，这样的质量定义，是指向并不健全的物性质量标靶。

1. 定义及相应概念

如果探寻最基本的一些概念、一些原点性或源头性的知识，我们会尴尬地发现，不少领域这些内容十分稀薄，甚至模模糊糊、笼笼统统。对于质量领域应该加四个字：尤其如此！

问题提出等于解决了一半。相信随着质量的墙与门被逐步深化地认知之后，质量的体系、层次、结构、机理、规律、法则等本质属性、外延属性的东西会跃然而出，一个爆发期将会来临。那么，以下的这些内容就当作引玉的砖吧。

质量：满足需求的状态。依据当前认知水平和既有概念、理念、认知、标准，所造就的有效性、可靠性、适用性程度。

质量型：元素、结构、运行的表现形态。性价比、质效比、能效比、可持续性"三比一持续（性）"的刚性表现。

组织质量：由基本价值观主导，所形成的社会经济文化有效性、可靠性、适用性程度。组织质量由意识形态、机制运行、结果表现主体构成，决定其质量程度的要素是观念、结构、行为的优劣质状态。

人的质量：生理、心理、思想意识三层次及社会化表现的有效性、可靠

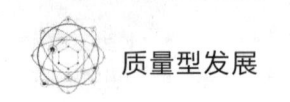

性、适用性形态。作为自然人，主要是生理、心理机能的表现状态；在社会属性上，主要是三观主导下，责任、能力、行为的表现程度与形态。

质量观：决定质量意识、态度、行为的主导性观点、观念。

质量意识：决定结果表现的观念形态。以有效性、可靠性、适用性为标度所确定的基本意识体系，表现为价值观主导的理念、精神、使命、宗旨、愿景、策略、人才、工具等观念。

质量责任：为更好地实现质量目标状态，守持规则、规范、标准、制度等，所具有的自律、尽职、担当精神。

质量成本：实现质量结果所进行的资源、资本投入。包括了硬成本－软成本以及显性－隐性、刚性－柔性、直接－间接的成本投入。质量肯定不免费，相比而言，质量的提升与良性循环的形成，会免去诸多不该发生的费用，从经济效益的角度看，质量成本的持续优化是完全的一本万利活动。因为它是典型的"99º+1º"逻辑。质量大师克劳士比博士对此有极其经典的著作给予概括。当然，克劳士比先生还是使用美国式幽默，不无夸张地说"质量零成本"，其实，相比大量的低质量、高成本表现，质量零成本作为比较性概念并没有太大的夸张。

质量安全：一定期限内的可靠性保障。

质量效益：质量上投入产出的效果。其公式为：质量效益＝产出总值/质量成本。

效益质量：活动结果的优劣性。

质量型组织：在质量价值规律主导下，通过观念、结构、机制的持续优化，而达成稳健发展状态的资源系统。任何组织，不都是一个广义的资源系统吗？

与此相应，质量型政府就是在质量价值规律主导下，持续达成观念优化、结构优化、速度优化、稳健发展状态的政权组织。

……

定义性的概念很多，源头性的只有一个。越是接近它，越是需要哲学的境界。应该清楚，质量作为普遍的存在，却没有形成普遍的意识体系、知识体系、人才体系，或者也正是如此，质量没有获得应有的社会尊严。

第二章
质量，我们真的懂吗

当然，作为一个与文明一样古老又新颖的问题，质量学上还有待如物理学上的牛顿、爱因斯坦那样创世纪级的人物与著作诞生。虽然作为历史的积累，有了可以和营销学体系上的 4P、4C、4R 概念等一同普世的内容，如人、机、料、法、境、测，PDCA、QC 新老七工具等产生于中工业文明时期的工具与方法，但这些内容难以撑起质量的"体面"与应有的职能作用。

文明历史发展到今天，人文的资源、思想、理论、工具、方法等空前发达，质量新纪元的几千年孕育该是成熟的时候了。而且，随着信息文明的扑面而来，这种不断加量的催产素在加速催化、催生质量世纪前所未有的历史境界降生。可以预言的是，质量文明的真正到来，将由三大内容的诞生作为标志：

——三维质量体系的确立！

——质量学科体系的确立！

——权威级质量学哲学思想著作问世！

按道理，质量是无处不在的。然而，自"质量"概念被科学管理之父泰罗提出之后，其本应被置放于顶层的位子，主导社会经济文化的发展，但如果回顾工业革命以来的历史，甚至回顾一部文明史，我们会很遗憾地发现，在数量、质量的二元世界（应该加上恒量，它们才是完整的三位一体体系），质量一直处于被动的位置，在数量意识高度发达到文明形态的前提下，质量一直作为配角，隐身于历史帷幕的后边或是主场的边缘，几乎完全被动地支撑着社会经济文化的发展。

实际上，质量是随着用品、用具的产生，就与生俱来地被关注、被要求、被强调。在历史的遗迹、典籍之中，我们不能不啧啧称奇、感叹于历史上诸多时代里，工程、工具、用品、典章、巨著、机制、模式的辉煌，那是文明的标志，自然也是质量的结果，然而，面对巨量丰富的文明结果，我们却难以找到"质量规律""质量理论""质量体系""质量公式""质量科学"等概念、内容、体系——质量本应形成思想完备的系统，作为融结在文明体系中的内容，主导文明进程、支配历史演进。

如果回顾一下现代质量的历史，我们绝对绕不开四个最具代表性的国家，美国、日本、德国、瑞士。德国与瑞士代表了产品质量的稳定、优质，日本代表了质量工具，如 QC 新老七工具，美国代表了质量方法，如戴明博士的 14

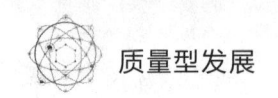

点原则、PDCA，朱兰博士的三部曲、统计质量方法等。

或者说，深受质量困扰的企业、社会、国家，根源在于没有质量思想理论的灵魂。虽然大量作用在操作层面，但难以从根本上系统解决。

任何的崛起都是质量的结果，面对人类文明的长河，在质量的内容上我们不免沮丧——在质量哲学层面，没有形成相对完整的思想体系、知识体系、机制体系。

2. 内容

当我们站在质量科学的层面审视时，在图2-1A所示的层次结构上，会发现这样的问题：

（1）虽然质量工具、质量方法已经相当丰富，但应该看到，其内容的焦点都是指向产品。

（2）即使在产品层面，是否还有巨大的空间可供发现、发掘，以创造更多的工具、方法？

（3）在质量思想层面，虽然不乏内容，但丰富的质量思想观念呈现碎片状、空白区。现实中我们几乎难以找到令人满意的完整、完善的质量思想体系。

在图2-1B所示的层次上，产品层面的内容也已相当丰富，但我们会发现以下概念的陌生与内容的空白：

（1）管理质量的概念、思想、内容体系。

（2）文化质量的概念、思想、内容体系。

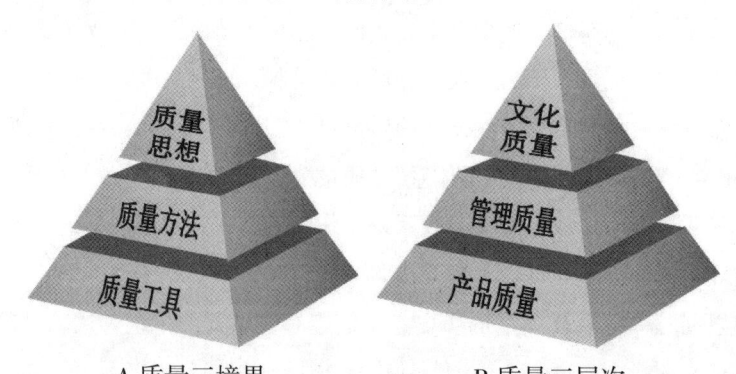

A 质量三境界　　B 质量三层次

图2-1　质量的境界与层次

第二章 质量，我们真的懂吗

全面地看，质量的体系可概括为三维三层三表现七因素，即：

三维：物态、意识、人文生态；

三层：物性、管理、文化；

三表现：生存、竞争、发展；

七因素：观念、体系、生态、模式、机制、行为、效应。

据此而论，质量的内容体系应该是建筑在物质、精神、生态（自然＋人文）的三维体系之上，形成如图2-2所示的内容构成。

图2-2 质量内容体系要览

质量的内容体系，主要为三大主体、三大体系、三大层次、三大结果。显然，质量的视域如果仅仅罩在"产品"之上，我们就难以告别社会质量、文化质量、经济质量、政治质量、科技质量、法律质量等低水平层面的种种问题，而一直在其纠结盘缠中失明、失理、失智，不能自拔，更不能洞开上升的通道，跨上一个个质量文明的进阶。

站在三维的角度审视质量，其内容当然要涵盖所有的方面，这是十分庞大的，毕竟质量无处不在。可概要为物态、人、组织、文明四态，物性、管理、文化三层次，以及绩效结果等四个方面，其体系如图2-3所示。

可以看出，在物性质量层面，是十分熟悉的质量对象，但质量的长鞭除了产、供、销、服务的领地，人、财、研发、培训、信息等内容却是难及，至于管理质量、文化质量领域，质量的触角似乎只是延伸到提法、名词，工具、方法、规范、标准、内容、体系、理论、思想等近乎自然原生态。

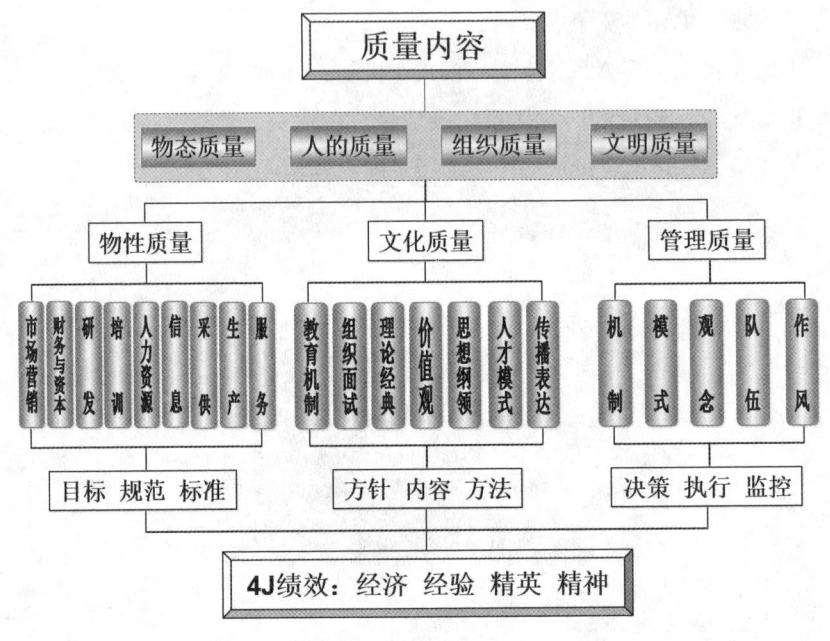

```
                        质量内容
        ┌───────────┬───────────┬───────────┐
      物态质量    人的质量    组织质量    文明质量
        │           │           │
      物性质量    文化质量    管理质量
    ┌──┼──┐      ┌──┼──┐     ┌──┼──┐
  市 财 研 培 人 信 采 生 服  教 组 理 价 思 人 传  机 模 观 队 作
  场 务 发 训 力 息 供 产 务  育 织 论 值 想 才 播  制 式 念 伍 风
  营 与        资              机 面 经 观 纲 模 表
  销 资        源              制 试 典    领 式 达
     本
    └──────────┘   └──────────┘   └──────────┘
    目标 规范 标准   方针 内容 方法   决策 执行 监控

         4J绩效：经济 经验 精英 精神
```

图2-3 质量内容框架

3. 对象范畴

"质量无处不在"在哪里？这是必须要回答的。

若进行概要性剖分，其内容如图2-4所示。

形象些说，就像一个活生生的生命体，从身体的生理健全性到心理、世理的健全性，到基本层面的骨骼、筋脉、神经、血肉，到心智、知识、能力，以及更高层面的价值观、精神、理念、愿景等方面，质量无所不在，它不是如影随形于世界的角角落落，而是作为主体构成，存在于事物本体以及客体的空气、气流、气候，这是物态层面；在意识层面、社会人文层面的组织内、社会上，这些内容的质量形态，主导着外形的数量的成熟程度，主导着人类的活动状态与进化程度、速度、境界。

按照二八法则，工业革命以来的发展，人类为了生存地更好，采取的是寅吃卯粮、攻其一点不及其余的掠夺方式，将需要的搞到手，不需要的扔掉或是不管不顾，于是，强盗劫掠式地面对包括人、国家、自然界等对象施行作为。一方面是功能与价值过剩，一般而言，产品功能的30%是不用的；另一方面，从自然界中开采、收获的，不足30%的留下，其余的扔掉，这种非持续性的粗放型运营当然是不"质量"的活动。问题出在数量主导的观念，以及由此形成的职业意识、管理体系与机制，这种从观念到意识、到设计、到实施、到交付、到服务、到消费的全过程，都是质量的空白、空缺。

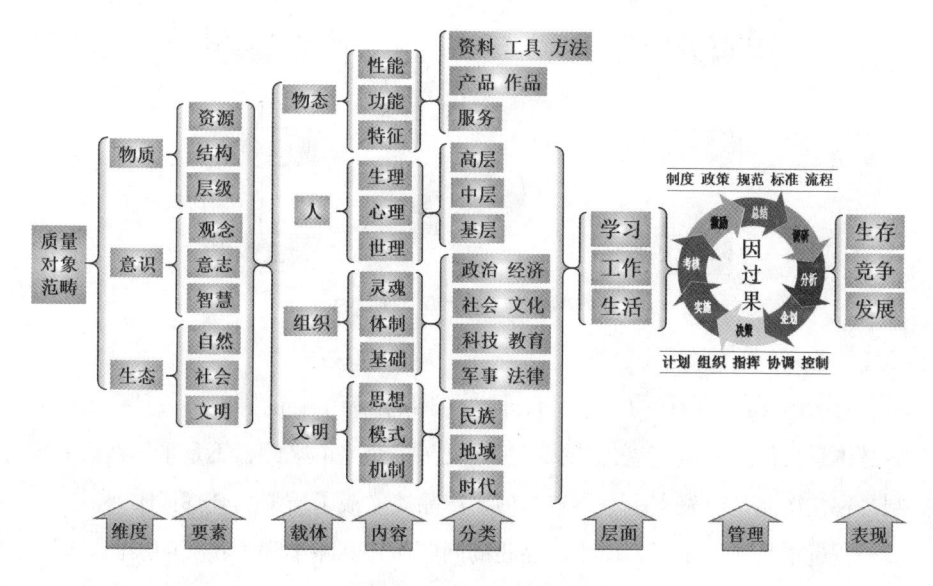

图2-4 质量对象概要

4. 质量体系

归纳起来，质量的体系应该包括了如图2-5所示的八大内容。

对于质量人而言，提起质量体系，自然就联想起ISO族，在传统的质量意识体系里，产品是终极点，也是中心点，形成的基本概念与主导意识是：不讲产品，何来企业的存在价值？何来社会活动的价值与意义？

在物性质量的范畴里，这样讲是没错的，若置放于三维质量体系之中，一切为了产品的概念就失之偏颇。这不是先有鸡或先有蛋的问题。

在一个现实的大千世界里，鸡与蛋只是一种个体，一是产品质量如果不从基因的源头、管理的过程抓起,恐怕永远难以跳出重复震荡的死循环怪圈;二是现实中,如果鸡的品种(基因)、鸡的健康状况(病态机制)不行,就难以保障正常地下蛋与下出正常的蛋(产品);三是对鸡饮食起居的管理若有违鸡的生理规律与要求,鸡生产蛋的正常性也难以保证。

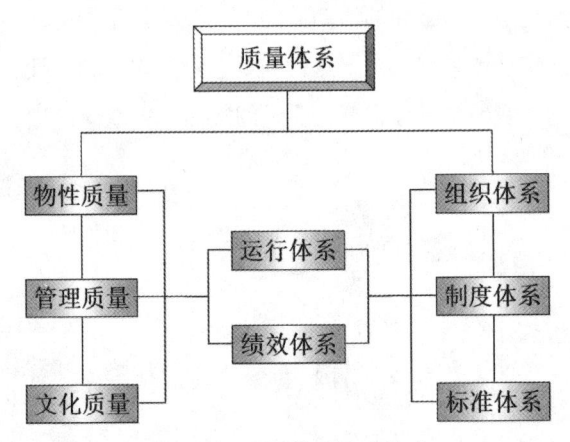

图 2-5 质量体系八大构成

对照图 2-5,现行的质量体系内容在围绕产品中心的同时,一种致命的病症是体系文件姓"假"、名"狭"。假在其是按套路下来的,不是量体裁衣的定制,狭在产品是出发点也是终点,似乎产品质量成了质量的全部或唯一。

质量本是无处不在,由于产品化的问题而将其缩小到了狭义的层面,因此也就有了诸多产品质量解决不了也无法解决的事情。面对一个世界的四类三层三维内容,只有以世界的视域、视距、视点,站在三维的体系上俯瞰与透视质量所应覆盖的对象、内容、规律,以期弄明白它的源流性、顶层性、基础性、系统性。但是,在现代质量管理诞生的一个多世纪内,我们抓住了点,忽略了系统;抓住了实用功利,忽略了基础与原点。

如果说发轫于野蛮的工业文明必然是结果至上、盈利唯一,那么,中、后工业文明靠高速度狂奔跑赢众问题的成长模式尽头,早已热情地向立体质量招手,如同生物工程的基因疗法,面对新的文明时代,质量也需要这样的方法,从根本上出发,那就是回原点、全维度、明规律、塑结构、抓要素。

二、质量现状：现象与原因

如果给质量画一张像，它是不是这种样子？

——板凳客！一方面，无处不在的质量像邻家小弟被随便使唤，却不知那是内在主导历史状态的"领袖"；另一方面，质量被限定于产品属性的层面，只是为产品层面的合格与达标程度而作为，面对更为宏大意义的深层质量却成了看客。

——被告席上的常客。一是替罪羊角色，一是管理逻辑倒置或混乱所致，再是质量的作用、地位、责任边界、职能的模糊或空虚、空缺。

——质量间断地闪烁、隐现于历史之中。冥冥之中似有神助的那只"质量"无形之手，却不能形成巍然壮观的历史明线与体系，只能偶然性表现或自然性证明质量的存在，却不能规范性、标准性、模板性主导历史现实的进程。

——现代质量百年，直到现在，尚未有涵盖质量哲学、质量思想、质量科学的质量学及其完善的体系！与有形的数量相比，更具灵魂、意识作用的质量，只是停滞于产品层面，即便如此也少有理论的建构与指引，更多的是工具、方法的应用，而且相较于其他学科，也未必能谈得上丰富。

优秀的质量能够成为国家、历史时代的代名词，如当下的德国、曾经的日本。劣质的质量能让企业、国家疲于奔命、焦头烂额，甚至让一些企业破产，让国家、社会衰败、崩溃。

2019年3月10日8:38，一架波音737 MAX8从埃塞俄比亚首都亚的斯亚贝巴起飞，6分钟后即发生坠落事件，这是半年内发生的第二起波音737 MAX8坠机事件。作为美国象征的波音公司、波音飞机，因为这样的质量事故而走到了危机的"十字路口"，能否倒下虽尚未可知，但巨大的打击与损失横亘面前。创造质量神话的日本绝不是流年不利，截至2019年3月底以前的短短3年多时间里，质量丑闻频曝，自然也从神坛上摔得灰头土脸。

为什么质量问题一直以来困扰着个人的成长，企业、国家、社会等组织的发展？

为什么质量难以像文明基线一样上去了下不来，而是难以上得去、容易下得来？

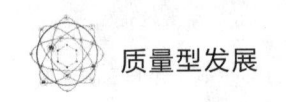

为什么质量如命很重要，却总是被动存在、命被玩弄？

质量似乎一直难以让人高枕无忧。它与安全一道成为人们心头悬着的石头甚至是达摩克利斯之剑，因为，不知何时会飞出幺蛾子、黑天鹅，或是跑出灰犀牛、褐大象，要么惹事端，要么要老命，于是"不可测"成为挡箭牌。

一般来说，品质六因素人、机、料、法、境、测，除了人颇具有不确定性，测是半不确定性，其他4项都相对稳定。个体分析是如此，这些因素一旦集合在一起，"三个女人一台戏"，质量现状就热闹起来。热闹得能够撕扯全社会的神经，不时来一场沸沸扬扬的热点，冒一通泡泡，其涟漪让社会心神不安地振荡。

即便如此，质量也只是"热闹"了其全部内容的表层部分即产品层面，另两部分的文化质量、管理质量却不可思议地沉寂，甚至荒芜得成为无人区。

作为基本状态进行分析，主要存在十大现象、十大原因。其中，质量十大现象有正反两种，正向的十大现象可以罗列为：

（1）社会质量意识持续增长；

（2）经典个案点缀社会；

（3）一些优秀组织如国家、宗教、政党、企业以及个人成为质量典范；

（4）质量工具、方法形成基本体系，理论及思想资料、资源已比较丰富；

（5）质量成为国家战略的组成部分，如质量兴国、质量强国、国家质量纲领；

（6）质量活动尽管还属于小众行为，但已散布全国；

（7）质量主体的政府与企业基本确立了质量机制；

（8）基础质量人才体系基本形成；

（9）国家教育体系中质量教育专业与招生正在兴起；

（10）质量知识体系的建设已开始探索。

优秀的管理是持续的"长（板）变强（板）、短（板）变长（板）"过程，质量的十大好现象固然可以升级、固化为强板以更好地产生效应。负面现象无疑是痈疮、伤口，务必予以疗治、止血、止痛。

第二章
质量，我们真的懂吗

1. 十大负面现象

质量上的十大坏现象，其之所以能够形成，核心原因是质量意识这个灵魂的空位、孱弱、错位、残缺，它导致了质量的系统性错乱、残疾，于是谬种流传，危害匪浅。

（1）"被质量"而非主动质量。

质量是被外力诸如检查、检验、奖惩、号召、上级要求等管控与约束出来，而非发自人的职业自律、专业自控。人人都明白"三检"制度的核心是自检，但总是以终检解决，互检只是口头的要求，在小情泛滥、大义流放、私德受赏、公心尴尬的社会人文大环境中，机制化的法统体系被小私的道统雾霾掩盖，互检成了得罪人的事、狗拿耗子的事（优质治理的组织不染此病并不是没有病源）。

（2）背锅侠。

典型特征是质量属于被告席上的常客，在社会经济活动中，不论设计、工艺、采购、生产、市场、服务哪个环节出现质量性问题，质量部门都有份儿。从根本上来说，的确是质量的责任，但问题拧在责任划分，有事就遭株连的习惯连坐模式，让管理纠缠于表面，任何质量问题和事故肯定与质量部有关，根本的问题在于质量部门的职责边界与层次混淆，其中，产品问题与事故是操作层面的直接结果，其前因是企业的质量意识、质量技能、质量机制、质量模式、质量教育培训、质量环境、质量文化等内容的到位度、有效度、机制性，这包括了孵化、塑造、重构、升级、升华等具体工作。如果一个企业、一个组织依赖终检的最后关口达到质量的保证，这是不可持续的，也是愚蠢的管理行为。优秀质量的实现是"观念意识＋机制＋模式"基础上的自觉，这首先是要"人合格"才能实现的，老母鸡都不靠谱，下的蛋能够大概率合格吗？

（3）三过：质量过度、质量过剩、质量过失。

质量过度主要指管理行为、管理制度、管理要求过头、过多、过分，即越位、错位；质量过剩指产品功能上的质量余量过大，按照精益管理的概念，优良的经济效益运行一是质量稳定在中线上方自己能力区间的顶层位置，二是等寿命、等价值、等时效原则，任何的高超越量包括质量过剩、产能过剩、产量

过剩都是过剩，都是不经济的事情即浪费，六西格玛作为典型的控制性要求与目标，用在日常易耗品身上显然不需要，这与一次做好、零缺陷是两回事；质量过失十分常见，也是让管理者头痛不已的事情。

（4）三不足：认识不足、重视不足、工作量不足。

这是一种扭曲现象的常见表现，原因在于质量工作的源与流倒置。由于对质量认识的模糊，这种原点性谬误自然导致口头上"高度重视"变成行为上的"高度轻视"，于是，"说来重要，干起来不要"，管理上该有的工作量不足，不该有的工作量过剩——不该管的狠管，该管的大放羊、大撒手、大放空。这似乎成为全社会的常态。根源性问题之一是屁股坐歪的权力私有化。

（5）六遗憾：不当回事、非周期波动、橡皮筋现象、低级失误层出不穷、"两张皮"、不分析 - 总结。

之所以称为遗憾，是因为这些问题都是属于常识层面的错误，作为职业、专业的基本素养，这些遗憾 80% 以上是不应该发生的，实际结果却恰恰相反，80% 以上的质量问题要归因于这些常识性问题上的失误、错误。如果说过失是由意识中的预判不明、操作不当所致，那么六种遗憾则是忽视、漠视、无视的结果。

（6）尴尬：不受欢迎的质量人。

这是一个天使变魔鬼的现实版，尽管演绎了几千年。质量是组织安全、效益安全的"钙"或长城，质量业者以天使的角色维护和保障着这种作用，但现实却让他们变成了"魔鬼"：

不论是企业还是社会，质量部门 - 质量人一般都不受待见乃至遭人记恨、痛恨！理应受人尊敬、呵护的职业、职能变成了敬鬼神而远之的抗拒与敌意。天然的责权利一体性关系扭变成了难以调和的矛盾。这种现象不能责怪被管者与公众，而是质量业者难得的镜子。它起码照出了两个方面的问题，一是社会群体的质量意识需要提高、塑造、培育，二是对质量业者管理能力、水平、活动、行为、方式、方法的不认同。

如果说质量意识荒芜是质量业者失职的证明，那么不会管理、低级管理酿成的矛盾则是一种无能，甚至是用公权力犯私罪。

实际上，这种现象越是强烈，越是说明质量需求的强烈，以及对现实管理

| 第二章 |
质量，我们真的懂吗

的不满。首先，社会公众群体、受众群体有着天然的质量需求，呼唤而非拒绝质量的社会心理应该是质量业者的肥田沃土，如何耕耘这块田野，对于社会转型期的质量业者虽非空白但绝对需要探索、思考。其中的刚性问题是传统粗放的查、测、检、卡、压、罚等手段要退居二（底）线，代之而起的是识别、定位、创意后，借用市场营销的手段进行专业、职业的运营管理，所以，不论是组织内还是社会性的质量管理者，官架子让位给专业服务已是现实而非趋势，绩效的共同性与岗责的现实性不过是大循环与小循环的问题、养鸡下蛋与杀鸡取蛋的差别。

（7）质量是工具而非组织机能。

这是质量的地位问题，反映的是工具意识主导而非机能宿命性自主。

工具是身外之物，机能是机体的天然能力属性，机能宿命是机体命运的天然归宿。可以说，质量是任何组织天然的追求，自然具有命运的必然宿命性。机能开发利用的最好例证是大脑，一般表现为上学、读书、训练、模仿、创造，大脑机能应用的最好表现是"眉头一皱，计上心来"或"运筹帷幄之中，决胜千里之外"。

质量的机能性最具核心的作用是主导意识判断、支配实施过程。在价值观作用下，质量的取舍、行为是既定的，这种内生的力量驱动着组织自觉地发展，不论是先天的既定还是阶段性渐变而来的既定，质量是脑髓中发出的要求，指挥着、驾驭着而非影子一样伴随着组织的活动而发挥作用。

如果将质量仅仅当作完成任务、实现目标的工具，就有可用可不用的选择和间歇使用、需要时使用的间断性，以及表现上的非规则波动性。

（8）高规格、低权威。

在企业中，已经有了首席质量官（CQO）的设置，而且，这种设置还有国家色彩（意识），那就是质量最高行政当局的文件。这些行为表示了一个概念、一种诉求：质量重要！

设置了CQO，质量改观了多少？质量的权重达到了主导运营活动的程度吗？

质量是组织的机能，这是组织意识决定的，作为外力的倡导、重视、认可能够影响机能却很难对其改变，所以，企业中、社会上质量部门–质量人的

029

权威度并没有随着CQO职位的设置而有大的作用性改观，甚至企业中有"给搞质量的办了件福利"的说法。

事在人为！庙的香火盛衰与供什么神关系不大，而是与显灵程度极其密切，只要显灵，不论什么神，香火就盛。所以，权威根本上不是官位与红头文件给予的，而是具体的作为赢来的。高规格的职位设置赋予了势能，一手好牌能否打好？打不好，照样是臭手、低权威。

CQO的设置还只是刚性的，对于质量地位与工作状态的改善有所助益，质量的目的如果以此为准，那就不是质量，也不是管理的本质要求，只有让质量归位于"核心层面的主导性地位"，才是对质量的正确对待。因此，质量的扩权是第二位的，要将质量机构的权限从产品层面为中心调整到物态、意识、人文生态三维与文化、管理、产品三层面，具体就是从决策到执行、结果的全过程，拉起调研、创意、设计、实施、反馈等全程作用的质量神经，改变质量末端、终点擦屁股、亡羊补牢的被动，这种扩权不过是将质量的本质属性激活，让质量的灵魂附体。因此，第一位的是质量第一责任人的明确，其概念是：

组织的权力第一人是天然的首席质量官。

与此相应，职能部门是专业代理人。它要具体表现在决策与意识形态塑造两个层面。

传统是数量主导、质量支撑的历史，要让历史"质量"起来，就要质量主导、数量表现，任何组织的最高决策者就要高明地将一切活动拉到质量的面前考量，也就是用质量统领全部工作，这是"让经典成为常态"的不二前提。

（9）说起来重要，干起来不要。

这种现象普遍存在。政府层面不论地区，企业层面不论所有制、规模、层级与归属性，都程度不同地重复发生着。规律性的表现是这类现象在优秀度越低的地方、越低的组织中越是充分，并形成恶性循环。

这种现象不是简单的意识问题、认知问题、能力问题、习惯问题、随大流问题，而是一种组织意识的质量贫血症。

（10）质量波动、质量要命。

质量波动的多，稳健的少；质量要命的虽不多，但步步惊心、件件惊悚。

第二章
质量，我们真的懂吗

从三聚氰胺、皮鞋胶囊、疫苗事件、苏丹红、楼倒倒、桥塌塌、矿难、爆炸、交通事故……，到假数据、假身份、假荣誉、假论文、假著作、假学历、假文凭、假证明……，到钱权交易、权色交易、钱色交易……，生存的质量、做人的质量、生活的质量、学习的质量、工作的质量、发展的质量、竞争的质量、绩效的质量、制度的质量、决策的质量、执行的质量……不是泛质量，而是质量缺位、质量失位、质量降位而害人害事害政不浅。

事实上，面对大量的质量波动、质量要命现象，绝大多数的组织并没有认识到文化质量、管理质量的价值与作用。没理由不明白，不论是社会人文的宏观质量生态治理、发展、升级，还是企业、社区等组织的微观质量生态塑造、涅槃，若没有文化质量这个灵魂的历史性成熟、管理质量这个躯体的文明性完善，那就是一厢情愿的痴心妄想。

然而，即使质量人也还是有相当大的比例，他们抱着狭义的、近乎专有的"质量＝产品质量"观念、意识，就产品论质量地死磕活撞，圈起一个专业小众自闭圈子，自说自话、自助自嗨、聊以自慰。如果是钻研产品质量规律、探究产品质量现象、探索产品质量成因，当然值得敬佩与提倡，但"质量工作不质量"就应该"罪有应得"、名正言顺地收获鄙视了。

质量、数量作为衡量人类文明发展状态的三个维度之二，共同构成了度、量、衡体系。其中，质量标志着文明发展的成熟程度，数量标志着文明的规模和发展快慢。

在这个世界上，哲学性、战略性的人属于熊猫样稀缺。质量、数量的特征，分别是隐性－显性、间接性－直接性，对于大量倾向数量表现的感性人，自然是吃现成的要求，形势胜人，也就逼使理性人俯就于急功近利的短期效益，甚至以"活好当下"为盾牌屏蔽长远、拒绝长远。理由貌似十分充分且公允：现实变化太快，战略早已没用——其实是没有战略能力或根本不懂战略。当下最具代表性的案例发生在2019年5月，美国以国家意志，全球性围剿华为这家中国公司，由此，华为十几年前即着手研发的芯片、操作系统由"备胎"转正。这是企业发展大战略，大到十几年前即开始动作，以防突发事件将自己掐死、卡死。与此相对应的是2018年美国制裁中兴事件，这家年销售700亿元规模、全球市场份额10%的世界通信行业巨头，居然在停供面前

"瞬间"停摆、应声倒地，接受10亿美元的高额罚单，并向第三方存管缴纳4亿美元保证金。14亿美元的"保护费"也不是买断制的，而是有10年的使用期，10年后，美国会再派调查组审核。前后算下来，中兴因为伊朗的事总共被逼着向美国交了将近26亿美元的罚金！而且，除了给钱，中兴还被要求在一个月内整改高层、董事会。

难能可贵的哲学人、战略人会看到现象背后的陷阱与功业：理性的人既需要策略，更需要精神把持、意志撑持长线利益姗姗来迟的煎熬。

所以，质量被错误地一直放在数量的后面，成了数量的邻家小弟。这种倒置像遗传病史一样延续，一代代地害着同样的病，并呈现周期性的规律。在文明的金字塔顶层，少了质量固有的位子；在历史的殿堂核心，少了质量的灵魂。于是失控的数量便只有横冲直撞，种种的怪象异彩纷呈地上演。

2. 十大原因

种种质量负面现象的根本原因只有一个，就是质量不具有主导地位。显然，这是一个伴随着文明发展一直走到今天的根源性错误。

历史的主导地位不是官封的，而是社会发展过程中众望所归的拥戴。所以，深度发掘质量未能上位的原因，可以概括为以下三类10项具体的内容。

第一类，四缺：质量思想、质量纲领缺失，决策质量考量、质量第一责任人缺位；

第二类，一滞后：质量的教育落后于实际；

第三类，五体系残疾：知识、对象、机制、队伍、结果。

（1）四缺。

第一，质量思想灵魂的缺失。

没有思想就难以完成文化自觉的涅槃。而任何没有思想灵魂体系的事物，都不可能成就其存在的高级形态。

质量作为文明最具标志意义的内容，恰恰没有完善而成熟的思想体系。因此，也就只能低位徘徊、"能够复制，难以持续，偶尔闪现"，虽有经典成果、案例、片段点状散布于历史长河的民族、国家、朝代、地域之中，却难登上系统主导历史发展的地位。

| 第二章 |
质量，我们真的懂吗

质量是一种显在的隐性，作为文明特有的起码三个量度之一，内在地规定了事物的存在形态，然而直到今天，我们也很难说质量已经成熟。

衡量一种事物是否成熟，根本上是看它是否带上思想的皇冠！然而，质量却没有完整的思想体系，更没有被奉为圭臬的巨著宏论。

难以理解的是，秦始皇能够在两千多年前做出统一度量衡、车同轨、书同文等高级的质量工作，为什么在绵延的历史中，质量思想却不能形成成熟的体系？当然，产品质量的思想作为整个质量思想灵魂体系的一部分，还是形成了自己的山峰，但它只是质量思想山脉中的一支，而非质量思想的全部。

全系的质量思想不是国别或行业性失明，而是全球性发蒙。大家似乎都只能潜意识地感觉质量肯定有事故，却意识不到存在灵魂空白、出现灾难性失灵的可能性。有人尖锐地指出，经济学家还能错误地把"数学圣衣包裹下的美感当作是真理"，但质量学家的概念却没有分娩出来。

思想是恒星，文化是组织的万有引力。质量思想、质量文化内容的被忽视、忽略，想让质量保持持续稳健无异于缘木求鱼。所以，文化的、管理的、产品的质量，人的、组织的、人文生态的质量上，各种现象乱纷纷你方唱罢我登场。

质量思想内容是以质量价值观为核心，由思想论、认识论、方法论为灵魂，包涵了理念、精神、使命、宗旨、愿景、策略意识为主体的意识形态体系，决定了组织生存、竞争、发展过程中的定位、走向、取舍。质量价值观是组织价值观的一个顶层分支，质量思想是组织思想在专业领域的延伸与具体表现。

所以，质量思想不是牌位，也不是幽灵，而是活生生的生命，具体地指导并解决了质量的力量来自哪里、走向哪里，依靠什么、解决什么，来自什么、干到什么境界。

意识的错位，必然带来行为的失序；观念的扭曲，必然带来现实的畸形。

——正是残缺的质量认知，让质量这一主导文明与繁荣的内容跌落尘埃，自然也带来重重的艰困，表现为低级重复的泥淖，羁绊甚至陷落、葬送了从个人到组织以至于国家的存在。

第二，质量纲领的缺失。

包括企业、政府在内的大量组织中,有的是注水或残缺的质量纲领,更糟糕的是组织中普遍连概念都没有!在一个战略、规划、计划遍地流的世界,起码的内容却是空白!

质量纲领是组织未来一个历史时期的主轴,这条主线上串联的质量型发展重大问题,从国家层面来说起码包括基本的七类:质量思想理论、社会教育与国民意识塑造、机制成长、模式改进、知识与经验发展、人才队伍、可预见的具体课题。对于企业等社会经济组织,基本应具有后六项,其中第一项是全员意识塑造,对于质量思想理论的建树,企业不是不该有,而是应用性的社会职能属性使然。

第三,决策质量考量的缺失。

据有关组织统计分析,全球1000家倒闭的著名企业,决策失误所致占比达到85%。

然而,在现实世界,"决策质量"连概念都极端稀少到陌生的程度,各种组织没有起码的决策成功-失败、高明-平庸的统计、分析,多的是不痛不痒的八股式官样总结。

决策直接决定命运!这是影响组织命运无出其右的致命要素,如此重要的决策质量,其前、中、后期的系统考核、评价、总结、升华是否形成了机制、模式、模型、模板、模块,并生成为一种普遍哲学、组织自己的哲学?

显然,这项内容存在极大的缺失。人是总结的动物,组织是实现科学化的集体,不可否认,在如何提高决策能力、决策水平的方面,人类一直在不懈地思考、实践、总结着,也有了汗牛充栋般的资料,但是具体的活动中,追求闭环管理的人和组织,却在最该成熟的这个地方相当不成熟,且处于开环状态。

决策质量作为管理质量领域的首要内容,处在质量管理的中央地带,以下内容却绝少存在:①纳入质量管理的体系;②形成考核机制;③形成决策质量的KPI体系(空白状);④决策运行机制的质量性考量;⑤日常盘点、阶段总结、量化考量。正是由于决策质量概念、观念的碎片化,导致机制上对于决定命运的决策环节、过程与内容的质量考核,成为一个人人畏之如虎、避之不及的禁区、盲区、误区,自然,"打水漂""交学费"现象屡见不鲜!

决策质量尚且如此,执行质量、反馈质量、结果质量,以及组织质量、结构质量、制度质量、流程质量、标准质量、目标与指标设置质量等，也仅是说说讲讲的多，考核、KPI以及评价体系、评价标准、评价流程等内容却大量空白或相当稀缺。

第四，质量第一责任人的缺失。

克劳士比博士调研发现，质量问题，94%的原因在管理者身上，操作者真正的操作因素只占6%。由于质量被狭义地固（专属）化在产品属性上，最具质量意义的"工作的质量"成为偶尔提及的内容（实际是被忽略、忽视），狭义的专业属性质量成为聚焦点与质量的全部。

决策质量考量的缺失，既是理念性的，也是机制性的。

质量第一责任人天然地是第一决策人，专业的分工、机构、部门是代理人。在组织中，这种概念的明确是极少的。这是质量非科学化的病根，也是质量乱象之根。

理清神定，胆张气闲。当规律的内在逻辑清晰之后，醍醐灌顶的顺畅感就会豁然降临。形象地说，这是雾霾中与蓝天下两种状态的生理、心理感觉差异。

（2）一滞后：质量的教育远远落后于实际。

教育的滞后体现在思想、内容、形式和方法上。导致这种状态出现的原因是教育孤立于现实之外，其主因是教育观念，由此形成教育的内容、体系、规模、质量严重滞后。

数量上，据统计我国每年需要的质量专业毕业生（大学、硕士）约6万名，2017年数据显示，实际毕业不足2000名，2918所大学设置质量专业院、系、科的不超过20所，每届招生不超过200名，大部分是一个班，30~40名。

内容上，质量专业的教材以产品质量为中心。

表现上，包括大学、政府部门、社会机构等在内的大量质量从业人员，都是不得不"半路出家"改行而来。

教育滞后于现实需求是不应该的，但较为普遍的错误共识是：教育滞后于现实天经地义。

现实是真理的产物，真理蕴涵在现实之中。所谓教育就是将那些已知的真

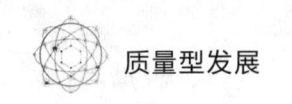

理传播给大家，在真理面前，继发的现实都是翻版。

因此，教育的基本属性之一与功能定位是超前于现实需求，这是教育成败的关键，其灵魂有三层：造魂、造能、造人。

固然，教育作为文明的器官，既要传承，又要创造；既要吸纳，又要产出；既要人造，又要造人。一是教育机构就绝不是照本宣科的场所，其首先是理论、内容、方法的研究基地，其次才是学用结合的孵化器，以尽"传道授业解惑"的基本职责。二是组织本身就是一个实操为主，在活生生的现实问题活体解剖、运行治理的过程中感悟、禅修的大学校。

那么，以下四项内容构成了组织内教育职能的四个维度，架构起组织的永久性能力：

①全员意识塑造、培育的质量；

②专业的质量内容教育；

③组织自身的质量；

④教育本身的质量。

它们的基本内容是围绕着"三造"向未来无限地延展。

"三造"就是根据历史与现实，塑造、再造、创造思想体系、知识与能力体系、人才体系。任何一个组织要想建起一座属于自己的文明山脉，没有这样的三大体系持续向前、向上、向深处发展，就都是轻重不同的臆想主义者。

其实，最好的教育是供个人整天活体解剖的岗位，具有涅槃意义的教育在教室里。"学而时习之，不亦说乎"，社会实践性教育、学校－教室式教育的交叉结合，对于所有对象的成长都是最佳的模式。问题出在实施过程中，因为，现实需求与教育活动成为两股道上的车。

华为教父任正非在谈到国民教育时曾说，教育是最廉价的国防。教育作为最具文明意义的活动，人世间最具价值的工作恐怕无出其右。在我国的传统文化体系中，教育位列"天地君亲"之后居于第五位，所证明的不仅仅是地位问题，而是中华文明延续的密码要靠三尺讲台这种体系。

（3）五体系残疾。

现实社会呈现的畸形发展埋下了巨大的陷阱阵，这种畸形表现为人、组织、人文生态的三大残疾状：残障、智障、魂障。

第二章
质量，我们真的懂吗

对于一个自然生命体，其任何零部件伤残或先天不足如少一根手指、一条腿、一个器官都是残障；其神经、精神、意识等伤残或先天不足，会被称为智障；根本的世界观、价值观、人生观，具体的事业观、成长观、政绩观，个体的工作观、生活观、学习观，以及思想论、认识论、方法论构成的"三观""三论"，其任何的不健全、不健康（正向）、不健壮不就是"魂（混）障（账）"吗？对于社会生命体的组织，这样的"三障"不是遍地跑吗？

魂障的内容在前面的"四缺"中已有阐释，残障、智障两种形态的具体载体就是质量方面的知识、对象、机制、队伍、结果五大体系。

前四项体系不难理解，由于质量的狭义化而聚焦于产品属性层面，在意识、人文生态两个维度上，文化、管理两个层次上的系统性空白、空缺，知识、对象、机制、队伍四个方面的残障、智障"两障"就是必然的因果关系。

这四项基本的方面，共同面临着质量的双向拷问：

科学知识的质量—专业质量知识的质量；

社会发展的质量—专业质量发展的质量；

社会运营机制的质量—专业质量机制的质量；

各种职业队伍的质量—专业质量队伍的质量。

在结果体系方面，应该是经济、经验（知识）、精英、精神四个维度，一直以来的主体思维是单维度的经济效益主导，所以经济有着相对健全的体系，且成为显学的学科体系、思想体系。后三个维度则是空缺、残疾形态，一般表现是概念性、数量性的说说、奖奖、宣扬宣扬，没有形成健全的指标、标准、工具等科学性的体系。

后三个维度是必须建立健全的内容，却又最具争议。结论是这些软性的内容没办法量化、标准化。

但是，有着通才盛誉的赫伯特·西蒙是这样指出的：社会科学之所以不同于自然科学，是因为"（社会科学）研究的对象会思考"。这种"思考"阻挡了量化、标准化的可能性。

只能说，上天入地下海、探索超微观世界的事情人类都空前干成了，我们却没有将"质量"当作一个根本性问题进行研究。

3.质量文明，前所未有的课题

当然，质量的问题、现象及其原因还不止这些，作为问题之根，可以说不过是两大亟待突破的课题：思想体系、知识体系。

质量免费！质量是生命！抓好质量，其效益等于再建一个工厂……实践已是充分丰富了几千年，人文思想理论的积淀也已相当丰厚，面对文明迭代发展的深刻需要，两大课题实际上已不是什么突破，换句话说，不过是早就该具有，现在却迟迟没有成形、成熟，不得不进行补课。

或者因仰视发达国家而迷信于工业文明生产出来的理念、知识、人物、路径、经验，或者因感觉疲劳而阻止了深向思考的脚步，使得这两大课题成了质量不可逾越的峡谷。

一切的强大无出质量！

质量的灵魂是理论与思想！

可以预言的是，随着这两大课题的阶段性根本解决，滞留于物态质量丛林的迷失，会在思想灯塔的导引下，迈进质量文明的天地。

三、质量的深向思考：明魂、确位、施策

1.质量尊严：不该有的诧异

历来的现实之中，人们普遍地感觉到质量重要到离不开。但是，极大的现实矛盾是质量没有尊严地存在着。

质量的现实地位是社会意识半觉醒的结果。这是历史的巨额欠账，并加剧了数量强势地位的进一步扭曲。

经济是社会文明进化的能源，在此层面，建立在"羊吃人"逻辑之上的野蛮的前资本主义文明，用经济质量、社会质量、文明质量的巨额赤字做代价，换取高速发展的竞赛胜利，但基因缺陷的先天不足，在单项、单维度的胜利辉煌中，又难掩社会、政治、文化显性、隐性残疾的撕裂之痛。其中，质量

| 第二章 |
质量，我们真的懂吗

在"被迫"中作为剪除问题的手段"被"明确出来，数量如穹笼罩四野的环境之中，质量不过是处处受气、直不起腰的童养媳，即使千年的媳妇熬成婆，也脱不掉循环相欺的显性数量霸道逻辑，质量的尊严仍不过是配角的地位，意识的定位、功能的定位、作用的定位，一边倒地将质量屏障在主流以外的边缘地带，从来难以居于社会文明中央地位。

由于立足于硬科技之上的工业文明，以巨大的成功一次次震撼世界，颠覆传统的发展进程，得以让"事实胜于雄辩"的局部真理意义，成为持续强化数量意识强势的理由。就像影视演员与导演编剧的社会知名度状态。这是社会机制的质量问题，在视觉优先的感知世界，理性的组织没有将质量、数量这组主体衡量工具的主要机制关系、主从作用关系清晰地理出，致使居于幕后的质量成为隐身人，或是数量的影子。

尊严是思想、智慧、结果三者聚合的标志。

所谓质量尊严，一是让质量居于应有的地位，即主导数量；二是让它手握质量规律的尚方宝剑劈开文明发展的路径；三是标度、引导组织少错误、少弯路、少代价地加速进化，从而汇聚成文明的洪流，积变文明发展的步伐与节奏。当然，所有的尊严都不是皇封御制的，而是"作为"出来的，换句话说，尊严封赏不来，而是一刀一枪拼搏的结果。

其实现路径可概括为"三从四得"，主要内容是：

三从：从模糊到清晰，从孱弱到强壮，从支撑到主导；

四得：质量上"得（必须）"确立观念意识体系、知识理论体系、组织机制体系、人才结构体系这四个基本内容。

事实上，每一次文明的革命与大爆发，都是思想先行与科学技术开路的结果。质量层面亦不会例外。但思想理论性的软质量远远滞后于物质发展的硬质量，面临的最大问题是名正言顺的"正位、上位"，由一直以来的被动支撑性地位走向主导作用。科技的发展几乎从没有错失过制造社会发展的风口，对于质量的发展，科技的驱动性似乎闲置，其原因是质量思想黯淡到了自顾不暇。

这就必须完成三件事，以清偿巨大的历史欠账与亏空，让质量就位于"主导""支配"的王座，拥有其应有的尊严。

（1）质量观念革命，及由此必然引发的质量思想理论的变革性发展；

（2）重构质量生态；

（3）重构国民质量意识。

这是体现国家质量意志的内容，也是质量兴国、质量强国的根本。

案例历历，"二战"后日本的崛起，是让质量成为国策。这是质量史上的经典，一个产品质量意识的国家意志，造就了一个国家称雄世界的几乎完美的故事。而近几年日本质量事故频曝丑闻，"日本质量"神话跌落神坛，其根本原因是质量精神病变。

2004年11月至2005年5月，日本著名社会观察家三浦展进行了一系列社会调查，发现一个重要的变化：数量庞大的日本中产阶层开始分化，"由'中流'上升为'上流'的实属凤毛麟角，而由'中流'跌入'下流'的却大有人在"。为此深感担忧和焦虑的三浦展以调查结果为据出版了《下流社会》一书，"下流"不是指财富或色情，而是指这些衣食无忧中长大的年轻人，身上却出现一种可怕的趋势——人际沟通能力、生活能力、工作热情、学习意愿、消费欲望等全都较之一般人更为低下，"概而言之，即对于全盘人生热情低下"。

小国大政治家的新加坡资政李光耀先生于2013年8月在《李光耀观天下》一书中指出：日本正走向平庸化。

所有的存在，所有的问题，它们的灵魂都是哲学的产儿。当思想之魂"下流"到媚俗，受思想支配的一切，就只有没落、腐死、烂掉。哲学的质量如此，质量本体的这个内容尤其如此。——没有哲学，我们很难辨识清楚质量的内容、结构、要素。

如果说神学是灵魂的依靠与寄托，技术是工具，科学是引擎，那么，哲学无疑是统帅。在哲学的统领下，思想深刻到抓住规律，揭示真谛，指挥资源的集合、集约、聚变。

然而，最需要思想的现实似乎远离（绝缘）了思想，思想的沃野成了万里黄沙无人烟的荒漠，于是只有观念、观点、想法当思想，没有思想当思想。

失去思想的作用，人类就成了下半身的动物。

在一个思想苍白（影子瞳瞳）、空白（现实丰富而弃置）的世界，我们处于繁乱、浮躁甚至狂躁之中，或者说自从工业文明的机器轰鸣打破农耕历史的安宁，效率的加速增长，让狂奔颠簸得七荤八素的主人们被狂奔的环境漂染与裹挟，"只知狂奔的快感，何论狂奔的质量？"

但文明的另一面就是冷静！这是文明伟大基因的双螺旋中的一极，它们从没有离场于活生生的现实，无形地主导着、制约着甚至奖惩着历史台面的场景。

社会有产业文明、制度文明、政治文明、量式文明四种基本文明类别的阶梯与阶段，产业文明沿着原始文明、农业文明、工业文明、信息文明诸阶段一路走来，制度文明的阶段是奴隶制度、封建制度、资本制度等，政治文明也有着明晰的自身规律性阶段，但在量式文明层面，截至目前，我们还只是处于数量文明的时代，虽然已经开启质量文明形态，但还只是刚刚迈进门槛。其标志是 2017 年 10 月 18 日，中国共产党第十九次代表大会会议报告中，有史以来在国家层面第一次提出"高速度型向高质量型转变"。

量式文明的发展显然大大滞后于其他三大文明形态。这是有如发现新大陆一样的故事再版，不是科学技术达不到水平而限制了质量文明概念、思想、理论、体系的建构，亦非质量问题的困扰太少，不足以吸引人去建构更高级的知识体系，以破解现实怪圈与莫名的一个个案例、一处处塌陷、一遍遍振荡，指导社会的丰富、发展、升级。

那么，影响量式文明思想理论体系、管理机制体系、知识体系、工具体系、方法体系建立健全的主要因素是什么？

2. 明魂：让思想成为思想

思想是人文灵魂。只有思想的强大，才能造就一个人与组织在精神与形体上的强大。

尽管人文的世界已经空前地成熟，具有悲剧意味的是大量的人和组织却很不成熟，因为他们缺少了思想这个成熟的内核。

质量思想作为组织思想的分支，是组织灵魂的内涵部分。如果将组织思想视作一棵树，价值观是其基因，组织的精神是其内生力根系，理念是其主干，机制是载体，人、财、物、销、供、产、信（息）、教（育）、（科）研、机关等专业属性的内容是其分支，组织行为、传播表达以及结果是其社会存在的表现。这就形成对应的质量思想内容体系，其形象模型如图2-6所示。

概要而言，质量思想是由意识、知识、组织三大体系构成的，它们各有自己的要素；围绕着物态、人、组织、文明质量四对象的稳定成长升级目标，由要素、路径、管理、图谱组成一个质量思想实现的钻石菱形，这是质量思想物化为现实表现的发生器，它作为内生力制造厂，像一座全要素工厂，源源不绝地产出着社会发展的力量。软件只有安装到硬件身上才能释放程序的价值，精神的原子弹也只有附于肉身、机制载体，才有惊天动地的力量。否则，纸页承载的思想智慧，要么尘封于故纸堆中，偶尔现世露峥嵘，或是沉潜于现实的后面；要么活跃于富于能量的社会，引爆成一种社会历史现象。

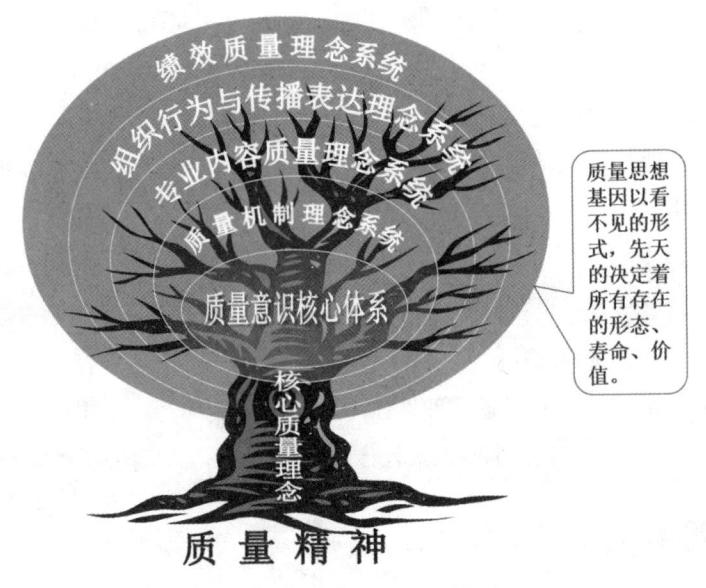

图2-6　质量思想生物模型

看一看图2-7这个钻石菱形的内容就会明白它的价值。围绕着物态、人、组织、文明这一终极核心：

首先，质量思想必须明确的要素结构体，包括什么要素内容，及其组成结构，采用什么方法。这是必须明确的前提，它构成了解决问题的锋刃。

其次，思想者就是要牢牢聚焦这一结构体，并为之构建、配置教化、研发、人才三要件，坚实并通畅实施的基础路径。

第二章
质量，我们真的懂吗

再次，按照纲领的导引，一步步实施，产生内外效应。

最后，在决策、执行、监控的作用下，全程动态管理运营的状态。它犹如一个生命体，在掌控快慢、大小、松紧、高下的基础上，调控着整体机制发展进程。

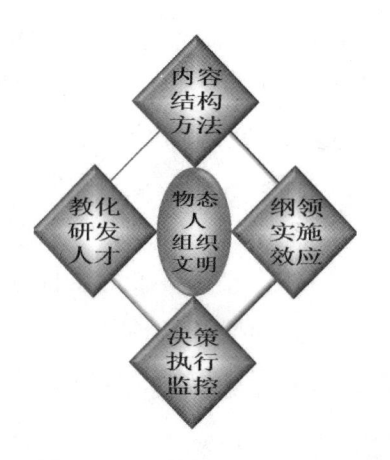

图 2-7　质量思想钻石菱形

至于具体的活动、事物，对于质量思想水平与活力的考量尺度，是数量、质量、恒量三量体系。

质量思想的要素、结构及其逻辑关系如图 2-8 所示。

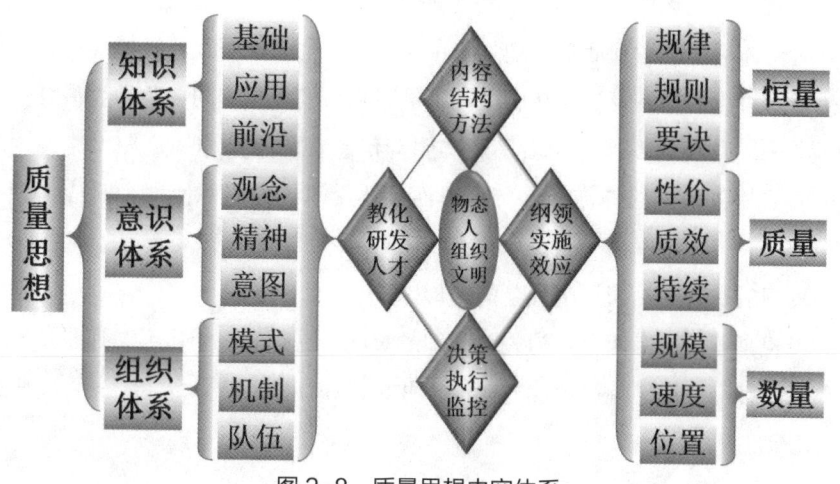

图 2-8　质量思想内容体系

在质量意识体系中，具有什么样的观念、精神、意图是主体。几乎所有的人和组织都有着良好的意图（理由），但观念、精神的偏正、优劣，决定了意图与现实相生、相悖，成功与失败虽然不过一念间，这种一念的差别，一再地验证着"差之毫厘，谬以千里"的结局，对于命运这样的长程内容，一念之间的主轴贯穿或是堆积，更是先天性地判决了天差地别的两种状态。

最为残酷的现实，是普遍对于思想的忽视，思想发展几乎成了样子货，思想建设是照本宣科的解读、复读，更高层次的思想创造处于无人区，尤其处于顶层的哲学领域，几乎全面陷于个体及其普遍性而少有了社会文明普遍性的真理揭示，如《梦的解析》，在深钻个体共性的道路上走得很远，却在社会宏观的群体共性方面几乎荒芜，所以，在令人眼花缭乱的快速发展过程中，最需要哲学指路的众生，却发现世界的黑暗丛林中只有哲学的依稀星光，不见如伏尔泰、尼采、黑格尔、康德、费尔巴哈型的大家巨匠用思想太阳、月亮给予照耀。

一个不关注灵魂健全、健康、健壮的人与组织会怎样？人类之所以能够拥有文明，就是它能形成思想并在传承、丰富、发展的过程中予以体系化，第一个轴心时代得以爆发，是老子、孔子、亚里士多德们开创的总括人类文明规律学思想及其体系，在绵延后世的两千多年时间里，以普世的规律、精神、观念，照耀着洪荒变成文明的路径与过程。

但自马克思以降，以顶层之势俯瞰文明发展规律、社会发展规律的哲学，矮化为个体活动、微观活动解剖学的层次，僵化为教科书式的机械辞条，边缘化为可有可无的存在，矗立在历史旷野的思想灯塔成了房间一角的豆油灯。

本来，科技的发展驱动后工业文明与信息文明的进程一直在加速，为思想的发展提供着超级充沛的养分，然而，哲学思想的失职使这个时代出现了空白。

思想的贫乏必然繁衍出社会的畸形。

思想是哲学的东西，作为人与组织的灵魂，必须是一个体系。那是站在时代前沿、社会深层、规律顶层的集成，并付诸应用实践。

3. 确位：划定权力层次与边界

习惯于现实利益得失的社会，尽管分享着思想的红利，但对于思想仍然难以达到信仰的程度。因此，思想之魂必须附体于硬实力的身躯才不至于被当作幽灵游魂。行之有效的套路自然是确立权力地位与边界。

首先，确立主导地位。

这是彻底改变质量地位的标志。对于信奉"真理在大炮的射程之内"的现实来说，确立质量的地位就是赋予其权力、权威。按照路径依赖的逻辑，最简单的办法是质量说了算，算到直接关联票子、位子、面子（荣誉）、本子（学习）和（基）因子。

主要表现在：质量观替代数量观、质量模式指标体系、工具与方法。

质量观的刚性表现，是将性价比、质效比、持续性的概念、内容、要求等引入工作之中。没有这样的内容表现在调研、定位、规划、计划、预算、实施、反馈、核算、结果、总结等过程与环节之中，就是不合格。其中，各层级决策过程中质量的体现尤其要突出关注。

质量管理的工具与方法虽然需要适应性创新、发明，但基本层面已经相当丰富，能够用好是不可逾越的基准线。

当然，权威在于信服。传统的管理质量"不质量"，主要在于单维度指标、盖棺定论式"以结果论英雄"的模式概念与行为。

由质量支撑变为质量支配，由质量被导变为质量主导，在于设计设置全向、全程KPI指标，主要包括了个人、组织的工作质量、学习质量、生活质量、结果质量四项内容，以及前、中、后过程质量考量。

考量从单维度变成多维度，本身就是整体的质量性表现；每个维度上质量指标的设计、设置、权重比例的重构则是其具体化；结果一票否决转变为"过程优质化以保障结果优质化"是机制性变革；决策、执行、反馈、结果、总结五位一体的系统考量，则是质量模式的核心。

以此而论，质量主导地位不是贴标签、喊口号、穿马甲，而是从观念到模式的变革。

实际上，由来已久吵吵嚷嚷的"管理是科学还是艺术"的争论还是务虚地坐而论道、单一经济性维度、以结果论成败的方式本就藏匿着诸多的暗箱、猫腻。这是又一个"皇帝的新衣"的管理版。

而且，随着所谓科学管理的深化，大量的管理过度、过剩、过失等不良行为、失误、错误在泛滥式发生，其典型是管理成本加大而产生负效、基层被"不务正业"（接受烦琐哲学、事务主义、官僚主义安排的过多的非生产经营性活动）、机械式管理的企图碰壁、高中基层脱节等，这是数量模式的多宗功绩的背面，可称之为数量模式多宗罪。

其次，设置全向KPI体系。

质量模式KPI首先不是对数量模式KPI的全面推倒重来，而是融入中的升级。任何的传承与弘扬，都是对合理部分而言的，也是对不适宜内容的替代。因此，其内容框架如图2-9所示。

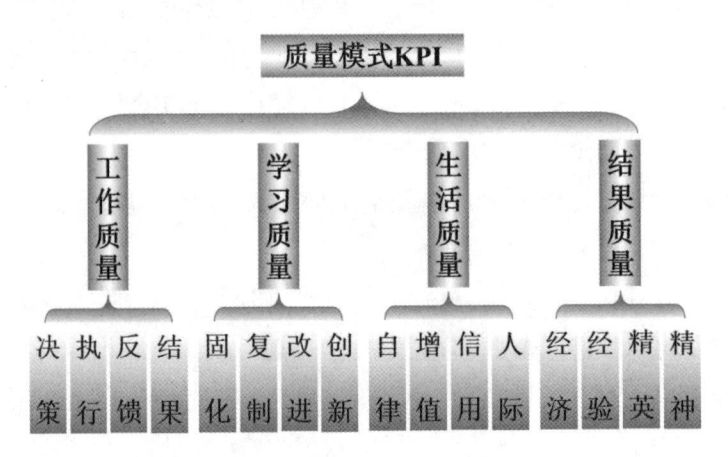

图2-9 质量模式KPI框架

必须指出，这个框架的生命力在于各质量板块的指标要素提取，经济结果的要素如产量、销量、成本、质量、交期等，弄不明、吃不透、卡不准指标要素，就会似是而非地搞成一大堆，严格管理、加强管理变成注水猪肉。KPI是个好东西，其灵魂是抓住关键少数、主导性指标，然而，被注水后的KPI一点不冤枉地背上了一系列罪名，其中最大的罪名是KPI搞死了企业，原因在于背离了KPI原理，以KPI的名义造就了大量非KPI的内容。

质量模式的KPI体系敢称为对数量模式的颠覆式升级，似乎是一种悖论，

第二章
质量，我们真的懂吗

因为单维度 – 多维度、结果 – 全程好像本身就是简 – 繁的矛盾。

数量模式的问题出在其运营的质量，是简约中的烦琐构造了"科学管理不科学"的病变与癌瘤，甚至由于数量指标的核心内容被大量非关键性、基础性内容所遮盖，以至于管理者一时兴起打补丁、贴膏药，致使中基层陷入事务主义的陷阱，戕害了数量模式的生命。刘邦入关的约法三章，成为管理史上的经典，是抓住了本质。所以，质量模式尽管也难免会同样发生"科学管理不科学"的怪象，但在原点上是抓质量关键点的。

再次，赋予质量权力。

所有的权力都是对权、利、名的裁量拍板。权力有行政赋予、自然赋予两种，不论何种，滥行私为都终将会全部丧失。也就是说，真正的权力源于公义基准线上的公平，并立足于机制之上。权力随着公义基准的高低、机制的优劣而有大小、真假的差别。如果权力偏离了公义、公平、公理的航线，程序正义就是瞎扯，甚至是助纣为虐。

相对于数量模式，质量模式体系中的质量权力赋予，关键是将裁量权由产品属性扩大至管理、文化两个层面，进行全覆盖。这种扩权，不仅是面上的放量，而是对决策、执行 – 反馈、结果质量全程的考量，这是纵向自顶层到底层、横向扩展至工作 – 学习 – 生活三层面"纵向到底、横向到边"的全域覆盖式考量，与"管天管地管空气"的"什么都管"所不同，质量权力的优质化是让大大小小的权力务必明白：锁定权力边界、内容、结构、方法！其机要是抓取、抓住要素，按照机制规则创意实施。

权力可以给予，权威只能自为。权力的权威除了工作的洞见、机制塑造、驾繁驭简、公平正义，不多的王牌之一是质量公告，包括了指向精神质量、管理质量在内的质量调研、质量动态、质量结果三个报告，另一王牌是富于智慧含量的质量建议案。

相对于专业分工、职能性分工，权力是一个自然而然的产物，对于观念明确、指标确立的组织，谁来督导、监控、考核、评价，只要各主体责任到位，惩罚的板子就会"马放南山"。这是管理最高境界"无上"的形态，理想与现实总有大大小小的距离，但绝非鸿沟。人与组织的劣根性层面，一是感觉疲劳的麻痹而致集体性自然堕落，二是低级偷懒的偷工减料而非熟能生巧的革故鼎

新改进，三是所有的成长都是教训的结果，但教训随人事变更、物事变迁而一茬茬重现、一遍遍重现，成长原地打转甚至江河日下。

最后，明确质量第一责任人。

质量第一责任人是首要决策人的概念与定位，在质量未能上位的十大原因中已有概述。其作为一把手要抓的工作，首要的是质量，包括思想文化质量、管理质量、产品质量三个层次的内容。一个只知道聚焦产品质量的首要决策者，显然是不合格的。船长当然要盯船，但是如果不管船伙计团队、运行机制、伙伴共识，最后的命运便只有散伙。

实际上，首要决策人什么都管了，只是传统性地犯着物质主义的通病，没有条理清晰地去区分，这种质量第一责任人的明确，不过是将一种结构逻辑关系廓清。谁比谁傻？捅破了窗户纸，船长们都会自动就位、卡位。

需要强调的是制度的笼子对于权力代理人的约束，是建立在权力人自觉、制度自觉"两个自觉"之上的，高明的权力代理人，都是善于利用组织机制力量解决问题的高手，即以组织程序、组织手段、组织意志解决组织问题、非组织问题，他们的个体自觉服从于制度自觉，这样的状态，是自如行走在"不敢（胆子）、不能（机制）、不想（意识）"之上的状态，这种形态的总体现象在我们的身边随处都是，典型的是宗教。

4. 施策：战略、机制、人才、教育四抓手

灵魂与权利机制的合体犹如一个平台，要让这个平台释放出最大的社会价值与作用是应有之意，自然也有技巧与水平的作用。其中，战略、（运行）机制、人才构成一个金三角，这个金三角的结构质量与灵魂 - 权利机制的命运成正比，它的存在决定着灵魂与权利机制的兴衰成败。

出水才见两腿泥。现在处于舆论沸点的华为公司，让世界看清楚了厚积薄发的沉雄，内中要因，已成舆论共识的是它能够拿占比销售额15%的费用去研发，这是华为的技研战略，它发挥了华为之所以有今天的砥柱作用。

战略是思想视距内智慧的灵光，究竟是光耀天地还是一粒豆油灯火或萤火、鬼火，战略的质量与质量的战略是必须掌握在自己手中的GPS。不言而喻，机制、人才的质量状态需要匹配战略的要求，或者战略要因地制宜地依托

第二章
质量，我们真的懂吗

机制、人才的现状而制定，才能释放出无所不能、战无不胜的作用。任何组织，都没理由不将机制、人才持续推高到当前最好的状态。因此，这个金三角的质量，是组织发展的关键抓手。

在质量模式的体系中，最迫切的事情是将"质量"概念植入、融入组织的体系，让组织的内核金三角拥有力量。这就将教育培训推向了前台，形象些说，教育培训是贯通脑-躯体-肢体的转化器、孵化器、蒸馏器，它的职能如下：

第一，达成共识：促进观念意识的统一性。乌合之众是利益趋同，在一个多元化、多向化、多样化的世界，要把一个个自然人熔铸、集成为一个功能性机器，就必须有也只有教育的熔炼炉才能完成"化人"的任务。

第二，人才育种：培育和壮大人才队伍。各种组织都需要传宗接代，而巨人也需要培育，在组织的山脉里，组织的山峰高度与巨人成因果关系。教育的核心功能，主体性是以组织行为发现并赋能于现实的干才，而育种未来的领军人物，这是思想基因、发展战略确定后的最重要的内容。但遗憾的是绝大多数的组织没有解决好这个问题。

如果说这是千古不易的难题，不是没有道理，却又是个伪命题。因为，直到现在，全世界有的是人才学散落于世界各地、各个历史时期，却没有一套系统、权威的体系，其最大的特征是零散。试问有哪个国家将这一内容当作一个国家级课题，像搞阿波罗登月工程、基因测序工程一样，倾举国或国际之力进行不懈、深入、系统的研究？这何尝不是一个世代重复延续舍本逐末的活生生的故事？

在世袭的时代，"世袭"便已使人才视野、人才选择域变得狭窄，只能祈望天地送生骄子，但"育"领军人物的机制，虽能以举国、举家的资源而用，之所以孵化不出如秦皇、汉武、唐宗、宋祖、成吉思汗的天纵雄才，根在人情的凌驾而失理、失智，关键则是环境的重重围裹（这是尽人皆知的温柔屏障与陷阱）。

接班人培养的基本形式有温室育苗、旷野选苗和圈养式、放养式的选择，书本与嘴巴堆不出英才，而且，在亲情、人情、权利交织的漩涡之中，公私、贤愚、曲直的边界难以一贯到底地把持，所以，这一直以来都是难有完美之解的天大难题，也就只能听天由命地偶有才俊，无以代代雄杰绵延。

万里路坎坷磨难出真才的道理谁人不懂？现在虽说能够全社会遴选，范围是无限了，但遴选机制的赛马、相马两股道，常常偏执一途或各行其是，或无限平行，同样难以成基因地双螺旋式行进。事实上，培养机制一套套，鲜有延续正果的公认权威体系是一根本症结。而富于思想情态的人才，是可以别样复制（非原版克隆）的，人才的丛生现象可以作为这个观点的注脚。工业文明能够将无论怎么复杂的产品都精巧地造出来，而大数据、AI已经制造了阿尔法狗，结合繁盛的一个个时代的人才成因，领军人才的成长规律、成长特征、个人特征起码可以借鉴过来，可以催化。可惜，这种原理任万千奇想，却没能成功嫁接到人才的造就之上。

第三，催生新境：促进新苗子、新苗头、新气象、新境界达成新高度。教育具有孵化、催化、聚化内外部资源的天然功能，因此，教育"传道授业解惑"的传统定位，应该追加上成为"推陈出新"的孵化场、组装场，释放出实验、研究的功能。依此而论，教育的现实让人喟叹。

量变到质变！哲学已经把未知的地方总结、揭示了出来，社会的发展也有了产业文明、政治文明、社会文明的阶段性进化较为公认的明确区分，而在量式文明的体系中，我们一直滞留在数量文明阶段。好在我国已经在世界范围内第一个提出"由高速度向高质量"转型，标志着质量文明的大门已经拉开，不是期待它的辉煌，而是在我们手中推向辉煌！历史的机遇给了当代，我们没理由让它流失，唯有让它更有力量！

第三章
三维全角度透视质量：灵魂、内容、体系

一直以来，对于质量的认识和行为几乎都框定在产品层面。

毫无疑问，产品是终极表现，自然也体现着全部质量活动的层次、可靠性、协同性。正是因为产品作为全部活动的终极界面，并与一个个公众个体直接发生关系，也就最具社会舆论与公众情绪的搅动性。因此，就需要廓清质量的源流关系，以及深层次的质量灵魂、内容、体系的结构与因果。

形象些说，产品只是蛋的问题，决定产品质量的是鸡，而决定鸡基本质量的是基因。就社会经济活动而言，这个鸡、基因，分别代表的是管理、精神，从而也就有了产品质量、管理质量、精神质量的内容及其决定性关系。

因此，要解决产品质量这个蛋的问题，首先解决的是精神质量，其次才是管理质量。尽管具体的生产/服务性行为直接影响着产品/服务质量的稳定性、数量的保证性、交期的准时性、成本的最佳性，而大量的合格、不合格产品往往只是一念之间的事情，特别是与最高管理者距离甚远，要知道，这些最基本的内容是由大量的基层员工完成的，其优劣程度是衡量一支队伍优秀与否的基本标度，而一支优秀队伍必然是管理的结果，精神行为化的结果。

一、质量深度看：三维三层三表现体系

如果全景式审视"质量"，质量当然就不能局限于点状的产品/服务事项。

地球文明的质量如果只是聚焦于这个界面,那就不会有今天如此繁荣和诱人的样子。

质量无时不在、无处不有!任何事物之中都有质量的问题,或者说离开质量,任何事物就都成了一堆毫无意义的烂泥。很难想象,一个没有质量的国家、民族、企业,会有社会市场地位与话语权。立足于这样的意义,思想、结构、行为的质量,决定着历史的进程,主导着发展的优劣。质量决定了文明的成熟度、发展的成功度!

因此,就质量的体系而言,包括了层次、维度、表现三个方面。

首先是质量的层次。

质量这座大厦分为产品质量、管理质量、文化质量三个层次,居于底层的是产品,其上是管理,顶层是文化,如图3-1所示。

图3-1 质量三层次

对于产品质量而言,现代质量管理几十年,经过世界上大量专业人士的艰苦努力,从工具、方法到模式,已经是十分成熟的领域,但在管理质量、文化质量领域,尽管时时都在作业、强调,却远没有达到产品质量的成熟程度。

与生物领域关注基因工程以改善生物品种相比,文化质量的组织基因属性及其改良、优化显然还是一派荒芜的自然现象,仍有不少的组织在凭着生存本能进行自我适应性改造,比照产品质量的管理模式、方法、工具,文化质量的规范、标准、流程、方法、方式、尺度、策略等零零散散,形不成系统、科学的体系。

历史上确有不少优秀的组织在出生过程中进行了严谨而精妙的设计,以及

第三章
三维全角度透视质量：灵魂、内容、体系

在成长过程中，也不乏成功改造、再造，但是包括王朝、宗教、学校、企业在内，那种建筑在英主明君前提上的组织运营，一直以来几乎没有跳出人堕、政息、体亡的规律"怪圈"，文化质量的基因属性内在规定性地决定了一个组织的病发、病变与消亡。

在一般的层面上，文化本身就很难讲清、说明，更遑论质量的深层问题。应该说这不是放任文化精神质量的理由，自古以来，大量靠着精神质量内核创建的组织造就了一段段辉煌的历史，其中，最具典型的是宗教。这是企业这样一个经济组织最具有借鉴价值的对象。宗教的优劣在几千年历史长河的冲刷之下，已经是千淘万漉之后的事情了，当今的几大宗教，当然是文化质量的经典。那么，企业从精神到仪式、从制度到行为、从活动到结果，按照对标管理的原理，是否"标"出了文化质量的路径、方法、诀窍？精神也是需要管理的，从管理的角度看，精神管理的目标、计划、实施、反馈、考评、总结、激励应该是一个都不能少的过程与环节，但大量的精神管理行为在这些方面残缺不全，或者只是刷刷标语，评评先进，嘴上喊喊，奖励一番，做些表皮文章。

至于管理质量方面，对于管理活动，从创意到决策，从计划到实施，同样没有形成系统的运营及考量评价体系。这是具有相当讽刺意义的现实悖论：大大小小的组织无一例外地极其强调管理能力、管理水平，却没有管理质量考量的具体内容KPI、标准、工具，以及由此形成的体系。

其次是质量的维度。

质量不是单一的物质文明层面的产品/服务维度，而是如图3-2所示的维度及其要素。

图 3-2 质量三维度

物质文明的维度主要指产品属性的内容，包括了资源、结构、层次三个方面的质量问题，当前阶段我国社会经济的最大问题是自然资源、市场资源、技术资源、人力资源、资金资源、信息资源等资源与社会需求的结构、层次适应性的矛盾，所谓过剩是供需结构性失衡所致，这种失衡是市场初期信息不对称的结果，更是市场、权力壁垒、利益壁垒博弈与竞赌的结果。在体现经济运行状态的同时，考验的是宏观、中观、微观三个层面的战略制定与部署能力、执行能力、调整能力。

精神是一切活动的定海神针，其高低自然决定着活动的层次与境界。在质量问题上，精神文明不是政治口号或高调，作为一个维度主要具有基因支撑与发展导向作用，具体指思想质量、意志质量、智慧质量几个要素。当"产品质量是管出来，不是检验出来的、罚出来的"几乎成为社会共识的时候，"说归说、做归做的两股道上跑车"却是常态，在失魂落魄中即使承受了足够的精神失常的教训、困惑，短视意识、金钱主义、GDP主义还是占据绝对主导地位。当组织的精神司南只是当作应急的工具时，神仙也救不了单维的"就产品说产品、就效益说效益"的困境。正确的思想让精神、意志坚强，也能促使智慧找准方向。

生态文明则是指自然生态、社会生态、文化生态三个方面。自然生态已经十分严峻地侵害着现实社会，因此，生态文明便与考核指标挂上了钩，高强度的行政指令之下，当然能很快补上历史的欠账，自然生态只是生态的一部分，还有隐秘其后时时触碰的社会生态、文化生态，而且，在人口大流动、高速流动持续加速的今天，社区、地域、城乡、民族、种族、宗教、文化等社会生态、文化生态日益重要。

最后是质量的表现。

曾经有一对市场冤家，在市场竞争过程陷入价格战的漩涡，由于当年的带头大哥失于了解对手的价格战策略，而致简单的"你降我也降，不就是打（价格战）嘛"的粗放竞争，最后因产品主体原料的大幅度下降而至产品无人问津，企业消亡。这种竞争的劣质性表现在三个方面：一是价格战原始手段，二是价格战里的技巧与策略，三是价格战的质量底线下调与失守、沦陷。类似的事例以至于演变为超出市场竞争的意义而成为任性的斗气打架，在市场上也是

第三章
三维全角度透视质量：灵魂、内容、体系

屡见不鲜的。

麦当劳与肯德基、可口可乐与百事可乐是竞争质量的正面经典，双双"恶斗"了几十年，从美国本土打到全世界，结果发展成世界级巨头。

正反两方面的事例，在证明竞争质量的同时，也在揭示质量另一层面的真相，那就是质量表现。作为前述质量层次与维度的必然行为，主要包括了如图3-3所示的生存、竞争、发展质量三个问题。

图 3-3 质量三表现

任何组织，包括企业、城市、乡村、政府、学校、医院、军队等组织的质量观，虽然在生存、竞争、发展三方面也付出了巨大的精力、财力、物力，然而，发展依然难尽如人意，只是锁定在"产品"的层面，未能将"质量"的触角延伸至生存、竞争、发展的内部层次，如产品质量式般量化到制度、规范、标准、流程中进行考量。

系统地审视质量的构成，其关系如图3-4所示。

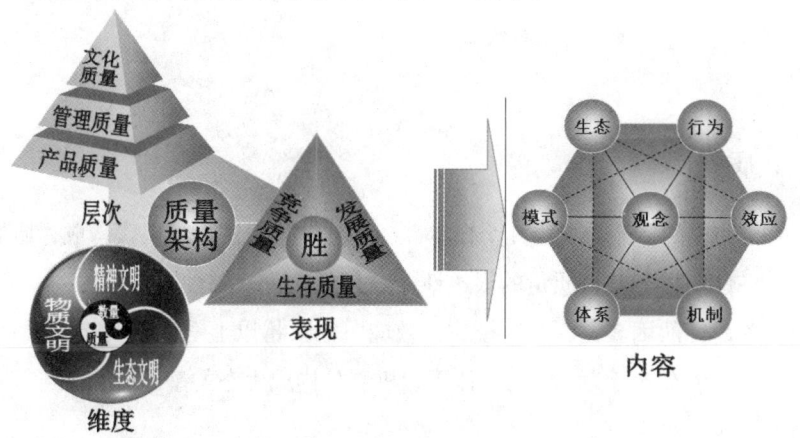

图 3-4 质量的基本结构

事实证明，与数量构成手心手背关系的质量，作为一个筋脉样蔓延组织全部活动的庞大、致密、严谨的体系，对于数量具有内在支持性、外在否定性二元特征。即质量支撑着数量，当数量与质量保持一定的比例关系时，才能够实现收益的最大化；当高度的质量表现出对数量的抑制，并迫使数量脱离合理的规模区间时，质量过剩带来的浪费将呈比例关系，将效益伤害度递增式拉大，极端的则是"叫好不叫座"；反过来，以牺牲质量为代价的高速增长，只能以大溃败收场，因为市场会自然淘汰低劣的质量。

我们习以为常的质量观、质量制度、质量行为由于产品属性的指向，其规范、标准、流程自然也是限定在产品范围而不能够延伸至管理领域、文化领域。或者说这正是现实的汗颜之处、细思极恐之处，伴随着工业化时代的发展，我们讲了"质量"这么多年，却是聚焦于枝梢的界面，而没有深入到更具决定性的管理、精神内部。小的方面说是决策由个人意志主导而丧失理性的约束，从而失误难以规避；大的方面说，是王朝兴替的原因所在、各类组织兴衰成败的根本所在。

大量看似难以破解的质量死结、泥淖、误区、盲区，正是由于质量体系的产品化锁定，平面化、单维度思维的定式，才造成"就产品质量抓质量"的"就事论事"死循环，形成质量"反复抓、抓反复"依然难以稳定的现象。

二、内容：七要素结构体系

1. 质量七要素

一个完整的体系都要由几个根本性、基础性、关键性的因素构成，质量体系的完整性同样如此。质量的根本性因素是观念，基础性因素是体系、机制、生态，关键性的因素是行为、模式、效应。如果将以上七因素简略为三要素，则是观念、生态、行为。因为，体系、机制是构成生态的基础，生态与行为则能决定模式与效应。

2. 质量七要素的结构关系

质量的内容要素是在观念主导下，由体系、机制、生态、行为、模式、效应合计 7 个要素组成。其结构及其关系如图 3-5 所示。揭示了一个基本的原理，质量的全面性决定组织整体性的运行状态，组织的优异是全能性的而不是单向性主导的，任何单项的优异只能是具有特点、特长而不足以证明组织总体的优质。不少组织总是拿出某个点，自证清白式地说明自己的优质性，显然是不系统的，或是以一俊遮百丑，任何一个不论多么劣质的组织，都不会是全部劣质的，他们肯定会有几星亮点。这是衡量任何组织优质度的基本体系。

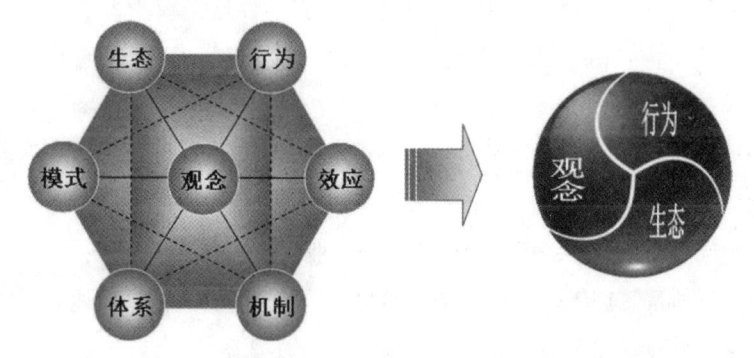

图 3-5 质量的内容结构关系

具体而言，质量内容的结构体系是在观念的主导下运行的，体系、机制构成了组织的质量基础，同时必然地形成自然态、自觉态两种及以上的质量生态状态，造化弄人也成人，与之相适应的是组织及其成员的行为，自然带着质量生态特征，随着阶段性的模式塑造与作用，内外在的质量正反效应随之显现。这就形成如图 3-5 右侧的质量内容三要素结构。

因此，三者的聚合度（内外在一致性、紧密性）、离散度（典型如两张皮、表里不一问题）必然产生绝对不同的效应，而且主导着企业的走向与沉浮兴衰。

3. 质量要素不全面的常见问题与现象

这种结构与关系的健全程度体现着一个企业是否残疾，其成熟度及其协同关系决定着企业的运行状态。其中的任何要素缺少、短板性表现差异大小都关乎企业的运营质量。

这种关系事实上在企业中普遍存在，主动/被动地、显在/潜在地发挥着作用，但是，在精神质量、管理质量层面是神龙难见首尾，似乎只是产品层面的"专利"。这也是产品质量稳定性差，质量曲线呈锯齿的根本原因。由于没有精神的指导、管理质量的约束作用，产品层面的质量机制、质量生态、质量模式、质量的前－后效应就只是肤浅的表层问题，形成纸上写的、嘴上说的与实际发生的属于两回事、两张皮。

这种情况的普遍存在，根子还是观念的真实性这个较为古老的文物级问题，也有质量内容基本认知的原因（黏滞于产品质量层面而没有升级到管理质量、精神质量境界），二者互为因果，其中的关键是老板。因为，老板没有"王八吃秤砣——铁了心"的质量观，其三心二意与质量行为的阴晴不定，根本性地影响着组织全员的质量心思与行为。

这类问题，最常见的现象是绝大多数企业一旦遭遇质量事故，首先是劈头盖脸地痛骂质量管理人员，其次是痛恨制造质量问题的人，好像他们不争气或故意为之，严惩、狠罚甚至都不解心头之气。那么质量运营机制、质量体制、质量模式的质量如何？

"产品质量是产品层面的事"，这种认知误区一直贻害着企业的运营。由于质量观念没有达到"全"的基本要求，在体制、机制上均难以赋予质量人员在管理质量、精神质量的职能，即使设立了首席质量官的企业，其职能也是固化产品层面，少有对企业文化、经营管理方面的监理，决策质量、执行质量、反馈质量、结果质量这些管理层面的基本问题，只是业余性质的考量（没有主体要求），这些内容的产品式质量管理并不能实行，对于重要的问题，不过是大而化之地、空洞地重点强调一番，关于管理质量的制度、标准、规范、流程等几乎是空白地带（这是管理质量、精神质量的发力点），在行为上也就只能是空疏的要求，所以，真的发生了问题，下不为例、交学费、认真吸取教训、罚款、记过等，都是常见的处理形式，但造成问题的主导思想、过失性根源，以及懒政、滥政、烂政、急政等的治理机制却建立不起来（制度、规范、标准、流程等的空白或残疾、单薄、空洞），虽然责任追溯机制的建立，强调了责任的严肃性、认真性，这种属于事后控制的行为，是绝对不能在源头上对失误、失败进行规避、遏制、消除的，也就是管理的控制关口滞后于事件的发生，没有将控制关口提前到事件前、事件中。

在企业具体的运营中，研发、营销、供应链、生产、信息、人力资源、财务、装备设施等具体实施方面的运营质量，除了专注于单维度的经济效益考量的硬件性数量、质量、时效、效益的考评 KPI，再没有软科学性质如经验、精神维度的 KPI 体系与方法，而且责任性、创新性、成长性内容的考评，或是未列入考评体系，或是表面化、皮毛化、点状化，由此造成硬件内容所赖以存在的软实力因素失据、失策、失控，软件内容则是全面性荒疏。

4. 质量七要素三命题

质量七要素框架自然带来如下的三个命题：

（1）质量七要素覆盖质量三层次，即三个层次的质量共同拥有同样的内容结构体系。

（2）三个层次的质量，都有着由低到高递变的持续升级规律，三个质量的换挡升级并不同步，从而形成多样性的特征，具有叠层并举，显在、潜在并存现象。

（3）组织主流质量意识的基准线决定了质量三表现的水平，质量意识与组织生命价值成正比，质量意识层次越高，组织的生命含金量必然越高，反之，则成比例下降，直至恶名在外，形体消亡。

5. 全景质量的结构及关系

集合以上内容，质量的全景结构关系如图 3-6 所示。

质量型发展

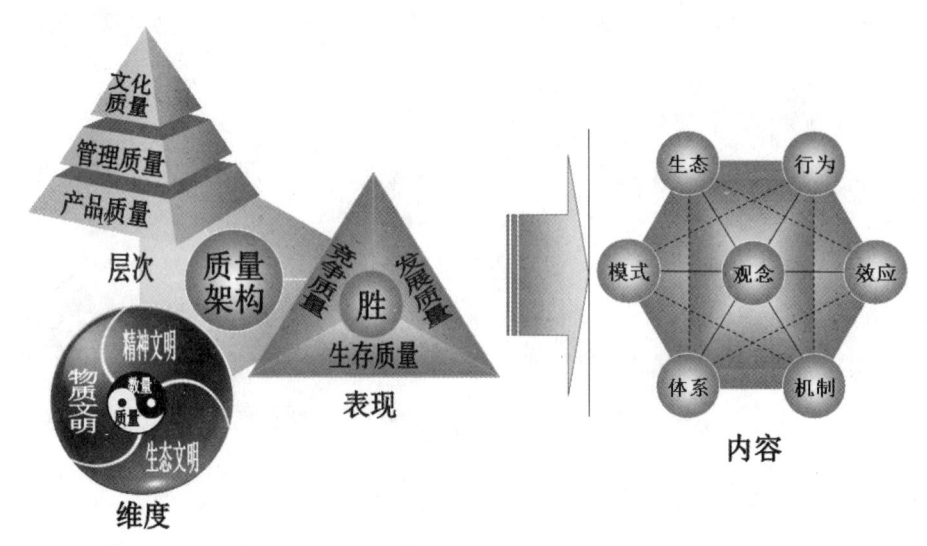

图 3-6　全景质量的内容与结构关系

可以这样说，这种结构关系从根本上构造了"大质量"的立体体系与内在逻辑。如果没有清晰这个关系，企业的质量问题就只能是"反复抓、抓反复"的死循环。

但仅有这个体系，还只是蓝图级的，要接地气地得以执行下去，就必须拥有三条腿并形成相应的 KPI 体系，即（1）在既有的产品层面，要覆盖到生产运营的全流程，这个维度上要包括研发、生产、采供、营销的质量，即在产品层面，要考量的不仅仅是生产环节，在四个主体因素中，生产是最具可控性的，另外三项因素的质量则十分陌生；（2）管理层面，包括机制、计划、考核、激励的质量；（3）精神层面，包括观念、品牌、形象、作风的质量，其结构如图 3-7 所示。

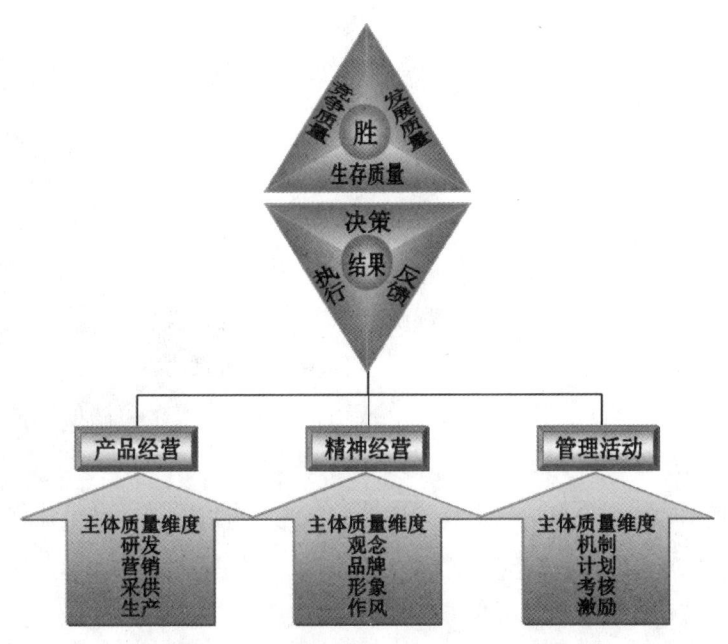

第三章
三维全角度透视质量：灵魂、内容、体系

图 3-7　全景质量的支撑体系及其要素

十分遗憾的是，在企业运营的历史上，管理质量、精神质量的概念十分稀薄，甚至空白。喊是喊了，至于其运营状态及结果的考核，直到当前，还没有像产品那样形成一套完善的体系。实际上，对于管理质量，由于"抓手"无着，系统的考量、评价，也都没有抓到肉上、骨头上，至于精神质量，则是淹死在眼前的利益之中，被指标压力挤得没了踪影。

三、质量的灵魂：塑造、成活、发展

有什么样的价值观就会有什么样的行为。

高质量的观念必然产生高质量的行为与产品，反之亦然。组织最高层对这种比例关系的注意度正在缓慢地增强，但绝大部分的组织在干着骑驴找马的事情，极少的一部分在经历了时代的变迁后慢慢觉醒。

面对浩瀚的宇宙，人类知道了一种神秘的力量在支配着它的运行，那就是

万有引力。企业的万有引力是看不见、摸不着的企业思想，价值观是其"核"，常识告诉我们，这是"三观"的主导。那么，质量的灵魂是什么？套用一句流行话的逻辑，质量的灵魂安放何处？

当然安放不是目的，让这种代表着质量最具决定性的价值观、思想、意志"显灵"才是根本所在。

因此，原点性的任务是塑造质量价值观，其次是成活，在科技加速发展的驱动下，质量的发展自然是浩浩荡荡，顺之者昌，逆之者亡。

灵魂的塑造艰难万倍于产品生产，它包括了灵魂活力内在三因素、灵魂机制－队伍－生态外在三表现的确定、成型、固化、蜕变。每一项都是工程浩大且漫长的过程，其本质是目的、方向、活性。

血管里流的必是血！作为社会属性，灵魂是由价值观、思想、意志构成的，其一旦确立，自然而然便产生了与之相应的使命、愿景。

灵魂是社会实际活动滋养的结果，其活力取决于根植的深度、广度、精度。考量任何一个质量优异的企业，随处都能感受到质量灵魂的清新、清楚、清明的蓬勃气息。其形成是灵与肉的合体，即灵魂与组织机体、个体肉体的三合一，前提是文化底线的坚守、发展趋势的符合。

灵魂的长久成活取决于四个发展，即思想、技术、规模、人才的发展。其源头是内在问题破解能力、外在问题适应性能力提升的速度与质量，二者共同构成了四个发展源源不绝的能量。

四个发展的品质、速度、效能不会同步，但必须是一种协调的比例关系，其中的任何一个因素大大超前或大大落伍，都会挫伤甚至葬送企业。这种特征内在地规定了发展不是野生、野蛮的自由放任。任何组织的文化都不是一个建设就全部好了的，建设只是三部分之一，另外两个部分是经营、管理，一个只有建设，没有经营和管理的文化只能是半拉子工程。

四、质量，谁的事

当然是全员的事！

第三章

三维全角度透视质量：灵魂、内容、体系

这是造就质量生态的主体，质量生态的基础是模式、机制、全员质量观为主导的质量文化，关键是第一责任人。

不管是朴素的认知还是接受专门培训之后，不论是一直置身事外还是深受质量之苦，质量已是广为普及、渗透入寻常百姓生活的问题。然而，在一个绝对不缺乏道理却又十分缺乏道理落地的环境中，质量成为举国头痛、全世界叫苦的问题，根源还是质量主体缺位。

现实中，撑持着质量安全保护伞的质量人是十分尴尬的。不论是制造国民经济活动的政府－社会层面，还是制造具体产品／服务的企业以及各种微观社会经济活动的组织，质量人都是"敬鬼神而远之"的对象，质量人、质量部门似乎成了别无所事的专职罚款扣钱机器。

制度上赋予质量人的权力，也常常受眼前利益的诱惑而大打折扣，特别是逆淘汰环境炽盛的地方，质量人总是成为拔去牙齿的老虎，关在笼子里垂头丧气的雄狮，或者是睁一只眼闭一只眼的混事者，甚至是摆设或是"补丁"，出事了，质量部门、质量人查一查，罚一罚，应付应付。

除了这类现象之外，还有就是制度设计、质量观的错位。制度层面上，职责的内容、层次、边界等基本问题由于概念的清晰度不够、不准，而混成一团；在观念层面，意识、意志、意图的强弱、境界，因为思想、理论的缺位而游移、低落，以至于把"质量"搞到了罚款、应付、运动场的状态，显然错失了本意。质量不是周身的一根筋，它既有观念，也有经络，还有富氧的空气与生态。这就是质量部门培训（观念、案例、现象等）、整合（亮点、模板、信息、资源等）、推广（经验、样板、工具等）三要则，其内在支撑是全景概念下质量的三维三层三表现，及其背后的七要素三主体。

第四章
组织的质量

组织质量是一个由来已久的存在，但"组织质量"这一概念却相当陌生。所谓组织质量，就是一个组织的合格程度及其比较的优质性。

这种合格性是满足自身规定要求的程度，但组织不是独立的社会个体，也不是真空中的存在，在与其同类及社会文明基本水平的比较中，其先进、后进程度必然呈现高低落差，这种差别标志了组织的质量水平与能力。

那么，这样一个根本问题，其内容构成是什么？特点、特征、规律是什么？如何进行系统考量评价及有效提高？

历史地看，任何一个伟大的组织，必然是卓越量级的，它包括了恒量、质量、数量"三量"达成的一个空前程度。抽象其中的要素，必是一种超凡的伟大思想、人物、战略、机制所造就，这四种因素构成一种如图4-1所示的星体结构，在总体、个体公转-自转的过程中，源源不断地滋生着能量，驱动"组织"这个星系持续地运动。

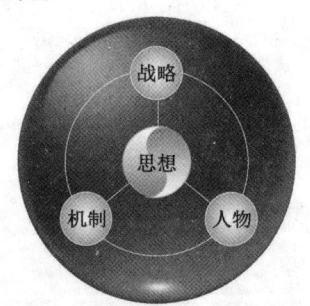

图4-1 组织的内核构成体系

第四章
组织的质量

这四种因素的基本关系是：

思想是组织的灵魂，组织发展的主导；

人是驾驭者，也是思想、战略、机制的缔造者；

战略是智慧的表现，决定组织意图实现的有效性；

机制作为载体，承载着组织驶向目标地。

与组织相比，人是短命的，战略是有时限性的，机制因人因时因地而必然有变化，只有人创造的伟大思想才能够穿透时空的界限，照射未知的世界。

也就是说，一个组织的质量，是由这四个因素的自体质量及其合体质量的高低决定的，进而决定了组织的活动质量，以及以产品、作品、行为为代表的结果质量。显而易见，一个组织的命运曲线及其价值程度也就宿命性地自然而然确定下来。

组织作为社会生命体是由灵魂主导的。所以，随思想观念的波动、停滞、间歇、消失，这个星系以相应的形式存在，其典型的三种特征是：

随着思想观念的一次次蝶变性变革，组织获得新生一样进入一个新的境界；

随着思想观念的一次次病变发生，组织遭受伤害，失去活力；

随着思想观念的停摆、没落、散失，而颓然式微，退场于社会。

——当思想强健的时候，机制、人才、智慧将释放出改天换地的能量；当思想溃疡、癌变的时候，即使是时代最优秀的机制、人才、智慧，都会锈蚀腐烂成令人惊叹的废物！

因此，一个伟大的组织，是在这个内核作用下，汇聚并匹配模式、机遇、行为三因素，以达成四维结果的过程中，形成如图4-2所示的框架构造体系。

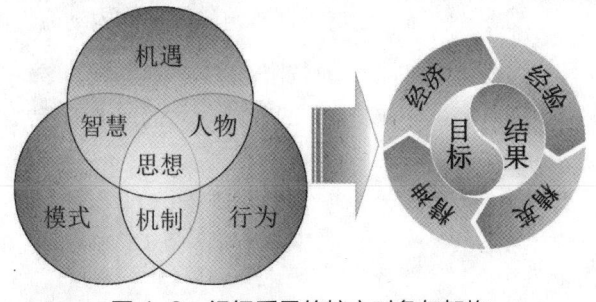

图4-2 组织质量的核心对象与架构

任何组织都不是石头里蹦出来的孙悟空，必然经历孕育、降生，由小到大地成长起来。那些堪称伟大的组织，必然经历并能破除、化解一次次生死考验，于刀山火海、九死一生中登上一个更比一个光辉的绝顶。

凡尘滋养的伟大是能让凡尘不凡。任何一个伟大的组织，总是能在一种意识形态主导下，让要素、结构、运营、策略的质量达到卓越层级。它们的关键是抓住组织卓越的牛鼻子，催生持续优质下去的能力。一般来说，伟大的组织总是能造就"三感"、五维组织质量长城、"一改两创"三大内容的质量持续优异，高质量解决"一个滋生、两个横断、三个气象、四个停滞"四要项问题。

组织卓越的三大关键——

三感：塑造组织及其分子的尊严感、使命感、价值感。一个组织及其成员连存在感、尊严感都没有的时候，就是一个被嘲笑的对象与话题。组织神圣、使命神圣、岗位神圣，才能激发组织每一分子内心的那份庄严感，现实工作的那份贡献感、成就感。这是组织灵魂即思想意识形态的日常化、细节化、岗位化、机制化的具体表现，悬浮的灵魂是梦呓，苍白的灵魂是废话，雷同的灵魂是套话。

五维长城：一般来说，每个组织普遍有思想、机制、人才、科研、效益五座质量长城，它们纵横交错于组织体内，构成组织从基因到结构、过程、结果的系统性优异。所以，仅仅就产品属性的质量而质量，无疑是本末倒置的管理。其中，组织的思想质量与质量的思想是统帅，一个没有系统质量思想意识的组织，其机制、人才、科研的质量就只能处于散兵游勇的层面，形不成质量的系统效应，最终只有无法把握、被动认可的粗放性效益，而非有质量的效益。

一改两创：即改进、创新、创造，这是组织发展的内动力、内生力、内控力之源，其对象是观念意识、管理、科学与技术三大主体。没有改进，不会进步；没有创新，难以自主；没有创造，只能被动！道理谁不懂？在一个不缺道理的世界，多少个组织拥有"一改两创"年、季、月度计划，一、二、三年规划？

组织防衰、基业长青四要项——

一个滋生：惰！这是生命体源头性的魔性，是疏懒→颓废→衰亡过程之

| 第四章 |
组织的质量

根，组织免疫能力丧失的罪魁祸首，自然也是兴旺的克星，其滋生与长势与兴旺根本上是此消彼长的关系。

两个横断：思想、人才！这是组织的三大山系之二，灵魂与组织传宗接代的断流，其中任何一项出现就意味着苟延残喘或夭折。

三个气象：正气、豪气、睿气不彰，必然邪气、暮气、馁气弥漫！风气是组织气象的晴雨表，民风、官风、学风组成的风气，看似表象实为未病之形，通过组织气象的窗口，追根寻源以达治根控源的目的，是组织治本的上上策。治本是长、冷、慢的线路，治标是短、热、快的过程。二者是主辅、经纬关系，走向非此即彼的矛盾状，是组织病的深浅度问题。

四个停滞：欲望、思考、闯性、增长裹足不前。欲望的停滞是因为自满自足自闭占据主导地位，自然引发后三项内容的呈放大性表现。

一、案例说事：组织质量的作用

世界三大宗教历史长的超过2600年，短的1400多年，它们的规模合起来覆盖了大半个地球的地域、人口。与此相对的是短命的企业、朝代、社会机构等。真正的企业（严格地讲作坊级的经济组织不算企业），百年以上的十分稀少，以我国的朝代论，开创者无不梦想"永存帝祚"，千古一帝的秦始皇，期望的是千秋万代，奋六世余烈而终一统天下的大秦帝国，却以短短的14年落幕；中国朝代史最长的当属它的后继者，汉朝按两汉的历史加和，也不过400多年（较之三大宗教要短了许多）。在中国历史上最具典型意义的朝代是秦汉、隋唐，两段历史，四个朝代，都是先短后长，先开创，后承继，成为中国文明史上最具标志意义的朝代辉煌历史时期。

这是值得组织分析、思考、汲取的。

秦、隋两朝的短暂，与五代十国、五胡十六国"你方唱罢我登场"的短命显然是天壤差别。朝代是组织的一种，秦、隋的质量显然高于乱世中草头王式的那些所谓朝代。其中根本的差别，在于传世还是混世、有脑行为还是无脑式的低等动物活动。

具体而言，第一是有灵魂、无灵魂，灵魂境界的高低、强弱。第二是运营机制，秦、隋都有制度成长与创新，秦朝的三公九卿郡县制，隋文帝的开科取士"科举制"，分别成为其后的汉、唐的治理机制基础，而且成就了遗惠至今的历史性、全球性制度红利、人才机制红利。第三是智慧，秦、隋能够在弱肉强食的丛林社会统一天下，肯定有高超智慧（国家大战略）的关键作用。秦、隋之后的汉武、唐宗，同样在这一因素上独步高蹈，也就各自成就了东方文明治理的历史巅峰。与之相比的其他朝代草头王式的混世魔王，不过是机遇风口之上过了过皇上瘾。第四是执政行为，虽然历史上的那些朝代都走向了覆灭，但那些曾经创造辉煌的朝代，总是能够留下贤政泽后、良政治世、勤政爱民的时期。第五是人才，秦汉、隋唐都造就了一个雄才麇集、人才辈出且绵延数百年的峰峦现象。朝代的故事是这样，各种组织的历史不是同样的道理、逻辑、版本吗？

或者可以说，灵魂、机制、人（领袖与队伍）三要素加上智慧、行为，构成了组织质量的内核，它们主体上决定了组织的命运。

历史如此，现实的中国呢？

随着我国复兴的步伐加速，曾经带答不理、傲慢自负的西方世界，面对中国日益瞪大了神情复杂的眼睛，在他们很不解的困惑中，逐渐聚焦并形成了如下关于中国的认知：

——好的决策代代相传，世界罕见。在许多国家，一个总统一个天，"一朝天子一朝臣"。在中国，一句"为人民服务""改革开放"用了几十年，而且代代用代代灵。毛泽东主席提出的"论十大关系"，至今依然奉行不渝；周恩来总理在万隆会议上提出的和平共处五项原则，至今仍是中国的基本外交方针。

——新中国把事情想到几十年后，这是世界独一无二的。中国有5年、10年规划，"三北"防护林是70年的计划，"一带一路"不止是50年规划。这种预想、预判、预设的能力，是应对任何危机的基础，可以托起"任凭风浪起，稳坐钓鱼台"的闲庭信步。

——举国机制世界罕见。中国认为重要的任何事情，只要想做就没有做不成的，因为这种体制可以举全国之财力、人力、物力，不受任何阻挡地去办。

| 第四章 |

组织的质量

这是国家意志与个体意志统合的刚性机制,也是文化属性的宿命性。

——中国有罕见的宏观调控能力。亚洲金融风暴和美国制造的次贷危机,都没有对中国形成冲击性伤害,即使本身可能形成的危机亦很快被消减。

——中国领导选拔机制世界罕见。中国高级领导选用,要用十几、二十几年的考察,他们一般都具有复合经历,既有城市工作经历,也有农村工作经历;既有中央工作经历,也有地方工作经历;既有中心地区、发达地区工作经历,也有边远地区、欠发达地区的工作经历。即使选拔上来,也要迭代工作。

——新一代年轻人正在成为栋梁。在中国的航天航空、核能、电子、芯片、高铁等领域,担纲者平均年龄只有39.4岁,其中40%是回国留学生。

——中国的能源、交通、通信、教育等基础设施发展实力庞大(被冠之为"基建狂魔")。中国70年的发展,不是某个方面的事情,而是综合的发展。短期看,它不是世界最好的,但绝对是世界最具潜力的……

——中国有世界最完整的工业体系。从制造一根针到制造航空母舰,从设计到成品,如果愿意,不需要任何外力。

——中国的品牌创新能力世界罕见。世界把个体优秀产品称为品牌,而中国则把一种崭新经营模式作为品牌,不论是技术的还是管理的,在中国都能呈现出巨大的创造性,两弹一星、太空舱、探月、高铁、核电站、电商、支付宝、共享单车、美团……在很短的时间里,创造出的经营模式产生了罕见的价值,甚至颠覆旧物、旧规、旧制的力量。

——全民爱国,十分罕见。他们也在内吵,但一遇外敌,没人号召,没有政府号召,14亿人一致对外,区区萨德事件,让韩国失去五分之二市场。

……

这不是"国家质量"活生生的诠释吗?

国家是组织的一种。

归纳下来,这不是组织质量"1+3+2"的六因素集成性综合表现吗?组织质量六因素即:灵魂+机制、人(领袖与队伍)、智慧+行为、机遇。按照全要素概念,这还不够全面,它应该再加上1项,即结果,这是组织质量要素的全部7项内容。

任何一种现象的产生,都有着必然的动因。所以,中国与现实世界的变迁状态，不是历史吊诡，也不是归之于"风水轮流转"的无奈托词，而是国家这一特殊组织在质量主导下的必然结果。

二、组织质量，不该被空白的空间

一个组织，是由要素、行为、结果三大部分组成的，其质量的高低，由灵魂、结构、智慧、行为决定，由结果来表现。

1. 组织质量的构成解析

组织质量的主体构成如图 4-3 所示。

图 4-3　组织质量主体构成

应该说，这个主体构成图是组织质量的钥匙。其中，灵魂、机制、人才构成一个顶层三角，资源、智慧、行为构成支撑系统，它们围绕着设计的目标而作为。显然，它们自身的质量与组成的这个结构体的质量，决定了组织的质量状态。

从组织的整体，到具体的构成因素、环节以及要求，直至机体的血液、基因，都有质量问题并可以考量，也就有高低、优劣、正反的差别。

解析组织质量的构成、构造，目的是弄清组织，让组织更优！

| 第四章 |
组织的质量

就组织主要构成因素的逻辑关系看,组织的要素、结构、结果相对是客观的,最具活性的是灵魂,其次是行为。当灵魂与要素、结构合体之后,行为作为组织意图的实现过程,决定了结果质量的高低。

形象些说,图4-3是一个陀螺形,陀螺在内外力的作用下能旋转多久而屹立不倒,取决于它的结构合理性、动静平衡性,也就是诸要素的匹配度。

若剥洋葱一样进一步解构组织质量的内容体系,就是如图4-4所示的结构。

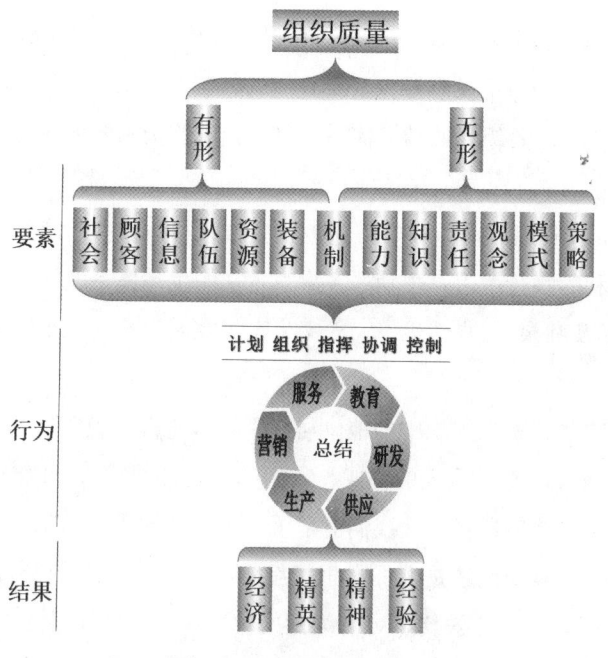

图4-4 组织质量构成体系

我们不妨说图4-4是组织质量的组方。按照要素、行为、结果三大板块,(1)要素分为有形、无形两类13项因素,其中,观念、责任属于灵魂的范畴,策略、模式属于智慧表现,是战略性内容,机制兼具两形属性,知识、能力作为无形的能量,与装备、资源、队伍、信息、客户、市场是物态内容,支撑着组织的运营;(2)行为分为组织运营系统的计划、组织、指挥、协调、控制等5项,专业职能的教、研、销、供、产、服务5项,收官的总结,计3类;

071

(3) 结果分为4个维度，即经济、经验、精英、精神。

当然，要让"结果"的质量优质起来，从全过程看，首要的是原点的灵魂质量，其次是智谋的水平及其实施者的能力，第三是终端的目标设计（结果预测），关键是四维体系的健全度。换句话说，组织的质量需要从灵魂到要素、结构、过程、结果全程的"质量管理"。

值得指出，一直以来，我们考量结果有三个明显不足，(1) 主导性指标是多少、快慢、高低属性的数量性内容，质量性指标严重不足，关键是质量不是居于主体、主导地位。(2) 注重经验、精英、精神，却没有与之相应的指标体系、理论体系，只是将个例、典型当榜样、案例，非科学性地经验式、感觉式、定性式表彰一番，没有导入量化管理的机制性轨道。(3) 没有形成图4-2结果部分的4项内容组成的结果体系，以及相应的指标要素体系，而是单一经济维度特征。

这种功能单维化的普世存在，造就的是结果导向偏执于表象性功利，激发的是急功近利的躁行激进，主辅、主次、主从的生态体系变为简单粗暴的满血"攻其一点不及其余"，自然生态、人文生态、文明生态的一个个畸形儿、一幕幕畸形剧泛滥于世。

当清晰这些因素在组织中的地位与作用后再进行组织质量的考量，有如X射线下、分析仪前看一个人的构成，它们作为构件的质量，以及组成的结构、要素的逻辑关系等的质量，让我们清楚了一个组织的质量状态。

不论是从微观层面还是宏观层面，考量质量的水平都要有指标体系，这就是性价比、质效比、能效比、可持续性的"三比一持续（性）"，它树立起了组织是否属于质量型的界碑。

2. 组织质量管控与评价的节点、对象

在传统的数量性体系中，考量一个组织存在的价值，主要是看其规模、速度和效益的多少、高低，以此为主要依据定优劣，不是没有质量的概念，而是不够充分，且锚定在对量的评价与分析之上。

这是对质量体系性认知不足造成的，根源在于局限于产品范畴。在深受持续性难以为继、难以复制的种种危机、重重危机困扰与折磨过程中，"想尽办

| 第四章 |
组织的质量

法"地艰苦探索正是因为质量本身滞留于量的层面,而难以触及组织的本质质量。

在三维质量观的视野之中,要素的质量及其构成的核心体系、关键体系、基础体系的质量,是源头性作用。用克劳士比博士的概念就是"质量问题,94%的原因在管理者身上,操作者真正的操作因素只占6%"。套用这一逻辑,在一个组织之中,居于管理者地位的是:(1)灵魂,在灵魂面前,其他的内容都是操作者的身份;(2)决策;(3)智慧。在决策面前,所有的执行都是操作者身份。那么,灵魂、决策、智慧的质量如何?我们别祈望低级的灵魂质量、决策质量、智慧质量能造出伟大的产品、作品、工程。先天性的失误必然是差之毫厘、谬以千里的结局。

图4-5揭示了组织质量管控与评价的节点、对象以及逻辑关系。

在要素层面,是以灵魂为核心,结构、智慧、行为组成的一个内容体。其中的结构,是指观念意识、机制、目标三个层面组成的内容。首先是结构的境界,其次是结构的优质性。当前历史阶段,石墨烯成为材料之王,同为碳原子构成的物质,石墨烯居于钻石、石墨三种同素异构体材料的顶端,这就是结构的境界决定组织体的质量位势。以此而论,组织就分为三个层级:石墨烯级、钻石级、石墨级,显然,绝大多数的组织属于石墨级。在健全的层面是如此,如果组织有残障、智障、魂障的"三障"问题,那就更是等而下之的问题了。这就是组织存在的正负三层次。

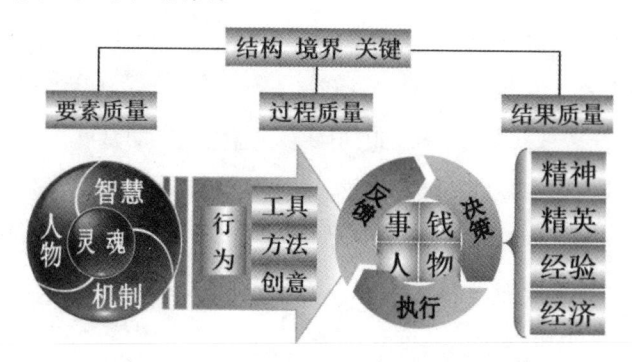

图4-5 组织质量管控与评价的节点、对象

在过程层面,生存、竞争、发展是组织的基本三态,它们的质量高低,不

言而喻地决定着组织的优劣、成败、地位。

所有的组织，都是由围绕着（1）人、物、事、钱的质量，进行（2）决策、执行、反馈的活动质量而存在着，其中隐含着（3）总结、激励、复制的质量，为了取得好的结果，采用最佳的（4）工具、方法及其组合质量。这些层面的内容，共同构成了过程质量的主体与节点。

结果层面的质量问题前面已有阐述，这里不再重复。

但有一个概念还是要提出的。这就是：组织质量的平庸、振荡、下螺旋的病源，就在组织质量的要素、过程、结果三个层面之中。组织质量的提升，建立在要素、过程、结果三个层面的提升之上，谁能做好，谁就提升！

3. 组织质量高低的决定者

组织的质量，最具决定性的当然是灵魂。这是组织的染色体。

从前述的案例概要解读看，以1949年为分水岭的中国，除了国家治理模式、机制发生了天翻地覆的变化，还有一个最值得深思的问题：这个文明古国的灵魂变了。它包括了晚清－民国、数千年文明传承两个层面的内容，所谓变，是在"德""赛"两个"先生"引进的同时，"十月革命的一声炮响，送来了马克思主义"，这是一种具有对历史颠覆性的新思想，作为转折点的1919年5月4日，这一天被历史定义为新文化运动的历史端点；而真正确立中国新文化，标志点是1949年10月1日。如果说"五四"运动是起点，那么中华人民共和国成立则标志着中国新文化形态的定型，这是文化的历史复合，形成文化的泾渭汇流现象，内在上形成传统文化扬弃、新文化蓬勃发展的二元体系。

"灵魂一变天地新"，国家思想的巨变，随之而来的是模式、机制的重构。自然的天、地、国家疆域还是那个样、国民还是那些国民，但一个任人宰割、任人欺凌的国家，却爆发出惊天动地的力量，"中国人民从此站起来了"不只是一个口号、一句宣言，而是一个伟大的民族、国家凛然不可侵犯的巍然屹立。而且，在这个星球上，焕发青春的文明古国，一走就是70年！

因此，组织质量的内核结构是灵魂、机制、人才。很清楚，三者的一体熔融，会让智慧、资源、行为围绕目标发挥最大能量、最大价值。

国家作为一个组织是如此，在企业层面亦是如此。2018年的中国，最让人憋屈也最让人亢奋的是一反一正两大企业事件，它们一是中兴、一是华为。市场是只认实力不认身份的。中兴是国企，华为是民企，这些不重要，重要的是一个憋屈地被制裁，而另一个则在世界头号国家的围追堵截中，依然以惊艳世界的姿态攻城拔寨，让5G、手机等技术与产品一路高歌地发展。最具中国精神的华为，牵住了全球的神经，它造就了全球领先的技术、产品、市场地位。决定华为的是华为的思想、领袖，以及由二者决定的智谋、队伍、机制，由此形成实现目标的过程。

三、组织质量的基本现象与规律

组织的质量问题事实上是一个近乎盲区的地带，归纳起来，主要有以下一组问题：

（1）灵魂内容体系健全度、健康度、健壮度、境界层次"三健一层次"考量的缺失；

（2）质量的触角未进入质量意识、质量知识、质量规律的空间，形成巨大的空白区；

（3）组织质量的碎片性认知；

（4）单维度经济效益统领一切，形成轻灵魂、重钞票，轻无形、重有形的生态畸形；

（5）质量机制存在残障、智障、魂障"三障"；

（6）质量责任人空位、错位、无位、丢位；

（7）组织的过程质量粗疏、规范性散落；

（8）组织质量问题关注度低。

作为一种生命体，不论是自然的生命体如人、动植物等生物，还是社会的生命体如企业、城市、区域，都有质量的问题。其区别是组织的简单与复杂、低等与高等、优秀与劣质，客观因素是社会机遇、环境、条件。大量的社会表现表明：

（1）在同类型之中，高质量的组织，生命力强劲且持久；

（2）高质量的组织，不因外在条件的恶劣而平庸或消亡，而因自身的高涨达成更高的水平；

（3）质量越是高涨的组织，越具有开放性、结构持续优化性以造就整体匹配的动态均衡，越是拒绝独善其身的个体封闭，从而造就社会整体水平的提高。

深度上理解，质量的普遍性一如矛盾的普遍性、空气的广泛性，或者正是这种须臾不离的境况，让质量怀抱中的种种组织忽视了对于自身质量的认知、应用、重视。其实，空气是让人活命的宝贝，但多少人在有意识、无意识，有知、无知地伤害着空气？质量无处不在、无时不在地发挥着作用，所以，组织视若无物地对待自身的质量，却强求着自身产出的质量。一如不问老母鸡的质量、进食的质量，却时刻盯在鸡屁股跟前拷问鸡蛋的质量。

真正悲哀的是这种典型的骑驴找驴现象绵延了几千年，特别是工业革命之后乘上速度快车的历史，在有形的规模面前，让人不理智地折腰于数量的蹿升。人类是在传承中发展起来的，并不是人类从不关注由自己组成的各种组织的自身质量，而是在持续的改进中摸索着前行，形成了种种的内容与体系，以保障自身的发展趋于良性。

良苦用心自然可嘉，梳理历史，对质量观念、行为、活动的被动性认知、设计、改进，在一步步推高文明基线的同时，对于自身质量的认知，依然空白着大量不该空白的地方。

在生理上，有残障、智障、魂障的缺陷，在心理上、道理上、知识上、能力上、竞争上、发展上……同样有这样的"三障"缺陷普遍存在。这些问题投射到任何社会生命体的组织身上，也同样是广泛地分布。

缺陷本身就是"不质量"。因此，识别、规避组织自身及其运行的"三障"问题是造就一个高质量组织的前提。

1. 组织存在的现象扫描

组织可以用林林总总来概括，若抽象来说，它们存在的状态与现象是相似、相通甚至相同的。

（1）组织的三个质量形态。

第四章
组织的质量

应该看到，任何一种组织都有三个基本的质量形态，即生理性质量、智力质量、灵魂质量。其高差由三种形态导致，即先天构成、后天发育、成长变异。

先天的残障，经过后天的发育、发展、治疗，有些是可以弥补的，从而形成身残志坚的形态。智障、魂障直到现在似乎还没有太多的好办法。

后天成长的变异是向上升华蜕变、向前持续发展、向下跌入下螺旋三种趋势。向下的衰变是大量组织病态存在或短命早夭的根本原因，是典型的智障、魂障现象。作为一种现象，即使在同一个组织身上，也有正负变异带来的两类主要差异：由差转好、由好转更好的正向变异或蝶变；由好变差、由差变更差的负变异。

这样的两类四态变异，根在领袖。虽然形势比人强，但一切形势都是人手中的资源，这些物性的东西要看在谁的手里掌握，雄才大略之人能改天换地；欺世奸雄只能以物质利益讨巧当下，最终毁坏既有，为祸贻害；平庸者只能将它们闲置、浪费。基本的社会现象是，雄才大略与欺世奸雄的首尾是相反相悖的：

雄才大略的轮回：反对—认可—拥护；

欺世奸雄的报应：拥护—质疑—反对。

即雄才大略常常会出现由反对到理解、到支持的涅槃，因为任何改变都是一种利益格局的调整、既有平衡与习惯的打破，有如旧城改造的诸多不适应，鼎沸的社会舆论折射出平常人守成的心态，在"打碎—建设—享用"的过程中，形成"失衡—适应—平衡"的动态再平衡。

从形体上看，大至宗教、民族、国家，中至城市、企业、军队、学校，小至岗位、家庭、村社、个人（自然生命组织），从组织的大系统，到其中的各层级、各分支、各环节，总体的、局部的、细胞级的和多形态、多层级的组织都有质量问题，以及相应的特征、规律，自然这也是由来已久的存在。

其中的终极性问题呈现的现象是：

有的组织能够优质长寿地活着，有些组织不仅短命早夭，而且活得一塌糊涂；

有些组织活成彪炳历史的标志，有些组织则活成历史耻辱……

伴随组织的存在，这些问题自然是由来已久地被思考、探究。毕竟，这是困扰组织活着的根本问题。

事故恰恰出在这里。如此重要的事情，在现实世界，为什么大量的组织还是不去关注，而是客观上主动、被动、无意识地低质量、劣质量甚至没质量（不管不问）地活着？！

（2）组织结果三态。

日常最常见、最可感知，也最具说服力的是人和企业两种对象。一母同胞的人，同一块土地上的企业，出发点、生存条件几无差别。然而，多年后的结果却是三种状态：

一是大家处于一个水平线上，差距不大。这是十分普遍的。

二是偶发现象。人的层面是在兄弟姊妹中一人独秀，企业层面是一家独秀，众多的企业构成小树、灌木、草之类的形态。这是典型的家门出贵子、山沟里飞出金凤凰。

三是群生现象。一个家庭的子女、一个村落的子女成争先恐后的群体性竞生状态。如著名的河西万荣裴家、"将军县"、江浙的博士村，既有一时的风云际会使然，更是文脉绵延的必然。一个地区品牌丛生，形成品牌之都，如晋江、温州等地区。这种状态比较少见，却被极力推崇，也是需要人文性系统造就的。

（3）组织群体的五种质量状态。

从空间、时间的角度看，组织群体的质量状态一般会呈现梯度落差形态：顶层极少，中层较多，大量处于底层。

这是一种基本的共性。在此基本规律之下，有五种基本状态在不同的时代、地区呈现：

——群峰竞秀。一群优秀的组织（包括政治、经济、文化、社会、教育、科技等）主体辉映，国际、全国、行业、地区性著名的组织自然天成般错落有致，构成一种全面兴盛的人文景观。

——一柱擎天。如三星之于韩国，诺基亚之于芬兰，一组织独大撑天，其他同类型、非同类型组织寂寂无名。

——层峦叠嶂。这是中间态，也是十分常见的形态，分为穷山、富山、名山三种。

——灌木丛。各种组织林立，与其他地区比"你有我有全都有"，就是没有突出成绩贡献于世，像灌木丛一样缠夹纠结。

——戈壁滩。景象荒凉，什么都长不成。

如果大家都处在一个低水平的"差不多"等量齐观状态之中，这是典型的犬儒时期，说明这个地区、这个时代是平庸的，甚至会出现下螺旋的情况，一般这是垂死的落幕时期。

如果处于上升时期，肯定是集群竞生的态势，蓬勃的生机会形成良性的生态，裹挟着必然存在的不良走向优秀的状态，其中，良与不良都是动态可转换的，一种好的机制和生态会将不良转化成优良，而有毒的机制和生态只能将优良抑制、扼杀，甚至转化成不良。

2. 组织质量的特性

和任何功能性的事物一样，组织质量也有其特性，主要是：

——无时不起作用；

——伴随组织终身；

——组织质量的高低直接决定组织的存在能力、形态与命运；

——可改造，能改变；

——大量的改变性行为，只产生涟漪效应，有点反响，很快归于沉寂。

——改进的系统性越强，乘数效应越大。

3. 组织质量的基本特征

组织质量有高低差别，但其特征却是一致的，概括起来有以下几点：

——根本决定性。不论主观如何，在客观上，质量以其固有的属性、特征，最终决定着组织的存在状态。

——系统完整性。组织质量作为客观存在隐身于表象背后，能感知却看不见、摸不着，如地球磁场一样有着自己的因果关系与逻辑体系。

——层次差别性。包括两方面，一是质量高低层次，层次越高，生命力越强；二是随组织层次的高低差异，质量责任、对象、焦点不同。

——复杂耦合性。只要组织存在，就会自然发生耦合行为，从而衍生、嬗变出新的形态。

——软隐投资性。组织质量的建设，因属于观念意识、物态资源性重组、重构、再造、升级、升华，投入少，见效大，而且有一定的比例关系。这种比例随着组织质量的深入认知而浮出水面。

——生态多样性。一是组织本身的变异性所形成的质量生态，二是同组织、不同组织间竞生构成的社会质量生态，共同的特征是多样性变化与多样性并存。

——结果有效性。组织质量有自然形成、人为主导两种，其共同特征是只要抓，就有效。其中，只要质量意识、方向、机制、模式、行为、工具、方法发生变化，其结果就会变化，正确性、力度、频度与效果呈现正比关系。

4.组织的几点规律

决定组织质量的因素主要是灵魂、机制、智慧、人，机制是机体，灵魂附体才是一个正常人，任何组织都有智慧，但智慧的高低却有差异。不论是先天育成还是后天塑造、进化形成，四者的优秀程度及其集合度，决定了一个组织能优秀到什么程度。

不朽的灵魂、机制、人、智慧必然造就不朽的组织。这是一个人人都明白的道理，"知易行难"，难就难在持之以恒地克服组织的下挫力、自堕力，而能够持续做到自警惕励、攻坚破难，除了几大宗教，其他的组织几乎没有能穿越几百年、几千年的时空变幻。这正是社会的常态。随着时间永不回头地走下去，一茬茬的人在更替，社会在发展，现实在变化，也就在历史的起点上不断低级重演、重复。

一般地，人们总是将那些活化石般的社会生命体得以延续称之为定力，但定力源自哪里？又是什么加持着、引导着、滋养着定力？难道不是规律的自持、精神的自觉、机制的加持吗？

（1）基本规律。

组织质量有着自己的规律，但它是组织规律的母体与依托。

组织存在的总体性规律可以说就是两条半曲线，如图4-6所示。一是蜕

第四章
组织的质量

变性的，达到一个顶级时段之后，因时、因势、因成熟度而发生蝶变式持续发展（这种蝶变可称为组织的正变异现象，与之相对应的是负变异现象，犹如黄鼠狼下耗子——一窝不如一窝）。组织的正变异现象极其稀少但不是没有，所以成为各种组织梦寐以求的宿命性理想。二是抛物线性的生命曲线。三是夭折性的断崖式曲线，相比于前两条曲线的长与高，它就只能算是半条。

对于抛物线型的组织，除了想实现蜕变羽化的理想境界，就是绞尽脑汁地将曲线的长度拉长、高度拉高，而且是越长越好、越高越好。

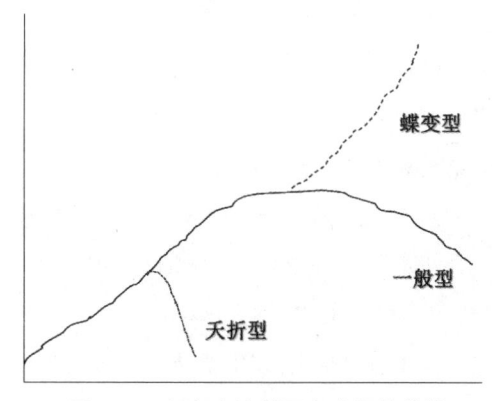

图 4-6 组织存在的两条半规律曲线

蝶变首先是思想的破茧，其次是在机制与模式层面的蝶变。就国家来说，中华人民共和国的建立、改革开放都是国家蝶变的成功范例。一般地，随着思想观念的变革，机制、模式都将随之变革。最后是产业革命与产业结构的蝶变。其范例是曾经具有美国国家象征的蓝色巨人 IBM，由计数器到电子计算机，再到当前的内容型设计。

相对来说能够蝶变的很少，大量的组织都是孜孜以求寿命的拉长、拉高，把终点尽可能向后推远、延迟。于是呈现出四种主要的解决形态：消极应对，积极而无方应对，积极而错方应对，积极而方法得当应对。

一般采取以下三种策略：

1）增量方式。靠速度、规模的不断增长，来掩盖沉积的、不时冒出的问题，麻痹或转移自己的感觉，对冲死亡的迫近。于是天下遍是熙熙攘攘找机会的人，冲得了，就活下来；冲不了，"大不了从头再来"。然而，对于一个积重

081

难返的组织，要想活得长久，靠机会的风口是不靠谱的，要么风大，吹得无影踪；要么风息，掉地上摔死。

2）存量方式。贴膏药、打补丁、动手术，面对问题不回避、敢动手，以图中兴。

3）变革方式。在既有轨道上，进行机制、模式、人事等的改革。

——不论是直道超车、弯道超车，都是难的，容易的是换道超车，斜刺里杀出来。但换的"道"又是最大的难点，"道"在哪里？颠覆是畅快的事，靠什么颠覆却是憋大招的事。在"不变等死，变找死"的流行观念里，组织往往背负着没有出路的两难选择。组织质量变革的天空下是满满的机遇和方法，但我们总是在数量的世界找寻质量的钥匙。所以，绝大多数的组织不是超车，不是并跑，而是苦哈哈地被动跟跑，直到被甩得望尘莫及。

不幸的是夭折性的组织。"出师未捷身先死"的遗憾与感叹其实只是外表，骨子里早就命由天定，注定了丢命丧生。有质量的"出师"能够未捷先死吗？"元嘉草草，封狼居胥，赢得仓皇北顾！"军事家、词人辛弃疾已经对天浩叹近千年了，王夫之则一针见血地指出："坐谈而动远略之雄心，不败何待焉？"

夭折型可以概分为三种：

第一种是混世魔王式的"今朝有酒今朝醉"，实际是无意识地活着；

第二种是有意识却无行动、无想法、无智谋式地活着；

第三种是有意识却乱动瞎搞式地撞大运。

——所以它们只能也只好进入夭折的行列。

（2）组织规律要览。

审视组织质量的规律性表现，可以归纳为以下三类21种，也可称之为组织质量二十一律。

第一，因果律。

1）基因规律：撒什么种子开什么花。优秀的基因体系必然会有好结果，不良的基因体系必然会有坏结果。如一些国家或政权、历史上的宗教、一些曾经优秀的企业等，很多组织半途夭折，不是基因的错，而是对基因背叛的结果；或是基因本就不良，形成遗传病，在某个时候自然会发生病变。

2）模式-机制规律：同样的庙，香火不会一样。模式、机制如车，在不

第四章
组织的质量

同的人手里，结果不会相同甚至会完全不同，表现为跌宕起伏的幅度、频率、波长不同的曲线。

3）人才规律：因人才的优、庸、劣，会造就组织发展的鼎盛、平庸、深谷、灾变。

4）等同规律：不同的组织基因，出处、来源不同，以及过程不同或相近，但结局大同小异。

5）大树规律：组织对于基础管理的坚实程度，有如树根蔓延的规模决定着树的高度、树冠的规模。

6）坚持规律：好的内容坚持，会有正比效应；劣的内容坚持，则会出现两种截然相反的结果，要么变好，要么更糟。

7）正比规律：组织质量越高，生命力越强，寿命越长，生存价值越大；反之越糟。

第二，差异律。

8）梯度规律：组织质量的优秀程度呈现层次性梯度落差，即顶层极少，中层较多，大量处于底层。

9）差异规律：同一母体，活法不同、表现不同、结局不同。属于生物多样性规律。

10）拐点规律：随着组织发展，好坏问题积累到一定程度，在一个节点上会发生影响走向、命运的变化，组织不同，拐点出现的早晚不同，数量也不相同。

11）抛物线规律：所有组织的命运，都在两条半曲线之中，但同样制式的曲线也有差异。

12）碎片规律：一个组织，表面上是一个整体，实际派系林立、沟壑纵横、勾心斗角、相互牵绊，如一篓螃蟹纠缠，形不成合力。

13）庄稼规律：同样的庄稼，水肥足的地方则长势好、收成高。

14）个体规律：主客观条件不同而具有的差异性。

第三，变异律。

15）突变规律：因机缘遇合组织质量陡然剧变，良性的走向兴盛，不良的跌入深渊。

16）瘟疫规律：不论优劣，都会传染。优的传染速度慢，劣的传染速度快。

17）礼花规律：在众多的同类中偶有个体变异而精彩如礼花样爆出，但不具有重复性。

18）心律不齐规律：由组织病变引发，也有情势所迫、风云际会所致。

19）半途规律：行百里者半九十。

20）杂交规律：较之自然生物的杂交优势，社会生命体的杂交优势更为突出。

21）青蛙变王子或龙种变跳蚤规律：这是截然相反的正、负变异。

（3）集体性–个体性规律。

这是指各种组织的规律性状态，其要素及其逻辑关系呈现如图7所示的状态。

一个优秀的组织，所应具备的主要因素可分为图中所罗列的10种，其中的任何差池，都会削减组织的优秀度——质量的水平。就其规律性呈现而言，是图示的曲线形态。其结果表现是横轴指向的7项因素。

任何领域都有顶尖人物和出类拔萃的神人。如果研究他们的成因，其中有惊人地相似的共性，那就是观察、积累、思考，最终用思考贯通了自己的天堂之路。

成员个体质量的指向和集体质量的指向是一样的，其主体构成因素也可分为10种，但内容不同。

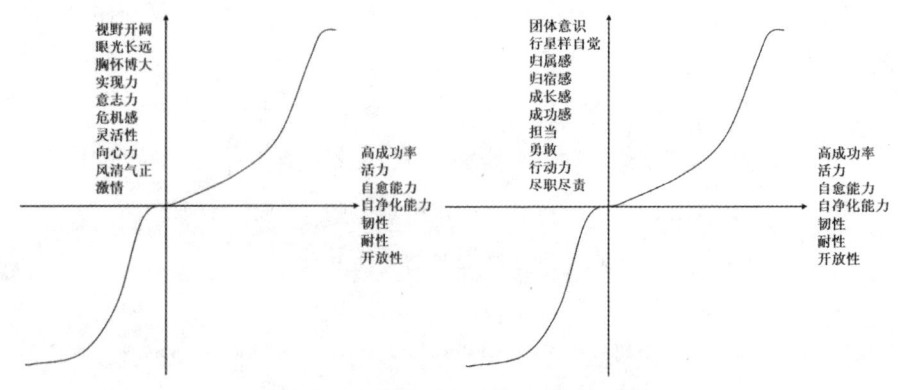

图 4-7 组织质量个体性–集体性规律

集体性、个体性规律曲线各有10项因素，各因素的质量及其集合体的质量，表现在组织的存在过程中，形成图示的曲线，揭示的是组织优质化的构成与要求。

那么，组织该如何"对镜梳妆"呢？

四、组织质量提高的钥匙：兴、衰、续三态透视

组织的存在不过是兴盛、衰亡、持续三种形态，其中，兴、衰几乎是数量对等的，即有多少兴，就会有多少衰，因为，能持续者极少。

著名的"窑洞对"中，黄炎培先生提出的"兴勃亡忽"，是面对历史的感喟与期望。那么，组织何以兴？何以衰？何以能长长久久地持续？这是组织存在的终极问题，也是所有组织的最高决策层耿耿于怀、寝食难安的根由。绝大多数的组织半途夭折、轰然倒塌，或苟延残喘，既有"出师未捷身先死"的憾然，也有"飞入寻常百姓家"的必然，其中根由都是没有认清兴衰成因，而迷失在表层的现象。

组织的质量构成与规律，是组织实现自身提高的基础和前提，要通过高质量生存、竞争、发展，系统性破解兴、衰、续三态再生、再造、升华的能力，实现组织的健康长寿。其中，有三个关键：①须立足三维质量观念；②置质量于主导地位；③规避组织总体功能的单维化——这种单维化的毒药不知害死了多少英雄好汉、优秀组织。

企业是经济组织，如果唯有经济属性而无社会属性、政治属性、文化属性的表现，这样的企业是活不下去的，同样活不下去的是将经济功能淹没在其他属性之中。

1. 组织"三态"的成因与治理表现

对人类基因测序是前沿科学中的一个重要项，这是曾动用世界最先进力量与技术进行的，目的在于弄清人类本身的一些基本问题，以提高人类质量。它是搞清人类生理问题的基础工作，但人类还有起码三项也需要"测序"，这就

是心理、智理、道理。

遗憾的是伴随着人类文明的进化，这四方面的研究虽一直进行，除生理基因测序正在进行并建立了基因库，其他三方面经过长时间的研究，也形成了思想流派与大量的理论研究著作，但若说建库，似乎还有些奢侈。

这种状况，也是组织的生理、心理、智理、道理四方面的现状。它们自然构成了组织恒量、质量、数量"三量"主体的偏失与缺陷。依此而概论，组织"三态"的构成体系如图8所示。

任何社会生命体的组织，都是社会的产物。所以，思想、机制、智慧、队伍构成了组织的形体，组织的强壮度、寿命、存在价值便由这个主体决定。

组织的社会存在是相当复杂的一个关系体。那些早已不复存在的著名组织，直到很久之后，人们每每提及都会啧啧惋惜，就在于它成为社会时代或地域、民族的记忆。问题在于，一个好端端的组织为什么会轰然倒掉？从道理上讲，社会生命体的寿命是无极限的，这和自然生命体的寿命极限性不同。

图4-8 组织兴-衰-续"三态"之源

"可怜之人，必有可恨之处。"同理性是如此冷酷。那些令人扼腕叹息的倒掉者因为决策的质量、行为的质量出了大问题而自我埋葬了自己。那些依然健在的组织，不是总能把握住社会环境、组织需求的脉搏，结合外拉力、外激力，让自己的内生力绵延不绝、内动力源源不息、内控力收放自如吗？任何组织都会有失误、错误，外部的环境、内在的要求，内外五力的交织，组织的智慧就是在错综复杂的繁乱中，及时规避、纠正不应有的教训，复制、弘扬、探索新的路径、方法、策略。它们的高级，在于比别人错得浅、错得少，特别是

| 第四章 |
组织的质量

"不二过",而且,能够将别人的错变成自己的路标、导航图,"吃一堑,长一智"。对于卓越者而言,其实不用吃一堑就能长智慧,因为别人吃过了堑,何必自己再交一遍学费?除非是有意制造一种错,让它成为一种智慧投资。

这是永续者的必然。那些一次次交了学费打水漂而不得不继续重复交下去的主,就是"衰",对于这些组织,那个想交也不能交的终点总是会不期而至地到来。

组织的基因是价值观,灵魂是思想,这是组织文化的意识形态体系之核,价值观形不成思想理论体系,就只能是"墙上挂挂、纸上画画、嘴上呱呱、阵风刮刮"的过场,不论是扎扎实实地走还是虚于应付地做,对于明眼人、经历者而言,都是让人逆反、搅扰人们的聒噪。

宗教为组织树立了好榜样。它的思想以令人虔诚的典籍、敬畏的规范、感人的故事、活生生的行为、肃穆的仪式五种载体形式,向红尘中的世俗生命诉求着自己的理念,传递着一种来自它的活着的价值观念、路径、方法、模式。

社会是异彩纷呈、悠然自在的人文态自然,每个人都能找到自己的生态位,也在隐形的种种文明规范与道德约束中,循着既有的路径、轨迹以增强文明性,在自然、人为的双重作用下,和谐共存中成长。

(1)组织质量的种种表现。

组织的质量自然也分为先天的预设、后天的习得两类,实际上,社会组织的先天性也是人为的结果,即人文基因的健全、健康、健壮性是来自设计者、孕育者(二者不一定是一个人、一个群体)的先进性与社会传统、社会环境的滋养;后天的习得与首要领导人同样是一种遗传关系,也包括顶层决策集团的辅助性遗传。所以,组织的基因、机制、模式、谋略、人才、行为的质量高低,取决于设计者、孕育者、决策者,他们决定着组织的寿命、状态,即高质量通过优孕、优生、优长实现。概括起来就是健全、健康、健壮性、智慧性的"三健一智慧"问题。

组织的设计、孕育、成长是三个阶段,可能是一个人,也可能是两个人或是多个人,在成长阶段的漫长过程中,铁打的营盘流水的兵、生老病死的规律和人事的更替自然要发生。也就有传承、扬弃、发展的质量,以及由此必然引发的治理质量。通常所说的"一朝天子一朝臣"与"一张图纸绘到底""新枝高于旧竹枝"显然是不同的质量状态。

从表现的层面看，组织的低质量生存现象主要有 10 种。虽然不幸各异，幸福相同，但对于高质量的组织，也有着一定的同类项可以抽象，概括起来应该也有 10 种。

表 4-1　组织质量高低的现象

低质量	高质量
1. 不治，等死；治，找死 2. 放乱统死 3. 权力私有化流行，政出多门，政令不畅 4. 无规则波动、振荡 5. 翻烧饼：政策、人事上下折腾 6. 膨胀-扩张死：不自量力，盲目发展 7. 无主次创新死：技术、制度、模式的试验田 8. 风口后死：风口综合征 9. 内乱死：权力割据，划线站队，内斗不息 10. 饥饿死："订单"稀缺	1. 信仰般的文化，成员"三感"强 2. 规划、计划实现率高、统调性强 3. 分工明确，协同到位，政令通畅 4. 社会市场淡旺季、顺逆势成长性稳定 5. 政策、制度稳定 6. 内容、人才、规模、速度、地域等有梯次 7. "一改两创"目标性、计划性、持续性强 8. 主导机遇：创造、利用而不仰赖 9. 内错不陷、内争不伤、内乱不死 10. 作风优异：认真、有效、利索

（2）领袖及其机制。

客观上看，组织质量的高低当然系于领袖的境界、格局、韬略。

首先，领袖难题，靠天吃饭式的诞生

思想、领袖的峰峦叠嶂、逶迤绵延，是组织山系的两道山脊线，标志着组织寿命及其价值的高度、强度、长度。然而，这两项内容似乎有一个共同的特征，这就是靠天吃饭式的自然（被动）性，特别是巨擘级领袖的诞生，只有幸运的偶尔性，鲜有幸福的连绵性。

对于一般性的领袖而言，组织思想、文化、机制的既定性，保障了组织安全与施政风险的底线。对于高质量领袖，绵延不绝当然是组织求之不得的幸事，但这一最具创造性的因素，因为领袖的高能量而有着双刃剑的特性，它既可以推高组织发展水平的基线，开创新的历史时期；也有可能洞穿组织的底

| 第四章 |
组织的质量

线,而造就伤害乃至致命。真正的领袖,其诞生还是天大的难题,甚至堪称世界级的领袖出现,却有着靠天吃饭的自然性。因此,几千年来,领袖机制已经制式不少、路径不少、方法不少,如教皇模式、票选模式、相马 + 赛马模式,以及"政变"模式……但历史事实表明,即使王朝、教宗拥有天下资源之势,一代代以举国、举教之力,也难以让塑造、培养出来的人物,堪堪比肩曾经的一尊尊高峰。

作为领导是个费劲的活,成为领袖是件登天的事。仅以领导论,既要承袭中扬弃,又要彰显一代个性,在组织史上留下一段政绩红利的痕迹。这是政之使命。为政不是登上那个职位,自己的身价、水平、能力就自然高涨了,而是借助上位的这个平台,凌驾其上地观察、思考、运筹,如对着灯光看 X 射线胶片一样洞悉组织的内在结构与逻辑,并在组织的历史主线上发现、发掘、发扬既有的资源禀赋与现实机遇接口,牢牢立足组织的政治、经济、社会、文化四维一体架构,从最基础、最急迫、最根本的要素上,不仅突破发展的障碍,丰富组织的内容生机,还要坚守、传承,以其固有的风骨将组织推向新高度。

道理常常是个人的进攻之矛、自护之盾。对于组织造就领袖的机制,由于领袖质量、机制质量的思想、理论、方法、工具、策略几乎处于半处女地形态,也就成了难以逾越的天河。

问题出在哪里呢?数千年的历史迷思,数千年的求解之路,数千年的无解之问。

其次,作为一种要求,领袖机制体系不能再空下去。

不论路在哪里,超级领袖诞生的系统性机制体系是应该破解的。

这当然是一个冠绝世界顶级难题的问题,也应该是人才、管理、质量、战略、文化等社会学研究机构、研究者的一个核心工作。令人费解的是这个世界上什么学校都有、什么理论都有,却没有领袖学院、领袖学。这是与没有质量大学、质量学原理一样的举世大问号。

如果将超级领袖的形成归纳为好苗子、好路子、好炉子的"三子要素",好路子可以说是现成的,好苗子也应是现成的——普天之下,可供挑选的才俊不会缺乏。问题是好炉子,也就是领袖机制,包括领袖个人、组织两个层面。领袖的形成机制,一般包括了如图 4-9 所示的内核、三大机制体系与内容、

三大评价体系,残酷的事实是人文几千年里,这方面却是体系性空缺。

图 4-9 领袖形成机制

或者说这个炉子太大,是举世资源汇聚的天地之炉。超级领袖不是任何个人或组织分娩出来或钦点御封出来的,而是历史命运大博弈中众望所归的选择:

领袖是灯塔,总是站在历史紧要关口,让不知所措的人们迈过生死攸关的坎儿。——但他们却总是被纷乱的现实云遮雾罩。

超级领袖诞生,这是惨淡现实的天真渴望。客观来看,这个问题太宏大了。由于具体的任何个人、组织都操控不了,于是就有了神秘的、让现世的人吃不透的"天意",人们只好无能为力地被动交给社会做自然选择,也就是靠天吃饭式地等运气降临。不论是古老年代的举荐制、开科取士,还是民主选举,这种超级领袖靠天吃饭式诞生的不可机制化、重复性都没能彻底改变。

历史发展到今天,显然还没有造出领袖的组织 DNA、GPS。

但炉子总是要塑造的,而且历史的规律性资源已经足够多,需要的是社会公共性系统研究。这为人力资源部门与机构提出了一个天大的问题,而现实中却没有破解这个天大问题的现成钥匙。

那么,有没有路?路在何方?

可以说,审视领袖们波澜壮阔的历史轨迹,一个共同的逻辑循环特征是:冒尖—疑惑—证明—认可。

这种逻辑循环规律为领袖机制的建立提供了充实的根据。实际中,组织层面的最大缺失有五个:发现机制、成长机制、约束机制、考量机制、加工机制。这不是什么新鲜的概念,却没有成为领袖机制的体系化内容;这也不是领袖机制的全部,因此,有必要对其构成进行概要解析。

——发现机制。领袖苗子有的是,烈火炼真金,在经历陨落、坠落的炼狱

| 第四章 |

组织的质量

过程后，真正的领袖才会在历史命运的一次次检验中水落石出。来自组织的力量，地心引力一样最终将领袖推向金字塔顶，那是众望所归。残酷的丛林法则造就了领袖，组织需要以机制的力量甄别出领袖，让领袖发挥出创世纪的作用。

——成长机制。如果将人进行三个层次的概略区分，就是领袖、人才、资源，三个层次的人成长机制各不相同，不论何种机制，都需要关注两个内容，一是组织的人才人文环境，二是人才成长悖论，一方面磨难与才能有比例关系，另一方面磨难会毁坏人才苗子。成长机制的基本层面是：（1）空间，小才尺量，天才天纵。（2）环境，这是从土壤到平台、到风气、到组织的阳光、到混生物的人文内生态系统。（3）使用，"贤士之处世，譬若锥之处囊中，其末立见"。（4）试验，领袖是从自己、别人的失败中成长起来的。

——约束机制。巨擘级的领袖是人又非常人，在权力威势作用下，随时间的变化而会发生正负变异，正变异是让机制完善、丰富，以至于升级、蝶变，负变异是机制的约束性会被领袖一脚踢翻。

——考量机制。对于领袖的考量，内容、程序、结果、反馈的体系是什么？

——加工机制。神枪手是子弹喂出来的，但那些天才却是一上手就不凡，辅之以专门、专项的磨砺、指导，就会加速他们的成长。以组织之力、组织平台、组织的资源，建立"领袖加工车间"应该并不鲜见，甚至图纸、流程都不缺乏，但加工工艺、加工标准、加工设备等却没有。这种工业语言用之于领袖的锤炼，根本是在持续丰富领袖形成的资源内容体系，同时生成考量评价规范与标准体系，对目标对象的意图、谋略、实施、结果进行体系性考量。将对象置于这样的三维体系当然也是基础工作，关键是其中的拐点。波谲云诡的战争在孙武、克劳塞维茨的头脑中形成了最高指导原则，超级领袖的诞生也是有规律的。

历史以来，这一现实问题主要有两个方面的不足，一是少有系统的量化要素体系，二是所想象的机制都是针对一般人的。

可以肯定，在一些地方、组织中，是有超级领袖的脚印的，它们作为二级资源同样可以提取出考量机制的内容。至于领袖本身这一第一资源，更是考量

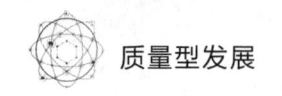

机制的来源主体。

是金子总是会发光的。作为组织行为，要尽可能屏蔽、规避：（1）自然淘汰、自然胜出现象；（2）群体性平庸现象、时代性平庸现象；（3）假金子胜出现象、劣币驱逐良币现象。虽然真金不怕火炼，但组织的错误、真假领袖的错误会杀死或无价值地葬送优秀人才的生命。

纵世之才，起初锋芒不免时有显露甚至偶尔毕露，在走上领袖平台的关键过程中、成功后，更会大展雄才。那么，在机制上，责任、能力、绩效三维体系，发现、考量、培养、使用、保障五个层段，如果鹰鸡同范、龙蛇同模，首先在观念、模式、机制的层面上已是实实在在的窒息、扼杀。

一般的机制，原理都是对付"贼"的防范思维、管出乖乖仔的"听话"思维，而喊着"鼓励创新，允许失败"，却是谁失败谁倒霉的环境与结果；提倡"敢于发现问题、敢于提出问题"，却是谁出题谁解题的现象；要求"防微杜渐，重在预防"，却是"治病无钱，送葬豪华"的倒转！

向这样的考量要领袖，不是缘木求鱼式的一种"经典"再现吗？

巨擘级的领袖一般分为创世性、巅峰性、中兴性三种，其中创世性占据绝大多数。作为一种现象，创世性的领袖，几乎都是在没有经验、没有教练的基础上造山运动一般崛起于低谷丘壑。这给人一种印象，似乎经验、机制是领袖的制约因素。深入地思考，那种来自原生力的创造能力、敢于打破一切现实约束的创意，正是天马行空般解决现实问题所需要的。情势所迫急中生智的救亡图存式应急与面对整个格局破冰，需要大智慧的爆发，如此的态势，既有的经验、机制能够承当起领袖原子能爆发的能量吗？要么改天换地、要么开天辟地的历史使命，终将创世纪人物推向历史前沿。

如果抛开仰视与神化，那些巨擘们成功的密码，又是极其简单的这样三点：集成－悟、变现（活用）－行动、坚信。

集成让他们能透过现实的迷雾，将历史角落中散落的星星点点养分集合成解决现实的原理，不能幸运地拥有身边的教练、经验，就在故纸堆中、对手身上，甚至其他的事物中领悟可以师法的指向与谋略，正是这种超强的能力，让他们有着超乎常人的大心脏，可以承受现实的残酷、残忍，最终登上成功之巅。

第四章
组织的质量

机制是领袖的翅膀，领袖是机制的主人。这是领袖借助的平台，组织要的是造就领袖的熔炉，以图领袖山系延伸向历史远方、高耸入苍穹云天！

（3）组织三态的成因与规律。

千年大树个个空！

树老根先枯！

这是组织衰落消亡的规律。一则是组织内在的衰惰，最终演变成自己的中空、内溃、朽烂。二则是组织的基层生机泯灭。基层是组织的桩基、生命力之源，而且蕴藏着最忠诚的分子群体。对于基层的任何忽略都将是死无葬身之地的开始，所以，一个桩基了无生机、涣散松懈的组织，只有死路一条。三则是组织的基础如一盘散沙。

其根源是轻视、忽视、漠视"毫不起眼"量级的核心问题：意识怠惰性，在不会治理或失去约束与控制之后，就会瘟疫一样地泛滥开来。

如果对怠惰产生的现象与原因进行归纳、总结，其中具有关键作用的是管理者的行为，其行为表现可分为三类、"十自五唯"15种。

三类表现：

1）遇到问题看着走、听着走、绕着走、躲着走；

2）对于问题和现象议论多、改进少，批评多、推进少，抱怨多、解决少；

3）拒绝自省、自警、自激、自励。

"十自五唯"15种行为：

1）自足：小富即安，小成即满，安于现状，不思进取；

2）自满：自己筐里尽鲜桃，别人筐里皆烂杏；

3）自保：明哲保身，怕担事、怕担责、怕得罪人，事不关己高高挂起，对责任上吐下泻外推；

4）自闭：不学习、不调研、不看别人、不开放，闭门自理、故步自封；

5）自重：本位自重，不可替代，离开我组织就不能运转，只顾部门局部利益没有整体利益；

6）自大：在这里我怕谁？谁又能管得了我？

7）自高：谁也比不上自己的能力与水平；

8）自痹：已经差不多了，不会有问题、有毛病、有故障，只报喜不报忧，

不敢面对实际；

9）自怨：慨叹自己生不逢时，总是抱怨自己未被重视、待遇不公、机遇不公；

10）自弃：知识、能力、职位的进步已经到了天花板，上进无望，只好混日子；

11）唯上，以领导为核心，不以客户、工作、绩效为中心，眼中没有下级、同事；

12）唯利：以利益大小权衡一切，其他都是虚的，唯利好使、唯利说事；

13）唯权：以权力大小权衡一切，为了权力奋不顾身，但不负责任；

14）唯当下：只要当下过得去就行；

15）唯面子：只要面子上过得去就行。

进一步探究组织兴、衰、续三态的机理，它们共用着成因、形式、方式、特征的框架，却各自有着自己的东西。其构成如图4-10所示。

1）兴，机理与表现。

兴是机缘契合、内力－外力聚合的结果。当基本矛盾集聚到一定的程度，不论何人，只要放胆振臂一呼，就会天下云集。这是极其可怕的力量，"天下苦秦久矣"，于是便如燎原而起的山火，爆发出汹涌的能量。

组织兴盛的标本很多，朝代的轮替、大国崛起、各种组织轰轰烈烈诞生都是可资镜鉴的养分与红线、绿线。兴勃亡忽的魔咒笼罩在所有组织的头顶，其成因是一个"易"，主变量是人物、机遇、韬略，表现形式是暴涨式、颠覆式、蝶变式，方式是暴力、和平、接力、软暴力，特征是兴勃亡忽，分为短中长周期、效率性、效益性的内容。

消蚀或阻止组织兴盛的源头是思想意识、权力意识、运行机制的生锈，这是最终致命却最易发生的组织生命锈蚀区，也可称为组织三大锈带。

| 第四章 |
组织的质量

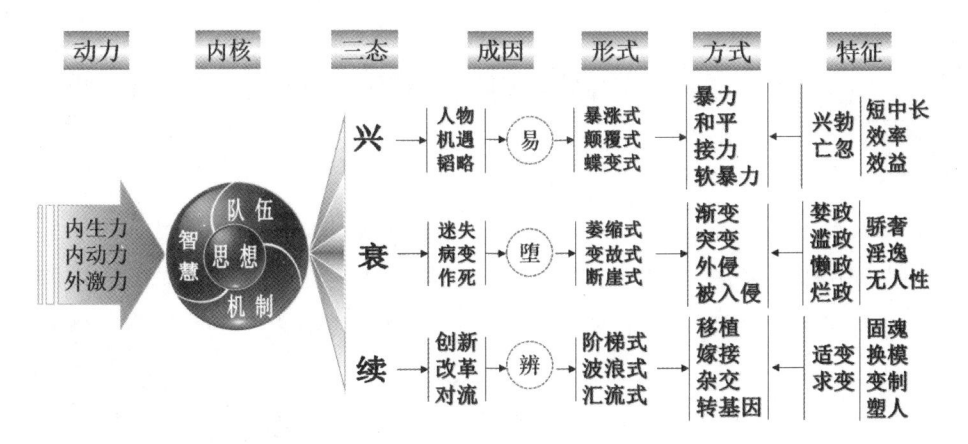

图 4-10　组织三态机理

2）衰，机理与表现。

日中则昃，月满则亏，物盛则衰。衰是任何组织都不可抗拒的后段表现，其伏笔早在组织之始埋下，随着组织的成长，会在一定的时机，在机制松懈、薄弱、病态的时候伸出头来、现出身来狰狞一把，虽能搅扰一番，但还没有足够大的能量掀起滔天风浪或是击碎现实。这已是警示，对于高明的组织，会有效地控制与治理，形成一个标志意义的节点，让组织长期免疫。

衰是天性中埋伏、卧底的魔，对衰认知的透彻度，决定着兴的强度、高度、厚度！

组织的帝国黄昏不是从黄昏开始的。政治、经济、社会、文化层面的种种帝国，既有长青的可能，也有末日的降临。不论何种组织，在其存在的过程中，总是竭尽全力地试图将自己的高程向天伸张，向远绵延，在形体扩张的同时，做大自己的价值含量。不过愿望归愿望，实际归实际，最终往往是不以自己的意志为转移而被推向跌宕起伏，大多的收场总是令人唏嘘。

组织的防衰、抗衰、反衰，根本对象不是"衰"，而是"兴"，高质量的"兴"，自然能免疫"衰"。

衰的主要成因，用一个字概括就是"堕"，主变量是迷失、病变、作死，表现形式是萎缩式、变故式、断崖式，方式是渐变、突变、外侵、被入侵，特征是婪政、滥政、懒政、烂政的"四政"，分为骄奢、淫逸、无人性。

3）续，机理与表现。

人文组织持续性最好的标本是活化石级的宗教，这种组织存在的数千年时间里，有着必然的兴衰起伏，作为"不死鸟"，不管经受如何的冲击、伤害、病变，总能阵痛之后回归它的常态。

宗教得以永续的成因是一个"辨"，主变量是创新、改革、对流（内外引进与输出中适应性引发扬弃），表现形式是阶梯式、波浪式、汇流式，方式是移植、嫁接、杂交、转基因的生物形式，特征是适变求变（与时俱进），分为固魂、换模、变制、塑人。

（4）一个组织生命力命题：三大固化必然导致三大恐怖断层。

从历史的角度看，组织的三大固化随稳定的社会环境而日渐形成，三大固化即社会阶层与行业身份固化、运行机制固化、观念意识固化。其必然导致观念断层、压力断层、人才断层三大恐怖断层形成。

组织的三大固化、三大恐怖断层是葬送组织的掘墓人，其必经之路是组织负向三态：散沙化、岛礁化、刺猬化，而组织的正向三态则是：砼、陆地、森林。

一盘散沙的组织是没有黏合力，除了利益的获取，成员、单元、各组成部分没有合力，自然随风浪的到来而作鸟兽散。这还不是最糟糕的组织形态，因为最糟糕的是刺猬型，大家勾心斗角，相互倾轧，内耗—内斗—内乱直至耗尽组织的生命能力而崩溃。岛礁化的典型是中唐以后的藩镇割据和民国时期的军阀混战。组织一旦出现这样的形态，拥权自重的行为将会把一个整体的陆地切割成碎片，形如大海中的岛礁。

与散沙对应的是砼，这是沙子、石块、水泥的混合，在水的掺和下，互不关联的东西形成坚硬牢固的整体。其中水泥的凝结、黏合性能极为重要，这是组织最具精华的地方，但现实的组织大多患了近视病，只注重眼前的有形利益。

与岛礁对应的是陆地，也就是碎片与整体的问题。正是这样，才有"一桥飞架，天堑变通途"带来的便利。

森林是一个生态系统，刺猬是不能紧紧拥抱的个体。当组织的生态系统形成之后，组织的自净化、自适应、自耦合能力才会表现出来。

（5）组织的 4 类 36 个基本质量点地图。

一个组织，不过是意（识）、人、物、事、钱 5 条线在时空之中的交织、纠缠、集成，在其存在的过程中会产生这样的 5 点：亮点、暗点、盲点、热点、拐点。这些点的分布、密度、亮度与以下的 5 点紧密相关：观念出发点、运行关键点、问题多发点、现象异常点、习惯空白点。

组织优质度的七字经秘诀是"抓纲抓点抓秩序"。这是建立在对组织主体构成内容的意识、人的质量、事物质量、运行质量 4 类计 36 项质量控制点之上的。

找到这些点并不难，相对难的是为之定量化、可测量化、质量化，也只有这样，组织才算摆脱自然生存，进入科学化发展的轨道。

▶ 意识 9 点

1）信念稳定性：不一定高大上，但必须正向、向上、稳定，与成员共鸣——组织的定海针。

2）言行一致性：言必行、行必果——规避形式主义、花架子、嘴上功夫的有效手段。

3）观念共同性：团队成员的观念自身一致、与大局一致——组织合力的源头。

4）步调一致性：个体与团队、局部与整体、下级与上级的一致性——组织成功的保证。

5）建议有效性：识别问题、针对问题，提出有价值、可操作的建议案——组织持续能力的源头活水。

6）工作补台性：工作空档、断档、掉档时及时、自觉的补位性——拒绝岛礁散布、碎片化的最佳途径。

7）资源共享性：组织的人才、技术、客户、信息、经验、案例、知识等资源的组织内共享是责任和义务——组织的资源是公产而非私产，任何私有化都是对组织的错误与戕害。

8）榜样引领性：具有精神、意志、方法先进性、导向性体现并集成的内容——榜样是组织的精华，复制、发酵、应用推广是榜样效应的基本途径。

9）岗位优秀性：岗位的责任、能力、绩效具有组织或行业的持续先进性——组织的活力在于每一个岗位的优秀程度。

▶ 人的质量9点

1）责任：大局性、全局性、担当性。

2）观念：先进性、新颖性、实用性。

3）思路：清晰度、先进性、实操性。

4）意志：坚强性、稳定性、纯洁性。

5）胸怀：承受性、包容性、谦虚性。

6）心态：平稳性、正向性、和谐性。

7）能力：领先性、超常性、稳定性。

8）习惯：优秀性、健全性、健康性。

9）业绩：全面性、先进性、精益性。

▶ 事务质量9点

1）系统性：主次清晰、完备的程度。

2）全面性：层次、层面完备的程度。

3）关键性：提纲挈领、以点带面、满盘皆活的症结性。

4）聚焦性：咬定目标不放松，在繁乱的信息堆中不丢、不偏、不离目标。

5）因果性：要素逻辑关系直接、清晰。

6）经验性：套路、方法、模式等具有屡试不爽的特性。

7）反复性：呈现规律性的重复。

8）复制性：形成一定的结构关系而可以被复制应用。

9）特殊性：具有较为鲜明的个性特征与差异性。

▶ 运行质量9点

1）调研：代表性、覆盖性、数量性——样本量、时空、节点的规模、层次、完整度。

2）定位：准确性、独特性、排异性——原点具有"差之毫厘，谬以千里"的功能，也具备事半功倍的效能，这是建立在社会组织活动规律性透彻认识基础上的内容。

3）决策：高明性、正确性、严谨性——决策是管理的必需，也是命运兴衰好坏的头号事，但是，决策质量的概念却是十分不应该的陌生存在。决策意味着断、舍、离、续、取、合的选择，所以，决策优质是组织质量的首要项。

4）计划：精准性、可实现性——为有效达成目标，按照一定的规律，依据运行性质、方向、人员、事务、时间、空间、工作量、进度将资源进行统筹配置。

5）实施：准时、协同、同步性——将资源按计划组织在一起，以达成目标的有序活动。

6）协调：同理性、求同性、集约性——促使相关方主次协同性、有序性、一致性的表现。

7）反馈：精准、快捷、及时——运行状态的要素、特征、变动性采集、集成、传递的精准、全面程度。

8）激励：有效性、标志性、动力性——对个体与组织激发、激励的效应程度。

9）总结：深刻性、经典性、概括性——抽象、归纳、概括的精准度、深刻度。

组织质量的基本盘是人、时、量的匹配度，要想让一个组织拥有超高的能量，需要的是思想、机制、人才、智慧的内核对于这个基本盘的操作、驾驭。4类36项基本控制点应该比较繁多，这个内容可以称为组织质量的沙盘，要操持组织质量必须简约到123、ABC的程度，才算是符合质量精神。任何的驾驭与操作，如果复杂、烦琐，都进不了优秀的行列。

审视4类36个质量点，不难发现它们的共性特征，这就是如下的6个字：精准（把握）、及时（操作）、独特（个性）。

2. 抗衰三境与治衰之鉴

作为自然规律的衰老，是任何组织无一能幸免的，在衰－反衰的几千年博弈中，一直没有找到"长生不老"神药。

另一面的事实，是如秦槐汉柏的长寿一样，不少的长寿组织继续着他们各自依然生机勃勃的生命。但他们本身的长生不老之方却没有被弄明白。在病袭、虫害、毒侵、伤击，自然的、社会的灾害的作用下，大量的同行同类非同行非同类早已烟消云散，但他们却能穿过历史的烟尘，巍然屹立于世。

打倒一切强敌的强者，往往倒在内斗的怀里。

权力的滋味让权欲成为溶蚀王座的王水！"党内无当，帝王思想，党内无派，千奇百怪。"当一个组织跌入权力的明争暗斗，滋生的惰气就会在演变中加速形成疾患的力量，以至于大病一场，甚至让组织在这种内斗中玩完。

所以"创业容易守业难"成为历史的魔咒！

（1）抗衰三境界。

最好的抗衰当然不是高质量、高速度、高层位的"三高"成长，这是末境界。虽然用本身的能力抑制、屏蔽衰的侵袭、侵蚀，但还是带有以成长对冲（抵消）"衰"的成分。

顶级境界是让衰不存在！对于任何新生命而言，朝气蓬勃的气象里是不会有衰的成分的，这是巨大的新生力量。即使有病症的发生，往往也是发展性的病，不具有垂死性。当然，只要是病，都是要正确调理、医治的，任何的延误、耽误最终都将会酿成大病。

难题出在迈过青春期之后，组织如何保持继续新兴的力量。社会在进步，阶段性的历史挑战实际上给组织供应了更新的机会，与时俱进的一次次蜕变自然成为组织基业长青的法门。可惜的是大量的组织与之失之交臂，兴的衰落必然是衰的兴起。

次级境界是治未病。即立足于"三个透视"基础上的有效作为。"三个透视"即自身、基本规律、现实社会的发展趋势与规律。其中，建构抗衰的机制化、模式化、策略化，只是必备。这种基础性、常规性的工作将会承载抗衰内容的全部。问题是这种职能自身的衰落，或是常常成为聋人的耳朵。

至于就事论事，贴膏药、打补丁、挂吊瓶、救火队式的忙活，就是等而下之的救治性行为，其间的高下必然影响巨大，若能妙手回春，可能实现中兴以延续生命，但由于属于基础性，不是组织的根本与关键层面，涅槃式蜕变往往与其无缘。

抗衰，同样离不开事物的常识性规律，即一是"三得"：得其人、得其时、得其势；二是正本清源。

怠惰之源：足。

怠惰之因：欲邪。即成长的物欲、情欲、志欲"三欲"着魔中邪不纯正。

| 第四章 |

组织的质量

衰的社会性表现是风气不正、风格浑浊、风向乱流，病态现象纷呈，而致组织健康不佳，高速发展中虽泥沙俱下、裹挟而行，但正气终为主导、主流，成为发展中的结疤与免疫过程；停滞、衰退趋势中，则会发生病强体弱，导致发展的伤害与病变，其极致是贪腐上下贯通，内外病毒表里并发，为政则盲动、莽动、茫动，而致烂政、滥政迭出，倒行逆施司空见惯。主要包括了官风、学风、民风"三风"。

那么，抗衰应该制造、创造什么样的不足，以抑制怠惰？应该制造、创造什么样的欲，并由野蛮生长变成良性生长、生态生长，以造就自体的机能，让"衰"胎死腹中？

这是抗衰、减衰、治衰的门。

（2）熵的增减与组织的兴衰。

概念上，衰的力量与兴的力量是一对矛盾体，虽然，最终衰的力量要战胜兴，终结生命，但生命的本能是要用兴的手段对冲衰的力量，起码要拉长活着的时间。于是，在自然界发现了一种规律。

1854年，德国人克劳修斯首次提出了"熵"概念与"熵"现象。

他认为在一个封闭的系统内，热量总是从高温物体流向低温物体，从有序走向无序，如果没有外界向这个系统输入能量，那么熵增的过程是不可逆的，最终会达到熵的最大状态，系统陷入混沌无序。这就是著名的熵增定律，揭开了组织悲剧的看似神秘的根由。

任何封闭系统总是会趋向于熵增，最终慢慢达到熵的最大值，出现物理学上的热寂——国家会死寂无序，社会会更替，组织则会死亡。

任何组织，自从出生，就没有想死的，但在熵增的神秘力量作用下，都会跌入生命的死海而归于生命的消失。

创业阶段：主体人员都会齐心协力、全力以赴，且不惜一切地投入，从乱军之中杀出一条求生的血路，这是一个从无序到初步有序的过程。创业之初史诗般的历程，是几乎每个组织的元老们都津津乐道的回忆。

成长阶段：不断做大做强，将从初步有序变得更加有序。困惑：效率、协作、奉献精神、牺牲精神、不讲价钱的风气越来越稀薄，取而代之的是慢、涣散、懒散、有事无人管、有人无事管、浪费……

成熟阶段：盈利模式达到稳定状态，但出现很多新问题，如部门之间各自为战，手续烦琐、程序烦琐，会议多，会而不议、议而不决、决而不行，一件事情经常出现，组织结构越来越臃肿，创新能力不断下降等，又从有序慢慢地回到无序。

组织的死亡是迟早的事，杀死它的肯定是自己人，甚至是它最具代表性的人物。

一般来说，组织的要人特别是首要人物，他们在位，核心的事是减缓死期的到来，手段是促使熵增降速。在两条半规律曲线中，理想的曲线不是没有，它们共同的特征，是在进入阶段成熟期时如昆虫的四阶段一样蜕变。

促使蜕变是供给环境与内力增长的养分，而非帮人生孩子式的直接干预。那是注定要失败的。而这种外力的引入很难也很容易，这不是矫情，要知道"会者不难难者不会"。难在节点包括时间与端口的把握、新力量的适合度、推展速度的控制，即一脚油门一脚刹车。那么多成功穿越时空隧道走到今天、将来的组织，不是这样在生命曲线的抛物线顶部一次次实现了蝶变吗？

对于个人，同样如此！虽然生理生命目前不好实现，但社会生命、知识生命、思想观念生命层面确是完全可以实现的，也是在每个人身上都曾一遍遍碾压式演出过的。而且，等长的生命期内，会有不等量的价值，那些拥有思想价值、精神价值、社会价值的人，生理会死，作用永远不会死！

事实上，无论是社会、企业，还是个人，任何组织发展壮大的轨迹都是反熵增的过程。首先要扬弃旧思想、旧架构、旧体系，把自己置身到社会的大环境中，通过内外能量的交换、吸纳以对冲、抑制、改善熵增的力量，通过激发自身内动力、内生力的活力，生成新观念、新技术、新方法、新机制、新材料、新结构，以形成新一轮的熵增过程。用这三种形式，来拉伸熵增的时间或是递升至另一种熵增过程。

（3）治衰之鉴。

树老根先枯。对于树而言，深埋地下的枯死之根已是死亡预警，但组织是否引起注意？

1）治衰的有效与无效。

如果对历史以来的治衰活动进行梳理，可以归纳成如表4-2示的基本样式。

表 4-2　治衰成败的基本样式

失败的教训	成功的模式
1. 承袭——"萧规曹随"式 2. 骄堕——唐明皇式 3. 苟且——南宋式 4. 不自量力——王莽式 5. 抱残守缺——僧格林沁式 6. 隔靴搔痒式 7. 窝里横——太平天国洪杨事变式	1. 透思——达摩悟道型 2. 再生——鹰重生型 3. 自省——罪己诏型 4. 管控——紧箍咒型 5. 洗礼——浴火重生型 6. 替代——黄袍加身型 7. 阶段蜕变——IBM 型

萧规曹随是成功的，但萧规曹随式的社会组织抗衰治理就不会成功奏效。各种组织都是在承袭旧制中延续社会发展的，成功抗衰、治衰、反衰的并不多，因为一切在变！

风流倜傥的唐明皇与偏安一隅的南宋大不同，一手造就开元盛世的大唐顶峰，又一手将自己打落在地，这就是唐明皇，他有骄堕的两个资本，即国家实力、个人能力。正是由于这种骄堕，他的治衰就有着傲娇的因子和伏笔。南宋的窝囊是有宋一朝武备远不如汉唐雄壮的基因，但雄起的国家精神若断了脊梁，就只能匍匐于地任人宰制。

王莽的上位史绝对是一个渐进主义的成功案例，也是穿（理）越（想）主义的失败案例。在社会变革上他绝对不是一个渐进主义者，如果从理想的层面定位他，同样是一个奇特的复合，他是一个超级的周礼复古主义者，或者是一个超级的原始共产主义者，他以超越时空的设想，付诸于积弊 200 多年的王朝改变，于是不可避免地"悲剧"了。不切实际的突变，这是不自量力式的通病。

以僧格林沁定义抱残守缺式的治衰，是因为他愚蠢地以为肌肉可以战胜火枪，却没动用智慧，临机应变地以弱胜强。面对两种文明量级的博弈，抱残守缺的他，将一具具生命毫无价值地送进了洋人的炮口。

成功的治衰模式应该不难理解。治衰作为一个组织强健的重要项，在不可能达成顶级境界的情况下，还是脚踏实地地接地气为好，那么，这些模式起码可供思考、借鉴、启发。

2）衰败十表现。

幸福是相似的，衰败也是相似的。看似纷纷乱乱、形态各异的衰败，它们也是有规律可以归纳的。这种状态可以概括为如下的 10 种：

——先天型。包括先天的设计不足、意识不足。大多是草头王、混世王、暴发户，随着发家、发达的过早到来，本没有什么想法的主儿就只好路径依赖式地走上大块吃肉、大碗喝酒的快活生活，往往这是夭折性的必然命运。

——温水青蛙型。随着平台的高大，创业所应具有的进取精神逐渐衰退，"所为何来"的天问让自己在困惑中迷失，"对酒当歌，人生几何"，及时行乐的意识时时泛起。对于双面人格的人来说，是既能艰苦，也能行乐，负面的双面人格则是台上台下两重天。在各个组织掀起的反贪腐风暴中，都会发现占比合乎二八法则规律的人属于这个类型。

——糖弹型。这是伟人毛泽东发明的一个词、一个概念，那是 1949 年 3 月 5 日~13 日中国共产党七届二中全会上，面对即将夺取全国胜利的大局，他给全党全军高瞻远瞩打的预防针。其实，糖弹的形成并不是衰败的开始，中弹倒地则必是衰败的标志。

——奶嘴型。"奶嘴"的形式有两种：一种是发泄性娱乐，如开放色情行业、鼓励暴力网络游戏、鼓动口水战；一种是满足性游戏，如拍摄大量的肥皂剧和偶像剧，大量报道明星丑闻，播放很多真人秀等大众娱乐节目。通过把令人陶醉的消遣娱乐及充满了感官刺激的产品堆满人们的生活，最终达到的目的是占用人们大量时间，让其在不知不觉中丧失思考的能力。这样，那些被边缘化的人只需要给他们一口饭吃，一份工作，便会沉浸在"快乐"中无心挑战现有的统治阶级，这就是所谓的"奶嘴战略"。据说这是西方当代战略双子星之一布热津斯基提出的著名策略，其核心是分解统治者的压力。

——朋党型。朋党的形成是衰落的标志，也是组织的癌瘤。每个人都有一个关系圈，这种人际关系主要分为七种，即血缘、乡土、师徒 – 同学、战友、同事、朋友、宗教 – 帮会等，这些关系构成了一个人的社会资源，多个朋友多条路，网络越大、越结实，机会越多。所以，庙堂之高，江湖之远，人们像一个个勤奋的蜘蛛，编织着属于自己的网络，于是在组织内形成盘根错节、纵

第四章
组织的质量

横交叠的团团伙伙、宗派山头关系，目的是获得自我私利的安全感，其结局是相互绑架，形成一损俱损、一荣俱荣的连带关系，而结党营私，维护自身利益，摒弃公理大义，在势力争斗中党同伐异，最终在内斗中耗散、腐蚀母体组织的生命力。

——象牙筷型。贪欲具有得寸进尺、得陇望蜀、逐步放大、没有止境的特点。殷纣王即位不久，命人为他雕琢一把象牙筷子，箕子对此劝谏说，"象牙筷子肯定不能配瓦器，要配犀角之碗，白玉之杯。玉杯肯定不能盛野菜粗粮，只能与山珍海味相配。吃了山珍海味就不肯再穿粗葛短衣，住茅草陋屋，而要衣锦绣，乘华车，住高楼。国内满足不了，就要到境外去搜求奇珍异宝。"匹配、配套、系统性升级换代，由点到线，由线到面，由面到立体，随着配套的逐步齐全，纣王"厚赋税以实鹿台之钱，……益收狗马器物，充仞宫室。……以酒为池，悬肉为林，使男女倮相逐其间，为长夜之饮。"百姓怨而诸侯叛，亡其国，自身赴火而死。

——内斗自乱型。1911年辛亥革命之后的任何一个民国时期的中央政府，无论是北洋军阀还是蒋介石统治时期，中国大部分地区的"自治"风气浓厚。有的地方是自己关门过小日子，顶多不听中央的话；有的地方天高皇帝远，三不管地界；还有的地方则是军阀混战，成了各路军阀争夺的焦点。其中四川省变成了军阀混战最频繁的地区，从辛亥革命到1933年，四川所发生的战争竟高达470次，平均每月有战争两次。参战的军队，在辛亥革命后只有5个师，就这么打到1934年，全省一共290余团，约等于40个师130万人以上的兵力。

——大病祸底型。一场大病元气大伤，把身体搞垮了，难有再起的可能。典型的如安史之乱，让大唐帝国从此开启了下坡路。

——围墙型。这种类型在历史上占有重要地位，皇朝灭亡，国家劫难，往往与其有关。秦"指鹿为马"的赵高，唐"口蜜腹剑"的李林甫，北宋祸国"六贼"童贯、高俅、蔡京等，南宋的秦桧、贾似道，明朝两面三刀的严嵩，他们所起的作用，就是形成一道高墙，隔离两个主体，屏蔽真相进入。鲁迅先生说，凡是"猛人"，"身边便总有几个包围的人们，围得水泄不透。"结果，"是使该猛人逐渐变成昏庸，有近乎傀儡的趋势。""中国之所以永是走老路，原因即在包围。"

——木秀于林型。即劣币驱逐良币现象，一个组织难以让优秀人才、优秀事物容身。

3）植下组织质量意识的维度。

组织有着天然的自身利益、自身生命力意识，却常常陷于就事论事的窠臼。在极其希望优质存在、健康长寿的意愿下，又极其稀缺组织质量的维度，所以难以根本性解决组织存在的寿命、含金量、含氧量问题。

与降维打击的直击毙命不同，增维是保障自身安全、健全体系的最有效手段。虽然是在三维的地球世界，但习惯于单维行为的组织们总是在绩效成败的数量化方面死磕，缺少了质量维度的主导，即使有着质量的考量，也是服务于数量的要求。质量的维度在可有可无的意识下只有参考性质的价值。现行的质量概念与内容，充其量只是数量的附庸或佐证。

质量不是结果性的，而是源头—过程—结果全程性的。这种概念、意识，是自然存在着的，组织对人员、资源、体制、机构、模式的调整、重组、再造等系列筹谋、行为，都是在具体强化组织的质量。因为，组织的创建者、管理者几乎都是处心积虑、良苦用心于让组织好起来，谁都不想、不愿自己的组织病态、残疾、弱化、垮塌、死掉。

问题出在这是一种下意识行为而非显意识行为，为什么不能形成系统的有目标、有指标、有标准、有策略的组织行为？！

组织质量的全程性，首先是从闪念—创意—孕育—诞生，到计划—组织—实施—指挥—协调，到结果—考核—评价—激励—总结，贯穿孕育—成长—成功—成熟全阶段过程、全生命过程，其中，必然也必须有物态、意识态、生态（人文＋自然）三个维度上具体内容的展开；其次，构成全程的诸要素本身、要素组合体也有质量问题，所以，阶段性的运行—结果考量，不能质量缺席，由数量唱独角戏。

管理的巨大价值在于持续引入并应用新技术、新材料、新方法、新工艺、新模式、新制度以获得更大的产出。这是管理魔术般的魅力所在。如果说新技术、新材料还是硬（显、高）投入、加增量，那么，后面的"四新"就是针对存量的重组重构，是软（隐、低）投入、激活存量、化合存量的行为。

如果佐以活生生的案例，就是现实的日本。

其经典现象之一是手机领域。手机行业有句话这样评价索尼："总是技术方向比主流快两步，比市场慢两年。"智能手机几乎所有的关键新技术，都有索尼手机的身影，防水、智能拍照、4K 显示、AI 识别等是索尼公司率先提出，但索尼太慢，等带有这些技术的索尼手机推向市场，它自己一再地蒙圈：这些东西已是其他手机生产商玩剩下了的技术。

日本著名作家近藤大介在其《中国缺什么，日本缺什么》一书中提到了日本社会的通病——"逃避责任"，这是"日本病"的根，也是日本民族最大的弱点。它导致的是日本企业竞争力越来越弱，基本趋势是最终倒闭。

"日本病"在企业中的表现就是机制僵化、意识保守化、内外生态石漠化。夏普、松下、索尼、三菱等曾经叱咤全球市场风云的企业是"日本病"的严重患者，在大量的日本企业中，常常让人震撼的是他们的"官僚"主义，大家心知肚明公司业绩一再下滑、连年亏损，但员工们只关心自己在公司中的前途并因此激烈地明争暗斗。在企业中，当有人想出一个创新的点子，不论是公司的高层还是中基层，给予的往往不是赞许和激动，而是消磨人的质疑。不是日本没有明白人，江河日下的洪流中，明白人只是沙砾石块，不是中流砥柱，所以，哀叹的声音一再地发出"创新在这样的氛围下成为一种奢侈品"，但这样的只言片语，实在软弱无力，日本人也经常问这样的问题甚至会有媒体上的讨论："日本为什么出不了乔布斯？"他们从教育、政府、商业环境、技术等方面去找原因，但就是很少有人从毒害社会已久的"日本病"上去反思。

3. 让组织站在规律面前沉思

任何组织，都是一棵从内到外爬满规律的树。

这棵规律之树如同一个客观存在的宇宙，等待着你的认知由模糊到清晰到透视，从而让组织的行为合乎规律的要求，循着规律的指向运动，活出一种状态。其中，（1）任何试图违拗规律的意识、意志、意图，都将因自己的无知而摔跌，甚至丧生；（2）所有尊重规律、发现规律、依靠规律的意识、意志、意图，都将让组织成为灿烂的人文景象。

秦槐汉柏，有的千百年后生机依然，有的苟延残喘，有的虽久历历史风雨却仍无可奈何花落去,有的一年半载、三年五载即烟消云散。树的基因和组织的基因是一个道理,先天的基因既定了长寿短命、生老病死,也决定了乔木、藤类、灌木之形的类分;后天的造化造人也弄人,在促成基因变异与否、命运轨迹振荡的进程中,适应 – 不适应、适变 – 不适变、主变 – 被主变,让树这种生命组织活出快 – 慢、优 – 劣、康 – 病、生 – 死的状态。

规律面前,组织表现出既身不由己又自由奔放的双重性。前者是被规律支配、制约、制裁,后者是站在规律的平台上得心应手地纵横捭阖。所以,对于组织,认识、尊重、应用组织规律,是增进组织质量、促进组织强健的 GPS。

(1) 组织的规律。

概要而言,组织规律有周期性、主体特征和形成途径,并可以分为三大体系。

1) 组织规律的周期性。

审视历史的时间轴向上的曲线,其周期性会是这样分布:3 年、5 年、10 年、30 年、300 年周期律。

"三十年河东,三十年河西"。不知从何时起,社会 30 年的周期性回归与周期的概念便开始流行。看起来这是一个"口头文学"的流延,实际上它是历史积淀形成的社会共识,不知哪位上帝之眼的无名先贤,敏锐地意识到了这个规律而脱口的经典,于是便广为流传散播,成为一种普遍认同的说法与定理,定义了社会变迁的正弦波性规律、抛物线性规律。规律就呈现在那里,就搁在那里,它如哥伦布发现的新大陆、牛顿发现的力学定律,等待着更多的被发现、被揭示、被解读。

如果说童谣、民谣是民望的谶语,在自然流淌中汇流,或是预谋者得以应用的工具,那么,民谚则是社会规律的指征、向导、地形图。

规律是内在质量与外在机遇结合的产物。要站在规律的肩头,拉伸周期的长度或是蜕变规律的境界,或是规避规律性的夭折,需要的是质量的灵魂。

对于组织,质量不是工具,而是命运之舵。各种组织兴衰沉浮,不是质量出了大问题所致吗?可以这样说,在工业文明传统的质量观念与体系里,是没看透质量的核心作用,而只是把它当作围着产品这个终极性对象的工具,以及由此产生的质量波动曲线——这是按时—天—周—月计量的。

第四章
组织的质量

2）组织规律的体系。

规律当然也可以分类、分区（地域、行业）、分对象。在对象层面，组织规律的三大体系如下：

个体性规律：主要指组成组织的各个个体，以人为主，涵盖财、物、产、供、销、信息、教育培训、方法等。

主体性规律：以组织为主体的规律，包括了思想意识、领袖与团队、机制、智慧、模式、机遇、行为、绩效、经验、精英、精神等。

客体性规律：社会、政治、经济、文化、法律、科技等规律。

三大规律体系及其认知、合成程度，是组织存在、竞争、发展的前提条件与基本依据，可以说，任何优秀的组织，其优秀都在于三大规律体系认知、集成、应用的优秀。

3）组织规律的基本途径。

组织优秀的一般路程，往往是由碰壁，到暗合，到自觉，一旦达到自觉的境界，这样的组织就是十分成熟的状态，也是让同行最为敬畏的，因为它已经达到无坚不摧、无所不能、无所畏惧的程度。

其形成主要是两种途径：通过学习、借鉴而先验的掌握；或是在实践过程中由浅入深、由表及里、由少到多的积累、嬗变，在摸着石头过河中领悟出其中的奥妙、机巧。一如军事领域的西方国家，可以说在数千年里，西方国家的战争都是"盲战"，连一本可指导作战的兵书都没有。国家间的战争是不可避免的，在摸索战争制胜方法的路上，更多的是借鉴历史、剖析战争、分析战争，或靠自己临机应变、急中生智的脑袋，虽然西方出了恺撒、汉尼拔、拿破仑等，一直到19世纪，才有了克劳塞维茨的《战争论》、约米尼的《战争艺术》。相比于西方，中国在北宋时代，就有了汇集《孙子》《吴子》《六韬》《三略》《司马法》《尉缭子》《李卫公问对》的《武经总要》兵法盛典，十分系统地总结了战争规律。其中，《孙子》《吴子》是北宋以前一千多年以前的著作，更早的是据传出自姜太公之手的《六韬》。

4）组织规律的一个共性特征。

马太效应是组织意志十分突出的共同特征！

这是检验组织优秀程度的试金石。

组织的意识、意图、意志构成了组织的核子、骨子、里子、面子。意识、意图在意志的支撑下得以表现、实现。意志作为思想、理想、精神、胸怀、个性的综合产物,也是组织的主流意识在个体身上表现的汇流,它们集聚形成的强弱程度,自然与思想先进而纯正、理想坚定而远大、胸怀博大而务实的程度正相关。

对于大量的一般性组织而言,组织意志的塑造是常常在羡慕别人中,自己并不真当回事地去"狠抓、会管、能赢",所以,组织一哄而起、一哄而散,遇难即溃、遇强即降、遇险即乱,未富先腐、未成先骄的现象十分普遍,并成为一般性组织的基本特征。

之所以如此,并不是组织意志十分抽象,也不是它似乎缺乏明确的抓手。因为,与此相反的是那些常常成为不同层面标志的组织,其基本特征是具有顽强的意志。两者的天壤差别,只能说明一个问题:意志之根是信仰,在人心!

若信仰的纯洁度出了问题,意志就成为脱缰野马。排异、排他、排杂性的信仰可以包容信徒的错误、过失、低境界,却绝不容忍与信仰做交易、把信仰当交易。一个组织,其成员的意志若达不到信仰级程度,反而处处表现出交易心态与尺度,这样的组织只是寻求快感的处所,有的只是溃疡、溃烂、溃败的性状,而不会有宗教的基业长青、万寿无疆。同样,一个总是把自己当作交易筹码的人,眼里只有机会,一切都是购进与出卖的交易,所以,没有朋友、亲情、事业,也不会有坚持、坚守、坚贞!对于世俗的社会而言,"没有永远的朋友,只有永远的利益"就成为广泛流行的规则。

一切组织都是要经营的。最高级的组织是信仰,最成功的"经营"是宗教,因为宗教经营的核心是思想,主体是人。当思想辨不清以人为本、以钱为本的时候,意志的根就找不到凭依,组织也就只有如草木一秋般死掉。

从一般性组织与宗教完全背反的生存现象对比,我们可以体味这个结论:

一般组织是往员工口袋里装钱以塑造其社会体面,信仰性组织则是从员工口袋里掏钱、掏生命。一般的组织,即使干得越好收获越多,也常常会发生跳槽、流失、腐败、内斗现象,而对于信仰性组织,成员可以义务奉献、捐献家产甚至在所不辞地牺牲生命。

这是两道截然不同的人文景象,巨大的反差足以令人反思,但很少组织能够关注这种现象，特别是自身的向心力、凝聚力、外张力的力量建设、力量源建设、引力场建设。

（2）组织质量十五律。

两千年前的孟子说"君子之泽，五世而斩"，老百姓说"富不过三代"。不管是天花板论还是魔咒论，抑或是人文生态论，它们都说明了一个道理：规律！

组织难以为继的元凶，是组织常常存在的恐怖三断层，即思想-观念意识断层、压力断层、人才断层。作为规律，由于三元凶的出现，让一个个组织行走在抛物线轨迹之上。

质量建筑在规律之上，表现在行为之中。一个组织要想质量高大上起来，就不能忽略这样的15条基本规律。

1）5%的思考者规律。

任何组织中都有思考者，思考者有三类：正向——为组织兴旺冥思苦想、负向——琢磨损人不利己的招数与机谋、中性——为把事情做好而钻研，这是一种不搞依附，"只有问题，不问主义"的优良资源。

思考是发展的原动力。三类思考者，核心性的人员占比不超过全员的5%。组织的核心任务是将正向思考者聚合成磁场，把中性思考者吸附成一个层次，同时激发大量成员的思考能力，形成一股思考、钻研的力量。

2）压舱石规律。

在任何一个组织中，都会有一个似乎不存在的人群，他们默默无闻，不会炫耀、不会招摇、不会在领导面晃悠，但他们的工作一直在安安静静地运转。

这部分人是组织默默的奉献者，也是组织的良心，往往也是被组织忽略的对象。

3）631成功决策规律。

一个成功的决策，60%在于调研，30%在于创意，10%在于抉择。然而，组织的一个普遍现象是存在调研、分析、总结的"小三缺"，而且越是管理糟糕的组织，这种"小三缺"现象越普遍。

4）3倍放大规律。

当一种典型或现象形成之后，会产生一种倍增效应，其倍增量一般是

3倍。

5）85%倒闭规律。

据美国专业研究机构对1000家优秀倒闭企业原因分析统计，85%的企业倒闭是由决策失误所致，15%是因为执行问题。

6）人亡政息规律。

随着人员的调离或死亡，其实施的政策、制度就会偃旗息鼓，或被废止。管理活动是楼房建筑行为，一层层向上垒砌，然而，在具体的组织中却是原地建平房的行为，一茬茬人接续，一遍遍拆了建、建了拆，形不成自己日益高大且永久性伫立的建筑。管理的红利不止于经济效益，还有遗惠后继者的制度红利、经验红利、人才红利、精神红利。但短视者、浅薄者、投机者总是秉持"活好当下"的观念，哪管他死后洪水滔天。

7）经验野草规律。

组织中会有大量的想法在面对问题时释放出智慧能量，在解决问题过程中日积月累，形成一定的经验，由于这种经验是应问题的挑战而产生的，就像野草应春天的到来而出生，虽生生不息，也解决了大量的随机性问题，但不被组织关注与聚焦，自然地自生自灭。

经验虽是智慧的结晶，却只是知识的在产品、原材料，虽能解决大量的现实问题，却不被当作经济效益的源泉与母体，虽是宝贵的人文资源，却常常不被正眼看待。

8）问题瘟疫规律。

变坏容易学好难；好事不出门、坏事传千里，这是问题瘟疫规律的经典总结。

原因在于不良的事情与人性的弱点、劣根性极易共鸣、共振。物理意义上，离地的力量首先要克服自身的重量，下坠的力量则从零开始，这是地心引力作用的结果。在人文的世界，其原理、逻辑是一致的。人文的地心引力是自私、自利、排他，以及恶劣的根性：看热闹不嫌事大。事情越大，获得的快感越大，尽管只是感官感觉的消费，于是恶事就长了翅膀漫天地乱飞。

一颗老鼠屎，坏了一锅粥，那是因为粥能溶解带着病菌病毒的老鼠屎，若老鼠屎拉在木板上、石头上，木板、石头是坏不了的。屏蔽问题瘟疫的最好手

第四章
组织的质量

段是组织的文化成熟，有效手段是让成员有效地忙起来，无事生非，没事可干为瘟疫提供了繁殖与传播的温床。

9）猪队友规律。

据说"二战"名将蒙哥马利被问到人才的使用问题，他形象而诙谐地说，人有勤、懒、聪、笨之分，聪－懒者当领导，聪－勤者当秘书，笨－懒者看仓库，笨－勤者走人。因为，愚蠢而勤快的人会帮倒忙，所到之处处处点火、事事冒烟，惹出种种事端。有了这样的猪队友，尽管颠覆性的大麻烦大事件概率很低，但一架组织机器会被扰动得心神不安，甚至引发蝴蝶效应。

10）低级失误重复发生规律。

按照二八法则，组织中低级失误重复发生的概率会达到80%，正是这个比率的问题，耗费了组织80%的精力进行处理。

11）头痛医头规律。

头痛医头、就事论事具有针对性、精准性意义，本身没什么不对，问题是钻在具体事务的牛角尖中出不来、不出来。与此相反的是宏观大而化之，真理在手、乱点江山，不接地气、不落实处，放之四海而皆准的道理满天飞，就是生不出娃、长不出苗。这是两个极端。

组织是由宏观、中观、微观三个基本层面组成的，明晰宏观、把握中观、精致微观是组织的基本要求，任何的偏执都是错误。任何一个领头人，不论是打拼出来还是筛选出来、继承而来，能够占据头羊的位置，一般都有着独具的能力，"埋头拉车、抬头看路"的常识不是不明白，而是事务堆中晕呆后的被动反应。

12）黄鼠狼下耗子规律。

又名俄罗斯套娃规律、一代不如一代规律。即运行状态、人才等的衰减状态。

13）膏药贴衣服上规律。

膏药应该贴到患处，但组织中常常出现贴到衣服上、墙上、空中的乱象、怪象。这是执行的问题，实际上是上下级意图错位、理解错车，反映的是组织的管理素质，首要的是层层管理者的问题，第一责任人当然是组织的头号人物。

14）隐患视而不见规律。

卓越的组织总是能察势态于未萌，防患于未病之际。按照海恩法则，这种治未病是完全可以实现的。然而，对于隐患视而不见、熟视无睹，不是运行不良的组织的专利，对于那些高增长的组织，同样也存在，只是高增长的动人数字遮盖了问题。这是典型的粗放型管理，首先是意识不足，其次是责任散失，最后是基础松、软、朽、腐，要清楚，隐患常常会酝酿成事故的火山。

15）榜样蒸馏水规律。

组织的榜样当然是最具经典的活内容。然而，树立的榜样逐渐成为符号意义、例行公事的行为，榜样也就成了蒸馏水，很纯洁很光鲜很有精神意义却失去了应有的活性。一个没有英雄的组织站不起来，一个没有诗意的组织不会有魅力，一个没有思想的组织难以活下去！

（3）哲学，质量的灵魂。

质量缔造文明强度！

哲学造就质量形态。

哲学一般具有双重意义，一是作为认识世界、认识规律的钥匙，让支配组织命运的那些要素、意识、结构、规律等纷繁复杂的内容及其关系现形于眼前。可以说，人类只有用哲学的眼神与精神，才能逡巡于规律的头顶，发现命运规律主导的质量价值与作用。

二是缔造思想体系，成为组织的灵魂。当我们将思考的聚光灯对准思想家的时候，会发现但凡伟大的思想家必是伟大的哲学家，二者的境界越高他们的一体性就越强。

这本身就是一个质量对象、质量问题。概念上，灵魂的先进度决定组织的优秀度，其顶级形态是组织不可战胜、战无不胜、不战而胜；相反，一个没有思想的组织或思想境界低级的组织，最终不过是一具行尸走肉。不是吗？历史的跌宕，组织的兴亡，在于思想质量、人才质量、治理质量、基础质量的高低、优劣、先进与落后，它决定于质量思想的上岗度、尽职度、境界度。

1）用哲学解剖思想，才能看清灵魂的质量。

首先，思想体系由内容、机制、行为表现三大体系构成，思想的"三键"性取决于这三项内容单体的质量，及其合体的质量。三大体系为：①思想内容

| 第四章 |
组织的质量

主要是理论体系，这是组织的意识形态，主要包括了核心价值观，组织的精神、使命、愿景，思想意识原则、准则，以及纪律、作风等内容；②思想机制主要包括了思想形成机制、组织运行机制、思想人才机制、结果评价机制，这些机制一般由以下内容构成：机构、制度、流程、规范、标准等；③行为表现体系是思想具体化、物化的过程，也是思想能量的具体表现，还是思想升华的源泉。精神原子弹炸不了人，思想的灵魂附体于具体的个体与行为，就会表现出超越一切物质能量的力量。行为表现体系包括组织及其个体统一性的行为识别，涵盖视觉－听觉－味觉－触觉等在内的感觉识别、传播识别、表达识别等内容。

其次，思想作为灵魂，有正负向"三化"问题，这是组织趋优、趋劣的标志，正向的思想"三化"系指进化、精化、蜕化（正异化），负向的思想"三化"系指僵化、退化、朽化（负异化）。历史的一再重复的故事早已证明，那些曾经优异到卓越级的组织，最后跌落王座，就是灵魂的负"三化"逐步递进，加剧了组织的衰败与死亡；而那些能够延伸历史的优异组织，都是思想正向"三化"的结果。虽然思想的跃升未必能带来组织的勃发，但必然埋下蓬勃的种子；而思想的停滞，则必然导致组织的堕落！

最后，行为是思想力量的具象表现。思想力量的大小、优劣、活跃度，不是能够倒背如流，或是满大街地张贴、满世界地堆积，而是"原理与实际相结合"，具体指导性解决现实的问题，这种转化能力、创造性的实施能力才是思想的本意。

思想当然不是书本或是语言承载的一种意识形态，这是死思想，活思想活跃于社会诸主体行为的全过程之中，这个全过程，是思想变为行动的诸多环节与阶段：思想原理—实际问题—创意—解决方案—实施方案—结果评价。在思想满布于、体现于全过程、全要素、全环节的同时，是一个个被思想武装起来的人满血于活生生的现实之中。

2）哲学让思想成系统且富于行为表现力。

伟大的思想都是完整的系统，并具有强大且广泛的实际应用性、个体共鸣性（普适性、普世性）。那些思想巨人之所以能够站在历史山巅，照耀文明千百年，就是因为它是规律之上的具体原理与原则，这是它能够穿透时空的本钱。这种本钱就是它的质量性。

思想作为哲学的顶层产物，是聚合了组织、成员、活动的共性、共鸣性而形成的共识。下面这段关于人民战争的思想经典，可以说全面地诠释了哲学的思想灵魂性。

什么是政治动员呢？首先是把战争的政治目的告诉军队和人民。必须使每个士兵每个人民都明白为什么要打仗，打仗和他们有什么关系。抗日战争的政治目的是"驱逐日本帝国主义，建立自由平等的新中国"，必须把这个目的告诉一切军民人等，方能造成抗日的热潮，使几万万人齐心一致，贡献一切给战争。其次，还要说明达到此目的的步骤和政策，现在已经有了《抗日救国十大纲领》，又有了一个《抗战建国纲领》，应把它们普及于军队和人民，并动员所有的军队和人民实行起来。没有一个明确的具体的政治纲领，是不能动员全军全民抗日到底的。怎样去动员？靠口说，靠传单布告，靠报纸书册，靠戏剧电影，靠学校，靠民众团体，靠干部人员。抗日战争的政治动员是经常的。要联系战争发展的情况，联系士兵和老百姓的生活，把战争的政治动员，变成经常的运动。这是一件绝大的事，战争首先要靠它取得胜利。

这是《论持久战》中的片段，深邃的哲学性，让毛泽东明白中国人性中面对亡国灭种的心态，那是层层深埋于骨子底层的民族尊严，在蝼蚁般草民身上的存在。"人民，只有人民，才是创造历史的动力"这种人民思想主导下的对民传播、教育、宣传、发动，犹如点燃干柴烈火，"动员了全国的老百姓，就造成了陷敌于灭顶之灾的汪洋大海"，"日本敢于欺负我们，主要的原因在于中国民众的无组织状态。克服了这一缺点，就把日本侵略者置于我们数万万站起来了的人民之前，使它像一匹野牛冲入火阵，我们一声唤也要把它吓一大跳，这匹野牛就非烧死不可。"如果不去点燃，干柴或者就只是土地山野中的废物。而其中提到的两个纲领则是思想的主体，抗日救亡的中国，主导思想仅仅是一个"打"吗？如何打？靠什么打？打的结局是什么？没有这样的纲领，就是黑夜行路、大海漂航。至于如何动员民众，文中罗列了7种基本的途径与办法。

| 第四章 |
组织的质量

对于今天的组织,"人民"是创造历史的动力还是可供驱使的工具,不是依然泾渭分明的存在吗?自然他们的命运也是截然不同。问题在于,路标竖立在路上,聪明者举一反三,能够在一览群山中探索出自己的路径;愚蠢者却视而不见,刚愎自用地在我行我素中自取灭亡。

3)哲学主导组织的思想发展。

几乎人人都明白这样的道理,思想来自实际又像灯塔一样照耀着实际的发展方向、前路、现实症结。

然而,对于大量的组织而言,自己的哲学是什么?

不能说组织没有哲学,而是大量的组织哲学属于低层次的实用主义,而且有成套的内容体系,这是历史积淀在具体组织中的应用与一茬茬的重复性表现,这种低层次的存在哲学是典型的"活在当下",也就是围绕着眼前的功利做无尽的缠斗,属于低级的生物"活命"型特征,于是大量的组织成为草木一秋的生命现象。

随着组织哲学层次的高程变化,组织的思想境界益发宏大,直至顶层的"无我"之境。伟大的灵魂与渺小的灵魂不仅都是灵魂,而且有着同样的实用主义,一如都要吃饭、睡觉、呼吸、劳作一样,所不同的是价值观、使命、愿景。参天大树与草的生物生命特征没什么差别,但其社会性结果的大不同是由它们的基因所决定。

树虽不会表达自己的追求,但用成长的实际证明着树的高大。对于伟大的组织,哲学思想的基因自然决定了组织的存在,也区别了组织之间高下的差异。所以,我们少不得将分析的锋刃剖向那些伟大的宗教、信仰,以揭示哲学对于组织存在的作用:哲学(思想体系)、典籍(理论体系)、人物(扬弃创体)三位一体构成了组织发展的内生力之源。

概括而言,组织生命绵延要靠思想与人才两座山系的持续延伸。其中,人才是思想的结果,又是思想的主创;思想是哲学的结果,又是哲学的酵池。能够让这两座山系绵延向未来的地心引力就是组织哲学,当它让组织成为社会现象时,一个引力场也就形成了,组织文化的形态如树一样撑起一个生命的形态,如果成为千年的人文参天大树,枝叶繁茂、硕果累累,组织的人文价值、文明意义早已超越自体的生命,而成为文化主体。

这就要考量如下三组问题：

——哲学的质量。其关键是规律的认知量、集成度、应用性。

——思想的质量。其关键是观念、观点、理论的系统性、先进性、境界性。

——人才的质量。其关键是前瞻性、开创性、成功性。

对于组织而言，考量其质量的KPI，可以说是这样的三个维度：强固度、价值性、寿命性。

随着工业文明的崛起，大规模、高速度、标准化的生产，基本解决了个体性、经验性难以解决的质量问题，同时也让质量问题的现实性更为突出，尽管提出并实施了系统工程，但也呈现出现代管理的一个基本现象：就事论事！

质量是一个不能割裂的系统，但在这种现象面前，不得不疲于奔命。

这就提出了一个顶级问题：这个时代最缺的是做什么？！

对于今天的组织来说，"怎么做"肯定是有难度的，这种难度并不重要，因为这是一个不缺方法、工具、创意的时代，而且，不是组织们不知道该做什么，而是大家都知道该做什么却没有做，这包括进入前沿的无人区。组织与时代既不是蒙昧，也不是麻木，"阳光下的黑暗（洞）"不是一个组织最该解决的问题吗？这个最该解决的问题就是组织质量的顶层问题：灵魂质量！

第五章

管理质量，中国跃变的窗户纸

中国跃变将带来三种变化：

（1）二次高速发展，标志是在经历资源结构与模式的调整阵痛后，重回 8 时代，迎来又一轮长周期增长；

（2）管理成熟度进入 3.0 时代，其标志是资源利用率进入世界先进国家行列；

（3）中国影响放大，中国模式、中国方法、中国品牌流行世界。

实现这样的变化，需要的是翻身跃上管理质量的平台。

所谓管理质量，主体内容是对资源开发、管理、经营的观念、密度、结构、模式的优化程度，要素是决策质量、执行质量、结果质量，这与主体考量产品合规性、达标性的产品质量显然不同。因此，目前我国正在发生的这场代际性管理大变革直接决定着中华民族的复兴进程与强度，也决定着所有参与者的地位、实力、发展状态的升降起伏，自然对所有的参与者都提出了严肃且严峻的挑战。

一、中国发展的瓶颈与成因

在很多人眼里，下面这一现象常常被归因于技术或产品问题，实质上却是不折不扣的管理质量问题：我国单位 GDP 能耗分别是日本的 11.5 倍，美国的

4.3 倍，德国、法国的 7.7 倍，是世界平均值的 3～4 倍。

尽管这一数据在快速改写之中，不要说达到先进水平，就是与世界平均水平拉平，也意味着我国的经济总量将会是又一种奇观，环境、民生品质都将有一种大幅度的提高。

那么，是什么瓶颈一样制约着我国的产能释放与品质提升？

不论粗分还是细分，显然制约的瓶颈很多，若从元素级、原子级的角度识别，应该只有一个，那就是管理质量，其成因也很简单，就是忽视、忽略。

具体而言，瓶颈主要有四个方面：

1. 观念意识质量

这是贪腐、楼倒、桥塌、路陷、餐桌不安全、药瓶不安全、土地不安全、空气不安全等问题的根。

我国的工业化进程是在中华人民共和国建立后。一个一穷二白的农业国在短短几十年时间内不仅赶上了工业文明的步伐，而且在产业革命浪潮的拍打下，又跻身于信息文明时代的第一拨国家。

2010 年中国制造业超越美国成为世界第一制造大国，在联合国划分的制造业 39 个大类 190 多个门类中，无一不落地全部拥有，这是世界各国中绝无仅有的，也是奠定中国世界地位的桩石。一个"快"的特征，概括了 20 世纪、21 世纪地球文明中中华崛起的全部。

时间就是金钱，效率就是生命。正是"快"的双刃，在造就中国现象的同时，也顺乎"自然"地忽视、忽略了质量。即使在 20 世纪 90 年代初期明确提出并不断地强化着质量管理，也持续地主动、非主动地引进着世界上先进的质量管理工具与方法，然而，喧嚣的金钱意识浪潮一样涌动，质量意识被冲撞得稀里哗啦，于是，产品的不安全、社会主体意识错乱等，似乎在形成一个不断加速的劣性循环。

事实上，一部中华人民共和国的创立与发展历史就是一部高质量的大系统运行史，革命成功，国家建设成功，追赶与跨越成功，世界第一人口社会经济体按照设计者的战略，尽管多所曲折，但几乎还没有哪个社会经济体能像中国这样在 60 多年的生涯中如此成功！

第五章
管理质量，中国跃变的窗户纸

然而，在我国宏观与微观领域高山与峡谷般成就与问题的背后却是离解状态。经济层面，一方面是产品质量意识满足国内、国际市场的差异，高端与低端差异的二元分离状态，一方面是产品质量、管理质量的二元分离状态；社会经济层面，则是质量主义离解为具体的进步与总体的倒退、嘴上的进步与实际的倒退。

一个创造了四大发明的国度，基因里、骨子里并不缺乏创新，更不乏质量的本体。因此，我们有理由说，现实的瓶颈只是中国狂飙突进崛起中的一个必然过程。

2. 组织机制质量

机制是赢得管理红利的核心，包括了结构、体系的建构与机构、制度、流程的运行。然而，作为经济层面的现行组织机制，总体是在背离经济规律要求的同时，也背离着组织体的规律要求。

以央企为代表的国企最受舆论诟病的是效率低、贡献低、社会不公平。根本的是以政府意识与行为治理企业。其中的主导观念不是经济价值规律，而是以权力价值规律为主，经济价值规律为辅，且在自身利益的座椅上，需要政府时讲市场价值规律，需要市场时对政府讲权力价值规律。

民企则是经济实用主义或原始资本主义，如何赚钱如何干，只要赚钱啥都干。就像煤炭是一个长长的价值资源链，出于用电和取暖烧饭的简单目的却一把火烧掉了，一个社会生命体的基本职能简化为挣钱—发钱—花钱，就像人活着，简化为了吃饭—睡觉—干活一样。

两种主体，国企按照政府属性、民企按照金钱属性在各自的地盘上把本应成为大货车的组织机制分别搞成了高级轿车和拖拉机。

尽管机制的质量需要蜕变，那应是充满活力的机制价值淋漓尽致的结果，要促使机制发生由数量向质量的革命性变革，并不是所有制与体制简单地加减或做某种平衡，而是需要一种深刻的再创造。

3. 行为质量

这是观念与机制质量的表现，决定了产品质量与管理质量，它包括了组织行为、个人行为两部分与一个从设计到决策、执行、激励、总结的逻辑轴问题。

首先是组织行为的质量。经济领域的组织行为质量是由一个个工商业企业的社会经济活动表现的，它不仅是关注社会公益那么狭义，而是体现着产业精神、职业精神及由此形成的产业规范、执业规范。组织是一个温床、产床、卵床，一个急功近利的组织群体、组织现象、组织氛围、组织文化绝不可能孵化出优异的行为质量，你别指望一个违法违规生产、偷偷排放污染、高耗能、低效能、没有安全感的组织，会有起码的行为质量，它也不会有稳定的产品质量。它作为一个社会病灶，只能污染、毒害社会，谁也别期望这样的组织能有什么好的行为贡献于社会，而这个组织体的组成者们将会携带着这个组织的东西散布向社会。

其次，个人行为质量的低级、随意、被迫，是形不成优异质量的自觉的。实际上国家职能的工程师与产业工人教育，在偏重工程师培养的同时，是产业工人培养的职责转由企业承当。这是国家责任缺失的结果，更是国家教育职能的错误。我们在感叹中国人的聪明智能时，更应该思考看似低廉的人工成本由于行为质量的不规则、技能的持续教育度低实际上要翻倍地高涨，这是我国企业不能像德国那样质量、效率双稳定的内在原因！一双刚刚跳出农田的脚，在厂门口抖一抖泥巴就迈入生产线操作，产业精神、产业意识、产业行为没有得到基本的洗礼，只能在"自摸"中进行完善。于是一种国际先进的工商业行为与国内流行的工商业行为、农业行为的混合体在一个个工厂、车间里作为。产业队伍集体的行为质量所形成的瓶颈，严重地制约着经济效能、效率、效益的进一步提升。

这两个行为质量的集中表现则是从设计到决策、执行、激励、总结的逻辑轴。设计和决策的失败都是最大的失败！因为这是源头性的，具有颠覆性。由于设计和决策者的主导思想脱离了社会规律、系统规律而表现出一种权力霸权、设计霸权时，各类不可思议、光怪陆离的"奇葩"便会层出不穷。自然，与之相应的执行、激励、总结也就很难有行为正义。

4. 结构质量

令人感到奇怪的是，我国喊了几十年的产业结构、产品结构调整却越来越需要调整，产业布局失衡、产能过剩、产业霸权愈来愈严重。最典型的是传统的钢铁、新兴的光伏产业、风电。

当年家电设备的重复引进与产能过剩的教训足够重了。尽管家电业让中国的家庭享受了现代工业文明的成果，但大量重复的引进浪费的肯定不是外国人的财富，好在30年的市场化不仅消化了那种浪费，而且中国替代日本成为世界家电产业的第一生产国。或者家电业已经走通的路就是其他行业正在走或将要走的路，那么，重复建设、产能过剩的教训能不能在规划的蓝图及其实施上少些，少些，再少些？！

原因：

已经成为主流的观点认为，中国深度发展，归根到底还是钱的事，之所以遭遇瓶颈，不是钱多了，而是钱少了；或者不是钱少了，而是钱多了。

这种唯钱论者应该是完全罔顾钱的灵魂及其用途。钱的灵魂是被用，钱的用途是用钱创造更多财富从而生出更多的钱。然而，大大小小的唯钱论者造就了阻遏中国进一步加速以及代际性跨越的巨大障碍，就以上主体瓶颈形成原因进行发掘，主要有以下五种：

（1）主流价值观念流失甚至沦陷。

（2）系统观念缺位。在自媒体的持续爆炸过程中，碎片化从深层已经肢解了"系统化"的底板与体系，纷乱的小系统如小行星闪烁却不知道自己不能没有太阳系、银河系。

（3）言行不一表象的背后是思想与行为断裂。经典表现是合适就作为，不合适就不作为。

（4）缺少一种精益求精的质量精神。为钱而奋斗的核心是钱的最大化而非钱的最优化，一切行为和对象都要拿到价值的天平上称量，钱多多干，钱少少干，没钱不干。

（5）未能在国家层面充分关注管理质量。

二、跃变的动力机制

随着"一带一路"国际化大格局的拉开,中国向外输出什么?

仅有产品已经难以承载一个强国的重量,那么,在制造大国的台阶上,只有跨越上管理大国的平台,才能让制造大国变成制造强国。

1. 难以阻遏的内在发展动力

中华民族的复兴对于近代中国来说尤其迫切。

如果说计划经济以集约的力量,创造了 0 变成 1 的开天辟地,市场经济则是打开了一个个体创富的闸阀,创造了 1 变成 10 的顶天立地。前者是集中力量办大事,后者是将创富的钥匙交到了民众手中,两波冲击波让世界震颤。国家集约的能力与民众自发的力量并流,才是常态,也是新时期的必然。

实际上,中华人民共和国从创建到建设,到改革开放,都是这两种力量合成的结果。军事 30 年周期是唤醒民众不受压迫与剥削的渴望,政治 30 年周期是领导了民众当家做主人的激情,经济 30 年周期是开放了发财致富的欲望闸阀,接下来的民生 30 年周期,则是让人有尊严而舒适地活着,同样要打开欲望之门。

2. 科技发展的无限活力

震撼发生自毫不起眼的日子,一组自然形成且并没什么实际意义的"1111"数字竟然掀起商业的惊天骇浪,2013 年的这个日子,网购数字 351 亿元,2014 年则是 570 亿元,2015 年 930 多亿。中国的消费者互联网企业获得成功,还是复制美国互联网企业的商业模式 + 中国的巨大市场 + 网络规模。

互联网、大数据、云计算已隐然构成信息文明时代的三剑客阵列,在三者任何一个都将重新定义现实的大趋势下,已是世界第一制造大国的我国需要站在三者高度一体化的平台上,创造中国产业发展的纵向供应链整合、横向价值链整合、网络生态链整合。

一切才刚刚开始,大家都站在同一条时间线前。

3. 巨大的存量与发展的沉重已经让中国承受不起

一方面，中国制造业产能规模扩张的思路早已走到尽头，在规模思维、硬件中心主义的惯性作用下，依然狂奔疯跑，严重过剩的产能与赌徒心理在创造雾霾、污水、沙尘等环境性伤害的同时，是血肉模糊的价格战任性地从国内打到国外。另一方面，受益于制造业迁徙而飞速发展的中国，成了欧美国家的廉价工厂。因为，30 年中，中国消耗了同一时间内全球生产的 46% 的钢铁、16% 的能源、52% 的水泥，却仅仅创造了不足全球 8% 的 GDP。

负面的中国社会经济发展现状揭示的是初级经济走到了极限，且已产生严厉的自然和人文双重报复。因此，所谓新常态，已不是增速换挡，而是变轨换车，其中的关键是：（1）去粗放。中国的荣耀来自粗放，化解粗放自然是"由系铃人解铃"，但绝对不是简单、粗放的"去粗放"。（2）去低能。

三、必然！捅开那层窗户纸吧

捅开我国跃变的那层窗户纸其实就是三个字：

跨代差！

所谓跨代差是非对称竞争的思路，就是不在同一个数量级上思考。我国铁路的发展是最为典型的跨代差标本。绿皮车、红皮车、白皮车、动车组、高铁，10 年时间，我国铁路从火车博物馆时代跨入高铁时代。

纵观世界，绝大多数国家还沉迷在传统的产品文明体系中，日本被称为失去的 30 年，除了美国的广场协议和政府的不稳定之外，根本的还是没有跨上管理质量的平台；新兴经济体要么如俄罗斯在脆弱的经济结构中左支右绌，要么如印度、巴西在为强壮自己薄弱的产业基础而发力；欧盟在标准与富足的世界里日显暮气。只有美国在 20 世纪 80 年代末开启了管理质量的大门，随着互联网与电脑的发达，美国开始甩开它的一个个对手独舞世界，华尔街虽然让美国狠狠地跌了一跤，但已经觉醒的管理质量意识会给这个国家打上结实的补丁。

面对如此的现实世界，我国当然应该发挥"快"的突出特色，进入管理质量时代。

（1）构划我国管理思想体系与模式纲领。中华人民共和国三个开创性叠加的历史，即开创性的军事革命史、开创性的社会主义建设史、开创性的改革开放史，足可以总结出面对未来长周期的灵魂体系，而且可资借鉴的还有美国历史。事实上，当我们能够将不测的气象风云准确地预测时，管理这一复杂的系统工程自然也不在话下，其中的关键是主导思想、战略体系、模式系统、方法与策略、运行机制。

（2）启动中国管理质量浪潮。伴随着我国新常态、一带一路国际化格局的开启，内在支撑性的应该是管理质量的突飞猛进。这需要发挥我国具有的运动性特征。

管理质量浪潮不是奥运会开幕式的几个小时，即使那样，也是集中全国的相关顶尖人员进行创意—筹谋—演练—修订若干遍的结果。如果说20世纪90年代开始的TQC还只是企业界的事情，那这个浪潮注定是要席卷我国的长程性、全民性活动，党组织、政府组织、企业、军队、学校、医院等一切组织都要开展、都要参与。

（3）再造与强制。管理质量，根本的是对所有组织体从基因到灵魂、形体、行为、结果进行重塑、再造，将点状的产品逻辑并入系统的管理逻辑，将工具中心主义变为理性驾驭工具主义；从资源的角度审视，则是再聚焦、再定位、再结构，以形成最优的资源密度和最佳的运营模式。

当然，任何的强制都是规则形成之后，而形成规则需要的是透彻的调研与成功的试点，因为，榜样最有说服力，而趋利避害、争先恐后的人文天性其实不用强制就能够奏效。

（4）算清和清算"低质、低效、低能、浪费""三低一浪费"账。不算不知道，算了心狂跳。算账是管理质量的基本功，然而在日益稀薄的利润几乎要把企业逼疯的环境下，大多数企业都没有将"量–本–利"精算到人、元、小时、单件产品、每平方米占地面积、一个个客户、一条条生产线、一个个工艺环节。秋后算账式的核算方式，只能粗略地知道今年是赚还是赔，而赚赔的真相一直是帝枕后美人。

管理成熟度表现为持续性、稳健性、标志性、权威性，内涵是思想、战略、机制、人才、技术、作风六者的合体。一个成熟的组织，总是能够把握社会大趋势脉搏，在自否定、自超越、自净化中解决自己深重的生存、竞争、发展问题，在滚滚的文明大河中乘风破浪。我国的历史是这样走过来的，也要这样走下去！

四、管理质量，另一种视野

严格意义上说，质量不是产品问题，而是管理问题、文化问题！

一说到质量，人们都会惯性地定格于产品。其实，质量远不止于产品，还有更深层面的管理质量、文化质量。文化、管理、产品构成了质量的全部，前两项质量决定了产品质量。

就产品层面而言，影响产品质量的因素也不止一个生产环节，而是包括了产、供、销、研、教等五个基本方面。首先是源头性的采购供应。问渠那得清如许，为有源头活水来！如果源头的质量稳定性不能保证，下游的质量肯定起伏振荡。而且，质量成本、质量速度、质量效益、质量价值都会发生不愿接受的状态。问题是靠什么让上游的供应商们稳定质量？其次，更位于源头的是研发与设计。大量发生的质量过剩问题是其结果，一个典型是手机的功能只被利用了不到30%，另一个典型是不锈钢组件、铝材组件用普通钢材的螺丝钉紧固。前者是靠堆积功能满足大众的群体性要求，或者人们的文明层次还没有进化到细分的境界；后者是非等寿命设计的结果，原因是设计者没有等寿命设计这根弦，这个观念。再次是营销与服务，从市场调研、市场细分、市场定位、市场策略到市场进入、市场巩固、市场提升，市场营销七部曲的每一个环节都充满了管理质量的问题，至于全面顾客服务，从售前的疏导、售中的引导、售后的辅导，到事前的推导、事中的向导、事后的主导，预案与解决方案的创意、设计、实施、校正，都是环环相扣，其中的核心是"质量"。一个质量低劣的预案或实施方案只能是糟而又糟的结果。最后，源头的源头是员工队伍的教育培训。

"要造产品先造人！"松下幸之助如是说。"没有文化的军队是最愚蠢的军队，这样的军队是不能打胜仗的"，早在井冈山无比艰苦的创业时期，毛泽东就深入骨髓地抓住了文化对于一支队伍的绝对价值。那么，作为产业队伍中的文化该以什么样的产业精神、商业精神、社会思想为灵魂，赋予产业队伍一种先进的文化呢？

你一定无法想象，一个随兴而来、阴晴不定、管理混乱的企业，一个闭目自足、死气沉沉、管理惰性化的企业，一个观念畸形、思想残疾、唯钱是取、没有责任感的企业，会有产品质量的稳定表现。

作为共和国长子级的一汽集团，要续写"国家标志"的辉煌篇章，需要的是换一种视野看质量！

的确，是产品质量奠定了品牌在市场上的地位与价值。甚至一个享誉世界的品牌会因为一件并不起眼的产品质量事件而垮塌。那么，作为一个"中国"字号的企业，起码应该将自己置放于世界同业的群体中，在深层次上检视自己的生存质量、竞争质量、发展质量以及产品质量、管理质量、文化质量，在占据中国市场这一无比庞大的市场根据地同时，向丰田、三星学习。丰田在高端乘用车层位有了自己的一席之地，三星化东南亚金融之危为机，短短数年间超越电子领域开路先锋索尼而雄踞世界产业龙头地位。而它们分别以独具的丰田方式、三星模式在世界范围内标志了自己，奠定了自己！

它们和众多世界级的产业帝国一样，正是占取了管理质量、文化质量的制高点，才有了世界市场的席位，拥有了足够权重的话语权。

质量无处不在、无时不在，渗透在生活的角角落落，任何人、任何事都随时制造着、表现着质量！但决定质量的是管理思想，和由此形成的企业文化。

| 第六章 |
企业文化五境界

第六章
企业文化五境界

企业文化即企业的意识形态及其行为化表现。作为高级组织生命形态的企业，其文化自然有着层级的差异。

我们不妨将这种层级高下分为五种境界。

一、企业文化的五种境界

每一个企业都是有文化的，只是高下、优劣、强弱不同。这种差异，由如图所示的文化境界金字塔所区分。

1. 企业文化境界金字塔

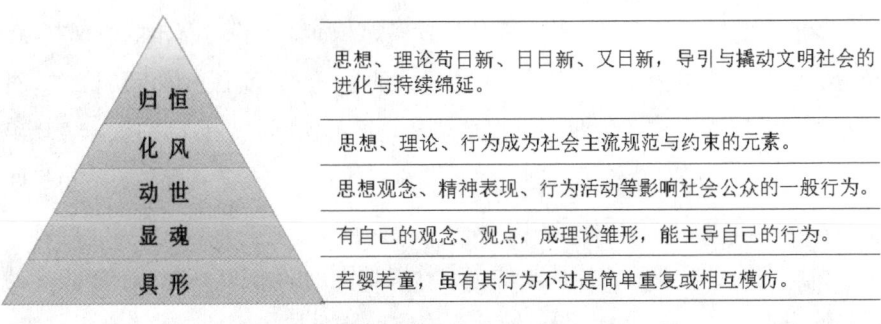

归恒	思想、理论苟日新、日日新、又日新，导引与撬动文明社会的进化与持续绵延。
化风	思想、理论、行为成为社会主流规范与约束的元素。
动世	思想观念、精神表现、行为活动等影响社会公众的一般行为。
显魂	有自己的观念、观点，成理论雏形，能主导自己的行为。
具形	若婴若童，虽有其行为不过是简单重复或相互模仿。

图 6-1　企业文化五境界金字塔

129

2. 文化境界层次的现实状态

文化境界金字塔标示了一个企业的成功度，在每一个层次之中，则有成长度、成熟度的问题。

企业作为社会公民，当然不是一个简单的经济机器，其成功度就是指它的经济、科技、文化、社会等维度下的成就性。就像一个人，成年意味着生理成熟，但成熟并不意味着成功，有的人终老一生一事无成，所以很难称成功。与生理成熟相应的是社会、知识、文化、心理等未必成熟，理想的是诸维度协调同步发展，由于成长环境等因素，往往几个维度的成熟度参差不齐。所以对于企业的考量，其成功度是指包括经济在内的几个维度上取得的成绩如何，其KPI主要是先进性、数量、质量、稳健性等。

不少企业的成长性不好，多少年了几乎没有什么变化；不少企业低速发展、快速发展、高速发展、跨越式发展。这种非等速发展的企业现象，就是企业的成长度，对其考量，当然也是从经济、科技、文化、社会几个维度进行。

每一境界之中，都存在着巨大的成长空间，成长性的结果是成熟度、成功度。各境界就像年龄段，成长起来了，是否成熟？是否成功？那些"反复抓、抓反复""跑冒滴漏低老坏"顽固表现、事故不断、怪事连连的企业是另一种成熟，而在地区、行业中持续领先、领跑的企业是被期待的一种正向成熟。

对照文化境界金字塔，考量企业现实状态，不同境界的企业就像不同年龄段的人。

具形：形成基本的观念、内容、形式体系。作为大量企业的基本形态，"活命"是其主体特征。

少有经验的这类企业，就是模仿、摸索、积淀，不论是基本的管理制度、经营策略，还是观念意识，都是拿来主义式的学习，从而在形体上初长成。对于聪明的掌船人、二次创业者，则是结合自己的实际，将自己的意志表现出来，再设计自己的观念体系、制度体系、策略体系，以促进产品体系、市场体系、人才队伍体系、知识体系的形成。

在此期间，企业有快速成长的，有盐碱地上的老小树现象，有约80%的初创性企业在1~3年内无奈夭折。不论何种情况与现象、当家人有无经验，

第六章
企业文化五境界

一个基本问题是使自己的运营具备基本的企业形态，满足企业规则、市场规则的基本要求。

显魂：在市场上表现出基本的价值追求方向与品格。"展示"是其主体特征。开始拥有思考能力的企业，在此境界中基本上分化为两条路上的追求者。一是随波逐流，在效益的驱动之下，像大多数企业一样显示经济动物的本能，并日益强壮猎捕"效益"的能力，形成一些捕猎"效益"的经验与秘诀；一是约束自己"有所为有所不为有所必为"，逐渐加深企业是什么的内视，将单维的经济性复合出思想意识的内容，形成合金状态。

动世：因产生一定的影响而持续引起社会的关注。"关注"是其主体特征。在社会公众大量行注目礼的同时，一方面是政府、要人的陆续莅临，一方面是业界大佬眼球的不时扫描。这时的企业已升华成为一种魅力。小米以裂变式发展引起全球性的关注，雷军借势把谜底归结为"专注、极致、口碑、快"，后来又增加7字"反思互联网思维"，当然，这方面的另一个典型是乔布斯，苹果的每次发布会，都要引起全球性疯狂。原因是乔布斯的商业思想、技术主义、产业意识等深层的内容打出了产品的浪花，其没理由不成为业界、社会的风向标。

化风：成为一地域、一行业、一时间段的主体或主导性风向，影响世风的走向、变化与进程。"榜样"是其主体特征。当海尔的"五星钻石级服务"在全国铺展开的时候，同行纷纷跟进，大拇哥、红地毯、百分百等服务名称与行为风起云涌在我国市场，顾客是上帝的感觉成为社会现象，带动的是市场、社会的服务规范升级、普及。

归恒：成为社会文化主流中的元素。"时代标志"是其主体特征。这不仅是企业长寿到经济发展史活化石意义的归恒，而且它的思想意识已成为国家、民族文化的一部分，即精神不朽的体现。"万里长城今犹在，谁见当年秦始皇"，其实，在长城上面游动的那个国家防卫思想、长城本身凝定的民族个性和品格，才是长城的本义。可称为伟大的企业和伟人一样，十分稀少，但他们肯定是"归恒"的，除了伟大的业绩，还有其背后编剧、导演意义的成熟的思想，这才是"归恒"的谜底。

3. 文化境界四形态

虽然企业的文化形态林林总总，但其存在形态和层次差别化一样客观地摆在那里，这种形态不外乎以下四种：

（1）层次既定型。这是创始人或再造者的意志决定的，企业一诞生或再造而直至终老，就注定了它的文化形态，在生存过程中，往往呈现持续衰减的现象。

（2）循序渐进型。像童年、少年、青年等阶段性的成熟一样，持续地成长发展。

（3）跨级跳跃型。人才、思想有异峰突起的现象，随着思想的跨越，文化境界出现跃变现象。

（4）形神背离型。尖刻些说就是挂羊头卖狗肉，说的做的不一样。这种状态基本分为三种，一是投机型企业，二是下螺旋变异性企业，三是头轻脚重型企业，即头没想到、没觉醒，但下意识行为已超越脑袋。

4. 企业该给自己的文化定定位了

当人们惊叹优秀公司优秀、叹息短命企业早夭时，头脑里总会隐隐约约浮现一个自己都模糊的问号：它们的根本差异是什么？

在企业的思想意识工作者用下面的格言将自己的嘴巴磨出厚厚的老茧时，这句格言要么是他们这一小撮人的自语语言、培训语言，要么是领导讲话中的习惯性味精——它难以成为食材。这句话是：

文化是企业的灵魂，思想是文化的灵魂！

作为现象，在企业中提到企业的思想，大量的经营者都会付之一哂，觉得和自己没有一毛钱的关系，觉得思想离自己太遥远，思想不是自己的事，企业里只有效益、指标，没有思想。

实际上，伴随着企业的生存发展，思想如影随形地存在，并不时站出来吹吹哨子、亮亮红绿灯、开开奖罚单、冒冒酸甜水，然而，指标压头绷着钱神经的经营者少有把这些当回事的："不就是钱的事吗？""没钱不好使。""文化能顶钱用？"丰富而珍贵的人文活动变成简单而僵硬的交易关系，自然，大家不会分出神来认真地看他的文化一眼，更没有像对待产品、客户、营销等要素那样，把握文化的规律，予以规范、标准、制度、指标化的重视，于是，企业像是一个失魂的行者，在一次次警报声中，在一回回教训面前，依然故我地蛮横疯跑在经济效益的原野上。

同样是雾霾笼罩，污水流淌，经济滑落，同样是企业艰难行走在经济长波的谷间，路隘林深苔滑的现实与企业不时坍塌的轰隆隆声中，为什么好者恒好？

对于一个人而言，体征、性征成熟了还不能说成熟，那只是生理维度的事，生物本能的事，社会维度的技能、处世成熟度，文化维度的思想意识成熟度，才能让人表现出"人"的属性。企业给自己的文化定位，不过是企业的经济单晶性成长为社会的复合性，社会的人性！

二、文化境界意味着什么

一个企业价值的大小、质量的高低、健康性的优劣、寿命的长短取决于文化的境界。

高于树苗的草还是草，除非变异为树！这是本质决定的。

名贵树种的苗若不能成活，也不是树，也不名贵！这是结果决定的。

也就是说，（1）企业文化境界自然而然地决定着企业的生命形态，即其大小、高低、优劣、强弱；（2）决定着一个企业在生存过程中的内生力、凝聚力、外张力，表现为发展的进取力、竞争的制胜力、生存的守持力；（3）企业文化的境界定位再高，如果不能落地、成活、结果，也不会主导企业走向高价值、好品质、长寿命，相反，企业文化境界定位低，活出的样子就不会好看、长久、壮实。其中的关键是文化与经营的结合度。形象些说，文化是手心，经营是手背，现在大量的企业是手背丰腴，手心裸骨，弄得脑袋常常郁闷：力不从心少灵光。

鸡蛋能孵出鸡，鹅卵石孵不出鹅！文化内在地决定着一个企业的走动、走势、走向。有什么样境界的文化，就会有什么样的经营状态，一个充斥着投机意识的企业，眼光总是贼溜溜地逡巡着身边的可乘之机，而内心笃定的事业者，他们肯定也逡巡着机会、制造机会，但机会的价值与结果会大不同，在遭遇风浪、挫折、灾难时，投机者往往消失，事业者往往像穿越风暴潮的航船，继续他们的航程。道理其实很简单，就是境界高、见识深、格局大，外在能看清局势，内在能心定而不迷失，所以，境界越高的企业，意志越坚强，立场越坚定，行为越坚持，目标越坚守。

概括而言，文化境界意味着企业的价值、品质、寿命性，其中寿命性包括长短与健康状态两方面。文化境界高的企业，合金钢式的机能会更好，价值量会更大，而且，经济与精神的价值复合，无形的软价值会溢出有形的形体，并成正比例放大；同样，品质表现会稳定而持续，这个品质内容包括了基础的产品类品质、技术品质，执行性的决策品质、实施品质、反馈品质，以及市场环境下行状态及其剧烈动荡下的运行品质，结果性的绩效品质。寿命性长、健康度高的，小病大病不沾身、少沾身，与乱象纷呈绝缘，一直保持优良的"身体"状态，当要命的事变、灾变、困境等来临时才不至于丧命。

如果对企业文化境界的内在规定性进行标量，就是以下的链式关系：

成功度←层次差异→价值量、品质度、寿命性

即企业的成功度根本性地取决于文化境界的差异，表现在价值、品质、寿命性上。那么，企业文化境界的升级就意味着生存状态的跨越式变革，即告别低价值、低品质、低健康度、短寿命状，迈向高级形态！

从境界金字塔我们不难得出这样的结论：

文化的境界决定一个企业的成功度！

伟大的企业，其成功度很高，高在影响甚至改变人类文明的进程与发展。土豪无疑也是成功的，但成功度就较低，低到"穷得只剩下钱了"。一方面，靠一些不正当手段获得的财富，显然与一刀一枪、一场场转折命运的战役赢得的财富没有可比性，更遑论产业文明、精神文明层级的贡献；另一方面，昙花一现的成功与标志着时代进程的成功也是划不了等号的。这种成功度既是财富数量的衡量，更是财富长久性、文化内在支撑性的衡量。

而成功度的考量，起码要有三个维度，即经济、文化、科技。经济维度的KPI，要包括数量、质地、稳健性、持久性。

三、层次升级的策略

借用佛家渐悟、顿悟的逻辑，企业文化的升级也有着渐悟式的循序渐进、顿悟式的跨越转型、涅槃式的蜕变三种形态。

按道理来讲，每种境界的文化形态都有升级的空间与可能，而且，在企业经营者真正明白了文化对于企业的价值之后，境界升级就成会为一种必然的选项，其中的升级策略自然成为必破的门径。

1. 策略体系构成

文化境界升级其实是一个文化再造过程，生长过程十分相似于老城改造。城市再造最大的难度是坚持与发展的关系，基因的内控性遗传、优质传统内容的沿袭、推陈出新的老干新枝活力，天然一体地蓬勃于现实世界，一个既熟悉又陌生、似曾相识又不识的城市像荷塘景致一样不时跃然一幅新容颜。在此过程中，拔地而起的新城市当然不是与老城市毫无关系，或是老城市荡然无存的景象，也不是老城市的简单膨化、放大、增高，而是似是之间、神似之际，形成新的城市风格、品位、魅力，展现时代的印记、特色与风采。这才是成长之美、成长之魅。

有形的城市建设与发展是如此的精彩，企业文化自然不能例外。因此，企业文化升级的策略，在企业不同、人物不同、层次不同、时间不同、地域不同的背景上虽异彩纷呈、样式各异，但内在的精神、经络、筋骨、血脉并无二致。这种升级的策略体系构成如图6-2所示。

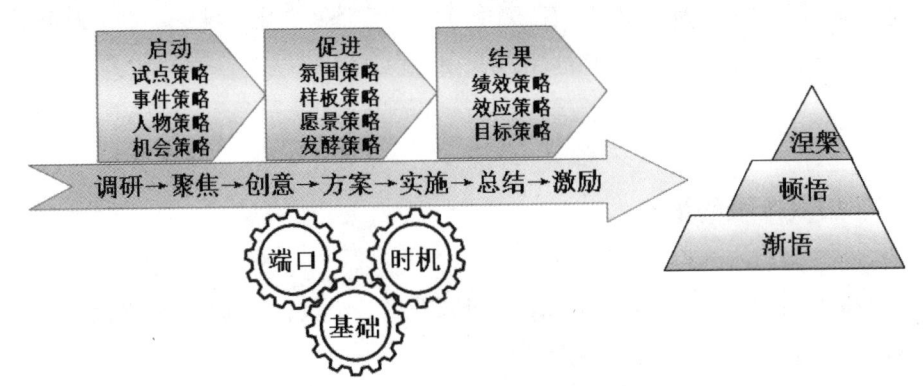

图 6-2　企业文化境界升级策略体系

任何高明的策略都有着几乎共同的前提，这就是基础、端口、时机。基础须由观念、内容、机制、人员、方法构成，缺一不可，其中的关键是人才，很多情况下奇思妙想由于执行人的不匹配而"播龙种，生跳蚤"；端口即各种机会，包括了人、物、事三方面载体；时机则是机会点、合适度。

2. 策略基本路线

不仅文化层次升级的因素、条件、路径等概念相同，其程序也没什么本质的二致。这种如下的程序逻辑构成了成功升级的主轴。

调研→聚焦→创意→方案→实施→总结→激励

3. 策略有术抓大要

让老鼠给猫挂铃铛的策略成为笑谈，是因为不具有操作性。

事实上，企业界进行文化升级的活动可谓此起彼伏、层出不穷，鲜有成功的精彩案例是因为观念的功利性、内容的混淆性，还有一个关键因素是策略出了问题。

策略是成败的钥匙。追求高明的策略自然是企业经营者头痛且孜孜不倦的事情。

策略是流动的云，因内容、对象、环境、时机等的不同而精彩纷呈。因

第六章
企业文化五境界

此，策略的灵魂是观念、概念、理念"三念"，策略之谋是"画图之路、抓点滋事"，策略之术是创意。

（1）灵魂先行。

在国家经济治理方面，领袖级人物凯恩斯曾言："真正危险的不是既得利益，而是思想。"因此，境界的升级策略首要的当然是打通思想通道，形成共识，那么，以什么观念、围绕什么概念，秉持什么理念就是文化思想的具体化表现与应用。如果"三念"的具体内容不能成为共识，不能引起高、中、基层大多数人员，特别是中坚力量的共鸣、共振，这样的境界升级注定是无果而终的夭折命运。

理清神定，胆张气闲！"三念"灵魂以其思想性、哲理性、"耀眼"性而形成的意识冲击，对人的激发性是难以估量的，这也是思想力量的作用。不要说"三念"的齐全，仅就大量企业不咸不淡、你说我也说、假大空套式的内容与表述方式看，一场轰轰烈烈的文化建设活动就只能是"纸上画画、墙上挂挂、嘴上呱呱"的命运。

（2）谋略高明：画图之路、抓点滋事。

庙算多者，得算多也！庙算即预谋，谋略的高明、低明、不明在功能表现上是"出其不意，攻其不备"，其关键是内容、形式、体系、关键点等的出人意料。

企业文化境界升级，其后果是什么样？要通过什么样的路径、手段、方式、方法才能实现呢？如何有一个良好的开端，引桥一样将一场涉及企业全员以及企业相关方的活动引入正途，加速奔跑呢？惯常的启动会当然是一个很好的起点，而启动会的内容自然是无可替代的支点，因此，亮丽的人、物、事这样的点，才是会议上大张旗鼓宣扬的内容，那种例行式的"讲讲话、布置布置工作、喊喊口号"行为，早已腻歪死了员工，也就不会有什么激情的迸发，投入到与其理想贴合、契合的"伟光正"活动中去了。

所谓"抓点"，即让典型的人、物、事在塑造、开发、精深加工基础上成为企业最高境界的"产品"。毫无疑问，各种企业中，闪耀着人文精神光彩的类似典型大量存在并自然发生着，只是他们匍匐着低微的身躯、姿态，野草一样地在企业的地平线上默默生存，这种珍贵的职业精神、岗位意识不过是人坚持的一种"本分"。极其遗憾的是,人们极大的精力、注意力被惊天地、泣鬼神所吸引。"平凡中的不平凡"被当成口头禅念叨,人们无意识地砍掉了这句名言的双脚,并把它悬浮在了半空。

滋事是要就"点"造势,形成一种氛围,把标杆式的人、物、事的内容有序地、分阶段地传播开来,其中的一个关键是标杆伴岗。

(3)策略之术:创意。

高明的策略必然具有三个特征,即拍案叫绝的创意、令人信服的方案、促人期望的激励。

创意可以说是策略最耀眼的表现。好的创意能点亮人们的眼睛,其关键是具有让人眼前一亮的共鸣性、出人意料的奇绝性、令人兴奋的感慨性。实际上,每个企业都蕴藏着大量这种特征的创意资料、资源,之所以金创意稀缺,是由于表面化的泛滥、既成状态的默认、不出头的积习共同的扼杀,特别是创意苗的忽视与专注开发的稀缺所造成。

第七章
中国质量教育的制高点在哪

中国质量教育的制高点显然是中国质量制高点的一个孵化器。

伴随着中国经济强势崛起,中国概念、中国道路走向世界舞台中央,质量作为中国的表现与标志,其制高点自然要锁定在理论、方法、大师、模式四大方向,围绕"中国"字号的质量内容与表现体系,在概念、意识、知识、工具、行为、作风等方面,进行孵化、催化、固化、酵(母)化的"四化"活动,以形成世界文明进程中的中国珠峰。在"美国世纪"的20世纪,世界文明山系的质量主峰是由泰罗先生、戴明博士、朱兰博士为代表的质量巨擘组成的,他们为人类文明的发展贡献了质量理论、质量方法、质量体系,以及一个群峰竞秀的质量山脉,从而构造并贡献了质量发展的灵魂与工具。

任何思想理论、社会变革的伟大母体都是生机蓬勃的现实。在社会需求与满足的过程中,一次次历史性的验证,注定了它们的伟大与渺小、成活与死亡、正确与错误。不管这些思想理论、社会变革的自身命运如何,在文明的长河中,它们都要成为文明成长与发展的最基础养料与灵魂导向、发展路标,被教育的孵化器拿来,促生、繁荣、繁育着文明的形态。

一、质量内容的发展与中国质量教育现实的三大不对称

作为世界第二大经济体的中国,质量的进步是相当突出的,然而具有质量

博物馆特征的现实又是非平衡发展。面对国家发展由速度型蜕变为质量型的历史任务，这种不平衡的质量状态更为突出，有的内容甚至已成为持续发展的瓶颈。

这种非平衡性主要表现在：既有产品质量、管理质量、精神质量三大层面的结构性问题，也有区域性、内容性、速度性的不平衡，更有观念意识与精神系统层面的空白、错层、错乱、碎片。从层次上看，可分为：（1）产品质量发展与要求的挑战；（2）运行现实对管理质量的强烈呼唤；（3）精神质量地带的混乱与精神质量理论的巨大空白。

因此，质量水平的高速增长与不时暴露的质量丑闻，就不可避免地构成一种令国民不那么舒服的社会经济现象。

作为国家质量的镜子，我国质量教育的尴尬折射的显然不仅仅是质量本身的事，其主要表现在质量发展跟不上国家发展的速度与节奏，核心问题是被需求牵着鼻子走的质量，需要从被动地支撑社会经济发展，蜕变为质量引导、主导我国文明的发展。具体而言，我国质量教育主要存在着以下三大不对称。

1. 质量教育现实与强国目标的要求不对称

一个国家的强弱，不是单维度的强弱所能主导，而是政治、经济、文化、科技、军事为主体的强大即综合国力的表现。历史上的北宋，经济、文化强大到成为我国古代文明的一个高峰，却没能换来汉唐一样的雄阔与强悍，清朝的富庶也没有挡得住英国的坚船利炮；曾经强大的苏联，由于经济的短腿与结构性失衡，以及政治这个国家主导者的昏聩而最后崩解，日不落帝国的没落则是以上五大因素的集体衰变导致。不论是历史的还是近代的、现实的，任何强国的崛起，虽然由政治、经济、文化、科技、军事五大因素综合主导，但无一例外地都植根在教育之上。

如果说40年后国家的强弱在今天的小学课本上就能找到，那么20年后国家的强弱在今天的大学课堂上就在表现。

探究国家的强弱，横向上看是政治、经济、文化、科技、军事力量的问题，纵向上看，则是物质、知识、精神三个层面的健全性、强弱与增长速度的匹配性。一个国家，如果只有单项或单层面、多项（非全项）或双层面的丰富与发达，就很难说是一个健康的国家，健壮就更谈不上。

我国的强国概念显然是全向、全层面的强大。这就预示着在政治、经济、文化、科技、军事层面上，物质、知识、精神必须走向单项领先、全能领先的包揽。与此相对应，当前的教育现实与强国目标能对称吗？笼统而言，质量是国家的筋骨，那么，质量教育能适应这种历史要求吗？

2. 知识空缺与现实发展的不对称

没有理论的强大，便不会有真正意义上的国家强大。

在国家理论方面，我们除了在深厚的传统文化中汲取资源外，就是把目光投向西方。工业文明在创造巨大物质财富的同时，也带来了现代国家理论，东方古国焕发青春的国家理论诞生，才能有理论自信的依据。因此，理论质量就是绕不过去的内容，也是教材的必然依托。

这就提出了两个较为基础的问题：（1）我国理论生产的质量（数量已经不少，仅论文而言，中国的论文量已蹿升到世界第一名，引用次数方面，我国居于第五位）；（2）我国质量理论体系的质量。

教育首先要有内容可教。面对以上两个基础性问题，我们可以发现：

（1）在成熟的产品质量领域仍有大量内容空间待开发。

（2）人的质量、组织的质量、文化的质量应该是质量的三大主体，举目全球，这方面的理论还是比较稀缺的。

（3）质量教材体系，这是涉及文化质量、管理质量、产品质量三个层面，包括了质量思想、质量管理、质量技术、质量行为、质量结果等内容的学科体系。

（4）用质量眼光衡量我国的知识生产，其中有多少垃圾知识、残次品知识、低级品知识、高级品知识？已经成为口头禅的那句"是大国不是强国"要变成"是强国"，需要的充足底气，不是别的，就是知识。工业文明以来所形成的西方话语权体系，就是建筑在知识体系之上的，这是建立在思想理论、管理理论、科技理论之上，辅以经济、政治、军事、文化、法律、宗教等表现而形成的现代文明体系。

我国在迈向质量型国家的渐进性道路上已进入临界区，粗放型、数量性、控制型发展的历史已经在举行告别式。那么，知识的巨大空缺与现实发展的不对称性是迫切并逼人的。在欢呼"中国世纪"到来之时，我们所能看到的不应该仅仅是商品堆积起来的"中国概念"，而应该是文化（新老文化融而为一的中国文化形态，这是概念的灵魂）、理论、人才、技术、品牌、产品，以及政治、军事、法律等方面集成的中国形象、中国内容、中国思想。满世界都是中国货，在书架上、淘宝-亚马逊的线上书店里，能找到当代中国理论巨著的身影吗？

事实上，理论的缺位，已经严重地制约着我国的发展，由于理论万有引力一样的隐形力量不那么富于表现性，而常常被忽视、忽略，但一系列的现实问题都是源于思想理论的缺位、虚弱，从而导致精神的空乏、现实中负面的光怪陆离。

3. 质量教育现状与现实需求的不对称

显然，我国的高速发展迫切需要完整的质量人才体系，它起码包括了层级、专业两个维度的内容。然而，我国除了一所中国计量大学，截至当前，尚未有一所冠以质量大学名头的高等学校。质量如此之重要，在林林总总的大学群中，却没有质量大学，这应该不是匪夷所思的问题。其实，在2914所大学里，截至目前，设置质量院系的不足20个，在每年800万左右的大学生招生名额中，质量专业不超过1500名，每年毕业生不足500人（有10所左右大学的质量专业或院系是近两三年设置与开始招生的，尚未有学生毕业），这种可称为严重不对称的问题说明了什么——姑且不论这些质量专业毕业生的质量知识的质量、质量知识体系的质量和学习质量。

高等教育作为教育的顶层体系，道理上绝对不能放轻了质量的地位，那么，站在国家的层面，应该从教育、质量、市场（社会）三方面的交集，建构具有世界制高点的教育思想、教育体系、教育内容、教育模式，高等教育应该是人才的制造厂、储备库、充电场，天然地应该具有先行一步的功能。然而，不是中国发展快，质量教育来不及反应、跟不上发展的节拍与步伐，而是现实在不得不大量使用"代用品（半路出家）"的事实中一再地向质量人才问题提出了意见、建议、预警，以及用质量事件、质量丑闻这样的形式进行抗议。

高等质量教育，一方面是播种与繁育人才，另一方面是质量理论、质量知识的研究与生产，再一方面是研究教学理论、教学模式、教学方法，以适应信息文明时代新新人类日新月异的教育要求。如果说院校设置与学生毕业量是显性的不对称，其中，高等质量教育的以上诸种不对称才是关键所在。

国家发展模式存在着路径、内容上相同与差异的组合关系，这种关系可概括为四种：

路径 – 内容相同；

路径 – 内容不同；

路径相同内容不同；

路径不同内容相同。

由于中国的历史独特性，中国的未来显然与任何既有的路径、内容不会一样，因此，才能形成中国概念、中国模式、中国道路、中国理论、中国思想、中国文明，这种历史选择似乎有着一定的宿命，即它必须形成自己的体系与系统。质量作为一极因素，如果抽去了这个内容，一切都将像抽去骨骼的肉体而坍塌，失去了质量思想，就像一个神经失常的生命。质量教育不仅仅是这种健全性，而且要揭示组织（宏观、中观、微观）的质量规律、状态、水平。

二、质量教育的五大瓶颈

教育是有计划、有组织、成体系地对人进行调整和改变的动态系统。质量教育作为其中的一个维度，与当前的人性教育、知识教育、能力教育一样面临着无魂（真精神）– 滥为、空缺 – 空洞、隔离 – 滞后、苍白 – 隔靴搔痒的尴尬。有必要破解的瓶颈问题主要可归纳为以下几种：

1. 质量知识的稀缺与富裕

应该看到，质量界的几座理论大山形成之后，在奠定现代质量管理科学体系的同时，基本理论与方法再无突破，特别是在管理质量、文化质量领域，似乎成为一个完整的无人地带，质量理论的触角却没有涂划出相应的体系与轮廓。因仰视而忽视，由此造就多维度质量知识的相对稀缺。同时，活生生的现实在贡献充裕的理论题材与资料时，也强烈地呼唤着新理论的诞生。因为，大量的现实问号无处求解。质量三大主体的人、组织、文化的质量至今尚未有太多关注的光束，更缺少相应的成熟理论给予指路、领航。

事实上，人类文明的物性产品、知识产品、文化形态产品三大产品系列，除了物性产品有了相对较为完善的理论、工具、方法之外，我们很尴尬地发现，另外两大领域虽有零星的观点、思考、文章，但如产品质量领域那么丰富与完备的内容体系，几近于空白。

2.质量观念意识

没有观念，百事不成。观念的优劣一定程度上决定了走向与结局。当前的质量观念意识可以概括为以下几个问题。

（1）既有理论横亘，习惯于狭义质量观的路径依赖症患者，对于立体质量观的蔑视与抵触有如地心说遭遇日心论，虽然会重复由瞧不上到跟不上的轨迹，但别期望他们不一遍遍重演傲慢与偏见带来的落后、落魄。其实，产品质量不论理论、工具、方法，都远没达到极限。或者说戴明博士等为代表的巨擘们建立起来的产品质量体系，绝对不是质量的绝顶与天尽头，那不是他们期望的。纵向的代际发展，横向的内容丰富，深向的规律探索，有着无尽的空间可供后人攀越。实际上，在美国这条主线上，从泰罗的观点，到休哈特再到戴明、朱兰的系统，再到克劳士比的深向发展，就是一条演绎了一个多世纪的质量思想与理论发展的轨迹，而且随着产品的进一步发展，也必然带来产品质量的新课题、新思想、新内容、新体系、新工具、新方法。

（2）思想观念固化乃至僵化，以为产品质量的内容即"质量"的全部，而且体系、认证至高无上。一个聚焦于管理质量的"卓越绩效模式"，解决的是决策质量、执行质量、结果质量这样的母体性问题，却被拉进产品质量这样的"鸡蛋"性思维群中，当作解决产品质量的工具，这是迹近暴力的蒙昧错乱。

（3）职业定式。在质量管理方面形成遇事就要证据、文件、工具的基本定式，似乎质量就是制定文件，却没有将质量的触角前置到意识之中，表现在质量控制点的识别及其体系建立之上、对待质量问题的亡羊补牢之上、质量意识自然化－个体化之上，形成盯住后端就事论事、奖罚了事的浮表作风。

（4）思维习惯。质量思维赋予人的是一种透过表象看内因的能力，在动态、多变的数量化现实中，质量思维作为一种便捷的路径，能助人快速抵达问题的要因、症结、本质。然而，由于被多如牛毛的质量表层问题包围，将质量思维的深层历练阻断，而习惯性地停滞于表层的汇集、例行公事的思考。

3. 质量体制与机制的设计

有鉴于以上两大内容的局限，自然延伸到具体的质量体制、机制设计与表现。大至国家，中至城市、企业，小至个人、岗位、日常生活，在质量的视野里，几乎都没有从产品质量的思维体系中拉出来。虽然在行政上已经设置了首席质量官，但这个"首席"似乎只是产品问题名正言顺、堂堂正正的背锅侠。这个职位应有的立体性质的职能即首席质量官的"确权"，其权力边界应该包括了文化质量、管理质量、产品质量三个层面的研究、设计、决策、运行、结果的考量，然而却被促狭地定位于产品，甚至有的企业以为是多设了一个拿高薪的官职。至于大量的国家和地区，其质量机构的机能，也是产品属性下的设计。

客观地说，体制、机制并不是主要的原因，同样的庙宇，香火不同不是庙宇的问题，而是被供的神是否显灵。一切的过失都砸给不会辩解的体制机制，本就是推卸责任的思想和行为，于是满嘴体制机制的食红利者不会自责自己的过失与无能，反而将体制机制当作泔水缸、垃圾桶、替罪羊，可着劲地往里倒责任缺失的责任。

体制机制属于行政的内容，体现的是组织的质量水平，那种未加能力识别、能力开发与储备，在技术、业务方面一冒头就赋予官职的作风，是典型的官本位意识的表现。人是最具差别性的，也是最具可塑性的，但也别忘了专才、全才的区分，早已流行开来的智商、情商匹配论，较为清楚地解读了量才适岗的道理。行政能力也是专业能力，万金油理论只是诙谐的说法，只要有智商、有成绩就可以当官的学而优则仕、能而优则仕、效而优则仕的做法不是专业的 HR 管理。

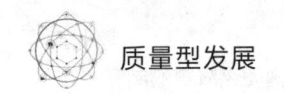

4. 人才问题

这是一个主体问题，质量人才更需要质量的考量。质量教育人才作为老母鸡，只有品种更加优异，才能造就优秀的新鲜质量血液。其中：

首先是教育导向的事，教育是向社会输送人性与能力复合的人，还是一批批地向社会批发学生，一批批地印制学习的证明（文凭）？其底牌是什么人才培育和培育什么人才，即师资与学生的问题，质量更偏重于实践和应用，要的是能干事、会思考、善于发现、长于解决的人，如果学校仅仅是用书本概念垫高人的个子，这是明显有违社会教育规律的。

其次是师资成长与孵化、催化路径问题，在质量人才严重匮乏的情况下，质量师资难逃短缺的命运，也就必然会出现"老母鸡都不行，下的蛋总体不行"的大概率事项。师资本来应该是两个基本路径，一是源于社会一线，有实际经历、经验，二是直接来源于学校的研究性硕博士研究生，他们偏重于理论的思考与探索。

然而现实似乎被动地堵上了社会之门，绝大多数的教师是从学校到学校。这些年一直广被诟病的中国教育，被剑锋所指的焦点是考试机器、记忆机器、高分低能、书本储备器。质量是一个实践性偏重的内容，质量师资从校门到校门（就业）本就有悖于质量的要求，而从书本到书本，一道围墙分隔出了学校与社会两个天地，即概念对概念的空空象牙塔、风尘激荡电光石火啪啪响的连续剧性的现实社会。远离现实早已将闭门办学判了无期徒刑。与此更甚的是留校任教的徒子徒孙现象，在放大学术近亲繁殖温床的同时，加剧着校墙里校墙外的距离与落差。

我国一些学者以23所知名高校的财经类院系的专职教师为研究对象，对高校教师的来源进行了调查。其结果显示，包括北大、清华在内的17所国内高校的987名教师中，有604人在最高学历毕业后，直接在母校任教，样本占比62%，64%的北大经济学院教师和53%的清华经济管理学院教师毕业于本院，中科大副高以上教师中54.2%的人在本校取得最高学历。"这种情况在海外极少见，哈佛大学经济学院47名教师中，只有1人最高学历学校是本校，芝加哥大学经济学院86%的教师从未在本校就读。学术领域的近亲繁殖不仅导致研究思想僵化，滋生论资排辈和家长制作风，限制和扼杀创新力量及其行为的出现，而且不利于跨学科的合作性研究"。

最后是人才的层级。学校要培养什么样的人才？人才规律早就摆在那里，并赋予学校最基本的职能，培养以下三种类型的人才：

（1）实用型；

（2）创新型；

（3）开创型。

质量人才的现实一如短缺经济时期产品满足使用的功能一样，只要有就行，供不应求而难以分出层次，所以，后两种人才不是不需要，而是更为迫切。这种层次化的质量工作者、教育者、学习者，不能因为现实需求的急迫性而失去管理的理性，陷入穷于应付的下螺旋、死循环。况且创新型人才不是课堂的杰作，至于开创型人才更是普世稀缺。但毫无例外的是课堂埋下种子，"师傅领进门，修行在个人"，看个人的造化，也看孵小鸡的老母鸡能不能下出引领未来的知识之蛋。

即便如此，在质量教育领域人才短缺的同时也同样有人才泡沫问题。据2003年统计，全国高校专任教师中有高级职称的教师占39.6%，其中包括为数不少的行政官员，他们很少甚至多年不从事科研工作。另一组数据反映了师资的科研能力，1982年我国研究生招生数1.1万人，1999年开始扩招，2006年研究生招生数47.5万人，是1982年的43倍，研究生规模迅速跨入世界大国行列，但学生综合素质明显下降，由此也不断引发社会对高校扩招的质疑。中国科学院党组副书记侯建国院士在中国科学技术大学校长任上时曾对此评说，近几年"国内大学教育高中化、研究生教育本科化的趋势已经出现"。在这种背景之下，教育人才的层级似乎瓶颈式地滞留于中低档水平状态，难以冒出在国内国际具有影响力的人物和成果。

"大学不在大楼而在大师"是地球人早已知道的，但知道是一回事，现实是另一回事。

5. 质量课堂与车间距离多远

由于课堂与社会不在一个平面，所以两者距离很近又很远，近到只有一堵

墙，远到几乎是另一个房间那般陌生。于是，课堂的趣味与鲜活变成不应有的枯燥、乏味。

课堂的生机显然系于在这堵墙上应有的两篇文章做得怎么样，这就是拆墙、筑门。所谓拆墙，就是拆除观念、知识、职能三大壁垒之墙，使学校与车间（社会）相融；筑门则是构筑人才、交流、知识、创意、服务之门，与社会互通有无，从而让课堂（学校）成为有源之水的知识殿堂，而非孤立于社会之外的知识岛礁。

车间（社会）永远是课堂的土壤，也是学校的第一课堂。毕竟社会在加速度发展，随着信息文明日益加速成熟，这种建立在光速基底上的文明形态，以远超工业文明的机械速度在运动，一方面在以难以想象的形式与速度颠覆既有的形态，另一方面，也在加速建构着属于它的形态、传统。置身其中的播种者，既要加速适应这种前所未有的变革，又要以播种者的责任，开启新形态下知识的天空。拆墙意味着融入社会变革之中，并以知识的触角，摸索出先知先觉者领先发展的那种功能，一定程度地引领发展。筑门是建构与社会发展相适应的职业门洞与路径，在与社会结合中，洞开知识发展、供给社会的通道：课堂是育种，走向社会的每一名学生都是一粒种子，学生作为课堂与社会联系的桥梁，贯通了知识与应用的两岸；而在为学生播种知识的同时，也繁育着新的理论种子。

父母赋予生命是第一次造人，学校赋予人知识是第二次造人，社会赋予人能力是第三次造人。所以，课堂与社会一旦零距离，学生就不是单体的知识载体，而是知识与能力的复合，意味着人的有效生命因此得以延长、生命的浓度与含金量得以加大，人对于社会的价值贡献得以增加。

课堂与社会的交合程度决定着人与社会的成熟程度。这种关系的基本定式是：

社会里永远的课堂三节课，课堂里永远的社会三座山，二者交叠并存。

前者是：体验、亮点、自我生存洗礼；

后者是：人才、知识、社会发展药引子。

三、任务：抢占质量教育三大制高点

质量教育在"传道授业解惑"的主体任务之上，还应该有三大任务：

（1）研究质量的规律与破解发展的质量问题。因为，任何组织都有生存、竞争、发展的质量问题。

（2）研究教育质量及其规律。

（3）成为智库。为国家与各级政府、企业及经济、政治、文化、社会等相应机构提供宏观、中观、微观的质量建议与解决方案。没有智库功能，学校将失去生命的一半。

对于我国迭代发展、驱动力升级的历史使命，质量教育的任务因为其缺位性、补课型特征尤其突出与繁重。

在全世界都认为危机是弯道超车的机遇时，要么弯道超车，要么直道换车，目的是绞尽脑汁让自己实现超越。因此，在信息文明拉平的同一条起跑线面前，质量的变轨、换频，在中国模式的启迪、激励之下，势将迎来全球性风起云涌的变革与抢道。另一方面，粗放性高速发展在成功实现速度换位势的目的之后，我国的国家战略已经明确启动新驱动力，其核心就是质量型发展。

质量型发展的道路已不是传统意义的产品质量属性，而是立体概念的质量观，所以就不仅仅是包括了产品质量、管理质量、文化质量三个层次的金字塔结构，而且还有物质、精神、文明三维生态的体系，以及生存质量、竞争质量、发展质量的三大表现。因此，传统意义的产品属性的质量观只是这种立体质量体系中的一个部分。

应该看到，世界文明的诸多问题，都是单维度经济指标带来物质文明极大丰富的衍生物，这种数量型发展虽然也被现实或理论赋予双文明（精神文明、物质文明）发展的名称，但是，精神文明在资本利益面前总是像个小媳妇，无力平衡本应平衡的关系，也就只有像绿叶一样陪衬着经济近乎独舞地表演，即使政府权力这样的社会公器，也要将屁股挪移给资本，并冠以"守夜人"的名头（西方关于政府的概念）。于是命运只有交给无形的手，让它忍受着周期性的阵痛周而复始地循环，这种胎带的先天缺陷，成为后天的社会经济文明难以跨越或摆脱的问题，它们构成了资本主义200多年周期性的经济危机规律。

中国道路胎带着中国"和合"的精神因子而呈现出一种崭新模式的形态，其最为重大的意义在于探索人类文明的另一条道路。虽然未来尚未可知，但作为思想与理论的先行，为质量提出了重新定义、实践总结、模式框定、理论梳理、思想探索、文化结晶的要求。"大学之道，在明明德，在亲民，在止于至善。"机遇如此，在产品质量、管理质量、文化质量三座山脉构成的质量山系中，基础层面，尽管产品质量的大山上几乎每一处都挤满了名动天下的人物，制高点上也分别屹立着朱兰、戴明、石川馨、克劳士比等巨擘级的大人物，山高我为峰，面对新文明，产品质量的山上不是没有下脚之地，而是依然显现出一个个空白着的制高点，管理质量、文化质量的山上则近乎处女地一样空白着巨大的空间，等待着人的到来。

面对文明代际切换的时代，中国大学的质量教育抢占制高点就具有使命的意义，这种制高点可概括为三个，即人才、教材、教学研模式。

1. 人才

我国的质量及其教育人才明显存在三个不足，一是数量性的不足，即巨大的需求与极其有限的供给能力严重矛盾；二是要素性不足，即管理质量、文化质量人才几乎为零；三是亟需诞生在国际上、世界范围内具有权威性、领袖性的人才，标志中国质量的时代、中国质量的世纪。

波澜壮阔的伟大中国复兴需要质量主导，作为人才孵化器的大学，明显需要在以下类型的人才山巅，造就并占据制高点：教学型、研究型、管理型、应用型、传播型，当然还有凌驾于此上的开山立宗性哲思型。

在过去 20 年间，以色列出现了 10 个诺贝尔奖获得者，他们不是美籍、欧籍犹太人，都是在以色列本土长大的。这是一个国土面积和北京市差不多大、人口只有北京市四分之一强的国家所具有的人才标志。有研究者将以色列的国家成功与这种现象归因为国民教育。另一个国家是日本，2000—2016 年的 17 个年头里，日本摘取了 17 个诺贝尔奖，从 1946 年算起，日本有 25 人获得诺贝尔奖。据称，被冠以"日本现代化之父"的福泽谕吉，一生最重要的事情是直接孵化、催化了 200 多位日本崛起的一系列重要人物，为明治维新的日本历史巅峰准备了执行者。他放弃了高官，精卫填海一样地在教育上倾尽了后半生。现代最懂得中国病痛的鲁迅，弃医从文的动力是"疗救国人的精神"，他用血肉之躯敲响的是中国天空中巨响的警钟，震动的是中国人的精神。他们的教育精神、国家情怀才是国家质量顶层中的原子核，任何国家、民族，失去了这种精神、失去了这种精神的伟大献身者，就只有匍匐于现实世界的尘埃之中，得不到起码的尊重。

2. 教材

我们找得到一本《质量学》著作吗？有质量学科体系吗？这是天大的缺憾，因为质量如此重要，这些内容却没有。而且，质量教材的现状一是可以用"逆差"这样的贸易语言状述，因为我们的质量教材、质量读物几乎都是"进口"的，二是代用品充斥。这种状况的严峻在于：（1）理论的缺位。中国社会经济已经成功超车的现实，更迫切地要求理论指导以前所未有的新动力驱动发展。（2）质量理论的中国化。低级质量问题、常识性质量问题、质量工作两张皮问题、质量工作尴尬问题、质量工作无权威问题等都是质量工作不质量的必然结果，其根本原因看是舶来的质量理论与中国实际的符合度，实际是国家的质量意识、质量意志、质量意图在质量教育上的断档。（3）质量人才断粮。所谓断粮不是无粮，而是深层次的知识粮食短缺。我国的质量发展状态貌似重复发达国家曾经的路径，实际却是独特的中国式质量，由于教材的脚本大量源于西方，虽然穿上了中国马甲，但距离中国化还有很大的距离，这种"面包＋牛奶"代替"油条＋豆浆"的形式，显然不适合中国人思维的胃口。

我国的质量教材需求当然不会止步于这种水平，而是要产生具有国际影响力的版本、样本，包括了产品、管理、精神三层次，所涉及的内容包括质量思想、理论、方法、工具、模式、模型，并形成中国质量案例库、数据库、思想库。

教材是理论的必然表现。需求的现实在为教材提供动力与丰富的活生生资料资源的同时，也在倒逼理论的发展。"二战"后，美国知识层面井喷一样地发展并走向世界，是美国软实力的核心层面，一个国家经济、军事的硬实力如果没有软实力依托，也只能是一个跛子。早在"一战"之后，与高速发展的美国硬实力相适应，软实力也得到了几乎同步性的发展，这是美国教育繁荣的前

提。美国故事为我国质量的教材提供了案例，虽然这是国家力量的表现，但质量理论、质量教材方面的力量更需要集聚、集成的现实，足以激励质量人的血性与理性。

知识是无国界的，但能力却有边界和天花板。中国社会经济发展奇迹早已撞开发展的天花板，期待的是理论跟上发展的节拍与速度。

3. 教-学-研模式

处于伟大复兴路上的中国，质量教育占据世界性制高点是避让不了的事情。

其核心任务是建构并形成中国式质量教育的体系与内容，骨子里是质量思想、质量规律、质量管理规律、质量教学规律、质量人才成长规律，表现形式是教-学-研模式，与此相应的是教-学-研机制。

其中，较为具体的两个问题，一是面对汹涌而来的信息网络，传统的教育模式也在发生深刻的变革，那不是将网络简简单单地架设到课堂上，或是将平板拿在手上，这场文明代际的革命，是思想、思维、思路的"三思"安插上信息文明的翅膀。金融的无现金社会、商业的新零售、交通（飞行器）的无人驾驶、城市管理的智慧化运营等还只是开始，就像蒸汽机、电的应用对农耕文明的颠覆。质量教育与教育质量的未来我们难以预见，却又必须要接受这种变革的命运。二是质量教育的科目设计、设置。显然由于质量体系的认知未站在顶端，这些内容还是局限于产品质量的层面，需要的是建立质量三层次体系的科目。

现实的世界，最大问题是太现实而不知远方；功利是必然，功利的最大问题是太功利而不知取舍的衡器。面对如此的现实，质量教-学-研模式的出路蕴藏在以下三大结合之中，即质量教育与现实、跨学科、质量哲学相结合，并在此过程中摸索形成其构成、模式、机制，以解决主体问题：人才产出、教材产出、教学模式的产出。

这里触及了教育的另一个维度问题即成熟度，也就是教育虚与实取向的偏执与融合性。这方面，北宋思想家、教育家、理学创始人之一张载的"为天地立心，为生民立命，为往圣继绝学，为万世开太平"四句，应该是最经典的解

第七章
中国质量教育的制高点在哪

释。不成熟的教育既有幼稚的一面，也有顽固的一面。如考量大学教育成绩的就业量、就职收入水平，考量师资水平的论文－著作量、论文－著作水平，出身来历、文凭等，其核心都是单维度的经济考量。也就不得不面对"李约瑟命题"与"钱学森之问"。

中国教育真的要被这两个难题难倒、问倒吗？它们深刻击打到了中国教育传统与规律的软肋，却非彻底地蔑视或颠覆中国的教育史、教育成绩。中国历史上虽然有着影响世界的大科学家及辉煌的成就，但人才与科学发展的"偏科"现象根植于重社科、轻自然的观念。自然科学发育的不良，直接影响近现代的现实，所以，一方面让钱学森之问有着现实的历史必然，另一方面，则是教育本身的迷失。近代中国不堪卒读的历史迫使站起来的中华人民共和国有发展的"焦灼感"，要想"站得住"就必须加速发展，焦点是大量速成实用型人才。所以，在一穷二白、百废待兴的基础上，"学会数理化，走遍天下都不怕"成为不得不为之的造人模式。改革开放之后，中国与世界先进水平的落差，再次催发展的紧迫感，于是偏科的教育思想也就再次不得已而为之地拿起"不是好办法的办法"办教育，适应综合性发展的教育思想、教育体系、教育模式、教育方法让位于现实的急需。

宏观上，全民痛骂现行教育"把活泼泼的孩子变成记忆机器"的同时，望子成龙的一个个家长们，都想要高分，以在择分录取的招生过程中胜出。这种成才的偏执观念与国家发展的单维度经济意识是"一树多枝"的表现，根子是国民意识、国家发展的成熟度问题。在经济实力垫高、强壮到世界第二大经济体的国家平台上，国民意识、国家意识、国家意志、国家发展的成熟状态，表现在主体协同性、个体多元性、多样性之上，典型是将"上学是升官、发财的根本选项"转变为褪去浮躁的功利意识，回归于塑造人性、知识、能力的三维本体，持续优化人文生态革固鼎新、激浊扬清、万象竞生的形态，让教育成为人文熔炉的教育，成为与政治、经济、社会、文化相互依存、相互独立而非彼此割裂、彼此对立的教育，成为教育属性的教育。

四、国民质量意识教育是质量型发展之基

十九大报告指出，我国经济已由高速增长阶段转向高质量发展阶段，正处在转变发展方式、优化经济结构、转换增长动力的攻关期。质量型发展，不是概念，而是国家发展的历史阶段，因此，作为国家意志，明确了历史新时期我国发展的根本目标、路径和方向。

那么，什么是质量型发展？如何实现？基础如何？

让中国人民过上好日子，源头是质量意识。从温饱到小康的历史过程是数量型增长的阶段，当温饱得到保障之后，心理型、知识型的需求就表现出来，老百姓的质量意识"需求侧"已经升级。同时应该看到，我国产品质量总体水平也在不断提高，全世界都是价廉物美的中国货是最好的证明。这是社会质量意识在商品价值规律作用下用脚选择的结果。

国家的质量型发展，所指质量不限于产品、服务、工程这些物性结果。质量可概分为产品、管理、文化三大层次，形象些说，产品质量是蛋，管理质量是鸡，文化质量是基因。国家围绕人的质量、组织质量、文化质量三大主体，组织人文、自然、生态三大资源体系，按照发展所需，现实或前瞻地产出物性质量、知识质量、文明形态质量。所以，质量型与数量型的根本差别是质量主导数量还是数量主导质量。数量型发展要素是速度、规模、机遇、盈利，特征是速度、粗放、不可持续，质量型发展要素是性价比、质效比、能耗比，基本特征是效能、精益、可持续。

面对这种历史性质变，怎样才能抓住国民质量意识教育这一质量型发展之基？首先，需要建立起相对较为完善的质量社会教育体系。其中，包括中小学、大学的学校是一个方面，另一个方面是面向公众的社教内容与体系。作为国家的责任，国民质量意识塑造与提升需要专业的质量教育体系和质量社教体系两个轮子同时转动。其次，政府的社会质量职能不能受限于产品属性的系统工作，而应包括顶层的文化意识、中层的组织治理与运营两大质量系统，其中重要的是营造质量环境。再次，质量型发展的主体是企业为代表的各种组织，这些组织是母体，其质量决定着其产出物的质量，企业等组织作为国民质量意识塑造的一个个熔炉、"据点"、桥头堡，其价值和意义十分突出。最后，质量

的社会舆论体系的系统性表现。国家质量意识的塑造，媒体具有翅膀性作用，但媒体只是个体，要组成媒体翅膀的世界阵列，需要国家意志的统筹、运筹。工业革命以来西方主导世界发展，除了知识体系，一个重要的因素就是舆论的世界性。

如何逐步转变并强化国民质量意识？塑造国民质量意识，关键是上述四大主题内容的系统行动、协同行动。首先是国家质量意志的表现，具体体现在政府的质量职能中，要强化国民质量意识塑造与导航的到位度、优质度、实效性，在质量的学校、社会建设中关键是内容、机制、模式、体系、人才队伍的形成，以及媒体的新闻自觉与社会管理如何叠合一致、企业等组织主体的质量自觉等。其次，着重加强质量学科体系的建设。国家应以国家行为组织国家有关部门、科研院所等，填补质量学科体系的空白，以及学校教育、社会教育两大体系的内容、模式、机制，特别是建立质量大学，以及在现有大学中设置质量院系、专业等。再次，加大政府、企业、学校、社会四层面专业质量人才队伍的塑造、建设、催化等，特别是首要决策者质量能力与意识的塑造。最后，全社会应一起着力营造人人关心质量、人人重视质量、人人参与质量、人人监督质量的强大质量氛围。

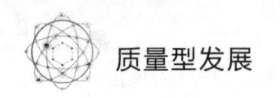

第八章
中国四重变革："双高"增长期之门

我国已处于又一个窗口期，其结果将指向高质量型、高速度型的"双高"增长。

事实上，高质量、高速度的一体并存并不矛盾，矛盾的是观念障碍。在高质量主导下实现高速度不过是"事半功倍"的一种表现，所考量的不过是对于系统的擘画、集成、驾驭能力与水平。中国的"双高"增长期既有基础，又有巨大空间，也有可资参照的先例。

这个窗口期，是三重文明形态叠加下的一种历史机遇。

首先，我们已经处在后工业文明向信息文明的过渡带上，即处在产业文明形态的交替期。如果说电脑的出现是信息文明的原点，那么，电子网络的发明、大数据的集成则是信息文明的成型，在后工业文明与信息文明的迭代期，这个世界发生了前所未有的进步，随着信息文明的深入，世界几乎冲刺一般地向未来狂奔，同时既有文明形态所具有的一切几乎都在发生着颠覆性变革。

其次，从社会文明的角度看，西方文明（以工业文明为核心内容）与东方文明（以儒文明为代表）消长并立的迭代期，现代化500年，工业文明300年，形成的西方文明创造了思想、知识、治理、工具、方法五大体系，因其建设性而有压倒性，因此稳定地统治世界。然而，在产业文明代际升级大环境中博弈的社会文明体，在竞生的过程中，一如不可测的风骚各领历史时期，以东方文明为代表的其他文明较之西方文明，时刻没有停留过探索、发展的步伐，在适应、变革、成熟的过程中，东方文明的复兴已是冉冉升腾。

| 第八章 |
中国四重变革:"双高"增长期之门

再次,我国巨量的潜力与成长空间支撑。在潜力层面,主要是以交通、能源、通信、科技、教育为主体的六大基础建设,在撑起国家发展的同时,也拉升着国家社会经济文化的基准线。如果说现代国民经济体系的完成奠定了国家工业化跨越,电视、冰箱、洗衣机家庭三大件驱动了国家改革开放前20年的发展,车子、房子、书本子(学历)个人三大事驱动了改革开放后20年发展,那么,八纵八横的高铁、逐步加密的普铁 - 高速公路 - 空中航路,"铁公基"国家三大事已不是投资拉动的问题,而是串联起发展全要素,在形成社会经济文化马赛克 - 区域生态 - 板块三级体系,活化能力的同时,产生一体效应,这是大一统的群体性国家所独具的能力。从梯度的角度看,粤港澳、长三角、环渤海、闽台四大湾区(北部湾区、东北亚被储备)开始规划与分区、分步实施,沿长江城市群、中原、成渝、关中、沈长哈、河套、天山北麓等城市群、经济带,以及与之相应的自贸区、拉起空间与不同成熟度的区域发展框架,形成了国家全域性质的社会经济发展格局。

成长空间层面,外部环境上,在一带一路擘画的空前愿景下,和平共生、全球共治、世界共赢的地球文明新形态已经呱呱坠地,搭中国的发展之车、仿中国发展之路(更具动力内生性)正在成为一种主流趋势,客观上"被输出"到广大的后发展地区;内部状态上,民生水平线升级、基础设施与城市化升级、科研发展将呈现发展的新三驾马车现象,它们当前小康型、"已有"型的低层次、低水平、低要求与发达国家的差距本就是巨量的增长空间,不要说人均,即使是国家群或洲域的平均线,也是巨大的落差。

最后,从量式文明层面看,数量文明与质量文明的迭代正在发生。应该说,截至目前人类都是活动在数量文明的体系之中,因为,在这一体系之下,数量几乎主导一切。尽管质量如影随形地伴随着生产活动的产生而产生,但作为一种管理活动的质量,一是其科学体系直到现在也没有完全建立起来,二是质量一直处于从属地位,支撑着数量的发展而非主导着数量进步。这是文明的极大缺失,历史已经几千年了,"没有质量,文明就是一地鸡毛。"但质量恰恰没有居于主导地位,显在地导演历史的发生、发展。标志点产生于2017年10月,中国共产党第十九次代表大会上,作为一个国家文明体,有史以来第一次明确提出了"向高质量转变"。数量文明、质量文明是基因一样双螺旋并

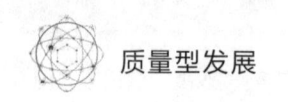

存于世的（姑且这样说），对于任何国家、民族、组织，质量由支撑地位向主导地位的转变，毫无疑问是打开了一种新文明形态的创造史。

面对如此窗口，可期望的是国家间的"速度之争"让位于"质量主导速度"的二维综合能力之争，预示着全新形态的又一轮高质量、高速度"双高"增长期的形成。自然地，对于任何国家都面临着经济、政治、社会、文化四重变革。一鞭先着的我国，在70年的高速发展过程中，异军突起于世界强国之林，自然地也将迎来新的爆发。

一、双高增长，新文明下发展的主轴

常理来说，任何国家不论处于何种状态，特别是居于领先地位时期，都存在着高质量成长、高速度成长的显能与潜能。因此，发展到一定程度就必然要降速的观念与理论不免荒谬。但其之所以能迷惑视听，主要在于将国家简单地类比于自然生命。似乎，自然生命的自然寿命曲线像一个难以逾越的法则。

其实，人是有三种生命的，即生理生命、知识生命、精神生命，在生理生命的寿命曲线之上，知识与精神生命有的会重合于或低下于生理生命的时间段，有的会远远超越而成为历史之炬照耀文明的发展几百几千年，所以，"在等长的时间轴线上，生命的重量绝对不同"——知识生命如祖冲之、郭守敬、牛顿、爱因斯坦等大学问家，精神生命如老子、孔子、孙子、亚里士多德、柏拉图等人文图腾级的人物。

国家的成熟并非意味着如自然生命的人一样步入中年、暮年。国家的年龄与自然生命体的自然寿命曲线有着本质的差异，其表现是国家的寿命几无极限（也有短命早夭的），而且会因为历史的机缘而一次次焕发青春。要明白，一个国家有着精神、形体、文明三重生命，成熟的国家是三位一体，卓越的国家会随着历史的发展而持续蜕变、涅槃，即具有完全的自我创生能力。

| 第八章 |

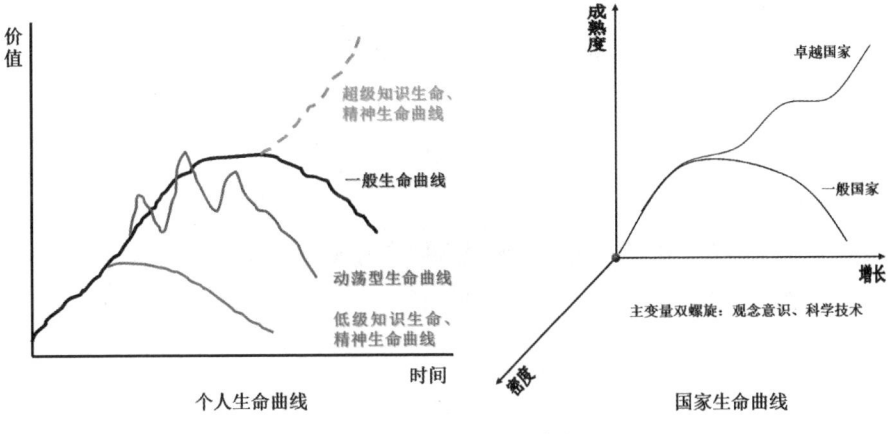

中国四重变革："双高"增长期之门

图 8-1 个人－国家生命曲线

国家的成熟有着稳定性、稳健性、开放性、持续成长性"四性"特征，这是由国家思想、国家精神、国家机制、国家智慧、国家行为主导下造就的国家进步表现，从而形成国家气质、国家格局、国家性格、国家品牌、国家风格。

这是国家"双高"成长的基础与"天命"，与此相应的是时间轴向横断面的三大空间与两大主变量，为"双高"成长提供了机遇与作用对象。

两大主变量是思想意识、科学技术，三大空间即成熟度空间、增长空间、密度空间。

中国作为后发国家，在工业文明的现代化进程中，于 2010 年成为世界经济规模中第二大的经济体，形态的庞大并不能够证明三个空间的填满、填实、强壮、领先。尽管我国是世界唯一拥有工业生产 39 个大类、193 个中类、525 个小类的独立经济体，形成"既能造火柴也能造火箭，既能造手推车也能造高铁"的产业经济景观，但这么多年来，"是××大国而非××强国"的"大而非强"成为极为流行的句式，从基本层面揭示了我国增长空间的巨大而非接近天花板。其实，即使达成时间横断面上的空间极限（地球上应该还尚未出现这样的国家），在科学技术面前，"一切的昨天都是渺小的，未来的天穹下充满无限可能"。观念意识、科技构成了"双高"成长的主变量，在硬、软、巧、锐的科技作用下，创生、扬弃、蜕变成就了国家的存在。

进而言之，三大空间存在于政治、经济、社会、文化四个维度之上，以此考量,"双高"成长对于我国也就不是天方夜谭。

如果站在质量经济角度审视这四个维度及其中的三大空间,我国在当前的窗口期若得以系统重构、再造、创新而达成三种文明迭代期初级阶段水平的观念、结构、策略,在经济层面,重回 GDP 的 8 时代,应该是走上了二层平台。

就城市而论,其作为一直以来的社会高端形式,之所以成为千百年来生民的幸福梦,就在于由村里人变成城里人而享有城市文明的一切成果。我国近70年来就是一个世界巨大的建设工地,说明中国的城市化进程规模之巨史无前例,然而,城市的物理空间在横向、纵向大幅长高、变胖、延长时,是否走向成熟?这是所有城市都难以底气十足地予以回答的。因为,在形体上,一场大雨就能瘫痪一座城市的现实,证明的是城市的残疾:光鲜的城市外表下,是城市地下内容的羸弱与短缺!"现代城市,一半甚至三分之二的建设在地下!"在 338 个地级以上城市、374 个县级市、1636 个县、35482 个乡镇、691510 个行政村,"诗意的栖居"要实现,恐怕至少是又一个 30 年周期、百万亿元计的工作量。那么,这是一种什么样的经济增长图景?

城市如此,但城市只是国家的一部分,尽管我国已有 650 多座城市,其中有 6 亿城市居民,但整个中国的成熟度较之当前的发达欧美国家,有着多大的增长空间?直截了当地说,巨大的人口、巨大的增长空间,构成了"双高"增长的物质基础,除非巨大的国家战略失败,才能将这种摆在家门口的可能葬送。

在粗放性的初期建设满足"有"之后,其后的精细化就必然要满足"优",城市的基础建设如此,已经迈向中高端消费的 3 亿中产阶层(还在势头强劲地增长)所带来的消费自然巨大,它们构成社会经济增长的份额也一定会大到可以惊掉外国人的下巴。

二、范式,中国两次变革两次高增长

一切都是历史的翻版,之所以感觉一切都是新的,是因为翻版穿上了"现实"的马甲。

第八章

中国四重变革："双高"增长期之门

中华人民共和国已经发生了两次变革，引发了两个高速增长期，有着世界级典型性的中国式高增长，按照30年的周期论逻辑，第一、第二个周期的跃升级增长，主因是国家治理模式变革，即将展开的第三个高增长具有"双高"特征。其中，第一次、第二次分别是文明代际、代内变革，第三次是文明代际的变革。

表 8-1 中华人民共和国的社会变迁

年代	1949—1978	1978—2012	2012—
变革	第一次	第二次	第三次
属性	代际	代内	代际
内容	农业文明→工业文明	工业文明：前中后三期叠加	工业文明→信息文明
特征	百废 – 百业 – 百空待兴振兴	完善 丰富 争先	无人区
特点	拿来 – 借鉴创新 一张白纸上建设新国家	借鉴 – 应用创新 锦上添花 纵横向创新	理论 – 应用创新 纵横深三向先发
特性	变道超车 起跑 – 并跑 从无到有 根基性	弯道超车 跟跑 – 并跑 从有到多 扩展性	换道超车 并跑 – 领跑 从多到先 开创性
概念	计划经济	社会主义市场经济	中国模式

1. 第一个30年：农业文明迈向工业文明

中华人民共和国成立之初，中国除了东部和内陆中心城市的纺织和一些轻工机械等，根本没有值得一提的工业基础，甚至连灯油都要靠进口。经过27年的高速工业化，中国成功建立了完善的工业体系。1952年，工业占国民生产总值的30%，农业占64%；1975年，工业占国家经济的72%，农业则仅占28%，工业总产值增长了30倍。其中，主要指标如表8-2所示。

表8-2 第一个30年（选取1952年和1978年做比较）主要经济指标对比

	钢铁	煤炭	水泥	木材	电力	原油	化肥	农药
1952	140	0.66	300	1100	70	0.0043	3.9	0.2
1978	3180	6.17	6500	5100	2560	1.04	869.3	53

单位：钢铁、水泥、化肥、农药－万吨，煤炭－亿吨，木材－万方，电力－亿度，原油－亿吨

基础设施方面：

公路：共完成了80多万千米（不包括遍布乡村的非油面道路建设）；

铁路：2万多千米铁路，其中绝大部分是穿越于群山峻岭和戈壁沙漠，使云南、广西、四川、贵州、青海、福建、新疆、宁夏、河套平原等结束了没有或完全没有铁路的历史；

水利：完成了主要大江大河的治理，兴建水库5万多座，库容在20亿立方米以上的31座，30座为1949年后建设。其中，淮河治理修建3400座水库。

27年，一个世界第一人口的农业大国发展成为从喷气式飞机、运载火箭、核潜艇到工业成套设备和所有农业机械无所不能造的工业大国，工业门类齐全程度、技术水平和开发能力在发展中国家中首屈一指，部分领域接近甚至达到发达国家水平。经济实力全球排名从1949年的第十三位上升到1976年的第六经济大国。

在世界范围内，农业文明向工业文明蜕变，先发国家已走了200多年，后发的我国站在时代的前沿，在国家治理模式与机制变革的统领之下，促使生产关系结构、经济结构翻天覆地性变革，由各顾各的一盘散沙自耕农模式变成国家系统的计划性模式，27年实现了农业国变成工业国，现代国民经济体系形成，并居于世界前列。

这是计划经济的历史功绩。内在上，中国的计划经济已经是中国化的，既有别于苏联－东欧模式，也不同于南斯拉夫。

模式与任何社会生命体一样有着生命周期，因此，生命体阶段的变革或种间变革如杂交、嫁接、转基因等生物方式就要发生，这是自然生物、社会生物

| 第八章 |

中国四重变革:"双高"增长期之门

本能性的选择,成功与否也并非冥冥天定,而是事在人为,内核是观念、机遇、策略,否则就将被动地循着生命曲线衰落下去,而且,任何的变革都具有失败的风险,即已成社会共识的"不变等死、变找死",要摆脱死亡风险,要的是向死求生,当然,机遇的窗口来了,能否有策略地把握、驾驭,考量着我们的智慧和水平。但中国在内外疑惑的打量中成功了。

2. 第二个30年:工业文明代内升级

在工业文明的前、中、后三个发展时期,我国的工业化进程是插位于后工业文明时段,恰恰这一阶段世界发生了指数级的增长即信息爆炸时代。在工业文明孕育不足、发育不足的情况下,我国连滚带爬地加速度追赶与超车,创造了以下的宏观社会经济发展业绩:

1978—2017年,155个国家/地区或各类型收入经济体GDP和人均GDP增速的排名显示,中国GDP增速位居世界第一,达到3453%,是美国的12.6倍、欧盟的16.2倍多、日本的15.6倍,是西方高收入经济体平均增速的13.7倍。

从人均GDP增速标准来看,中国同样排名第一,达到2381%,是美国的12.8倍、欧盟的12.4倍、日本的11.9倍,是西方高收入经济体平均增速的12.5倍,是所有发展中国家平均增速的8.9倍。

在此阶段,我国的社会经济发展呈现出社会经济的博物馆特征,即最先进、最落后的生产形式、组织形式并存,各种形态以各自的特征求生于现实,其核心是计划经济→社会主义市场经济。这场波澜壮阔的全世界最大的国家转型,包括了政治、经济、社会、文化等主导方面。

这场国家转型,揭示了一个核心问题:国家发展,只有超越对垒博弈意识,才能打破自我屏蔽,兼收并蓄中优质化发展。从显在的热战到冷战,隐在的硬战到软战,或者说从"一战"或更早的殖民战争以来,地球文明一步步地深入意识形态的新误区,由贵族-资本博弈到公有制-私有制博弈,虽然形势比人强,但最终一切都匍匐在规律的脚下。

不论西方主流声音如何区分、屏蔽计划、公有制、权力意志等内容,这些内容在其内部也是自然、必然地存在。拒绝计划经济、公有制、权力意志的国

家,"计划机制"、公有制、权力意志从没有离场,小自个人、家庭,大自企业、社区,超大自国家、跨国的各类组织都必须有这些东西的主导,它们的缺位对于任何国家、组织都将是灾难:一个没有公有载体、没有计划、没有权力意志的组织只能是杂乱、混沌。

3. 第三个 30 年:工业文明迈向信息文明

历史的差别清晰而突出,现实的界限模糊且平常。

中国的"新四大发明"中,支付宝、网购是信息文明的纯血儿,高铁、共享单车是工业文明、信息文明的混血儿。不论纯血、混血,中国在当今世界的现实环境中已一飞冲天。仅就支付论,如果说交子、支票的出现是不同时期的分水岭,那么扫码支付则是又一个时代的摧毁。

那么,下一个高增长期会是什么样?会是在常规的寿命曲线上重复演绎同一个现象吗?

据说张瑞敏先生提出了洗衣生态社会模式,即日常的洗衣将会是大社会化的形态:(1)千家万户的洗衣机将退场,取而代之的是社会洗衣中心;(2)洗衣中心会根据人的个性、生理性征、汗液酸碱性等设计洗衣模式进行洗涤,包括了水温、水量、水软硬度、衣物特征、洗衣剂的剂量、香型、去污强度等;(3)在此逻辑之下,通常的衣服不是穿废的,而是洗废的,即过度洗涤缩短了衣服的使用寿命与价值,如丝绸服装应该 60 次洗涤,由于不会洗,6 次即将服装的形制破坏而难以上身。

这种生态一经上市,所带来的社会效益无疑是巨大到质变。这当然是一种颠覆。(1)洗衣机产出量大大减少,这是最大的节能减排;(2)洗衣液、水、全社会劳动的投入量等集约化后也将是量的大大减少;(3)衣物将会寿终正寝而不至于浪费。可以说,信息文明之下的社会是质量型的,这是建立在大数据、大社会集约之上的新形态。相比于数量型的增量一骑绝尘、存量沉睡闲置、能量超大、规模超巨,质量型则是结构趋优、数量匹配、物尽其用的主体特征。

当然,信息文明的社会远不止这些,智慧化的初步发展已经揭示了未来的端倪。

| 第八章 |
中国四重变革:"双高"增长期之门

远端而言,那就是在人、机器人构成的二元世界,两者由单向替代、互补走向双向替代、互补,在逐步融合中,揭开新文明时代的前、中、后形态。人们对未来世界的担心有两个,一是谁统治世界,是机器人还是人?这种对立博弈思维,将让位于人类史以来的"佛魔一如",有了思维的智慧机器人也将会坠入"佛魔"之道,佛道、魔道的人、机器人会各自走在一起。二是人将来干什么?任正非说"生意终将死亡,唯文化生生不息",人类发展的本质在于创造文化,表现在发现规律,创造意识、虚拟网络两个世界(未来还会创造什么世界是未来的事),改造地球的现实世界,产出物质不过是活命的基本手段。

近端而言,信息化创造的超级便利、效率、去人化、去体力化等现象既横向扩大,又纵向深化,人类的生活、工作、学习,国家的治理、竞争必将以完全不同于工业文明的形态呈现。在初步智慧化的现实面前,城与乡均已有所表现,在相对成熟的城市层面,智慧交通、智慧医院已经让人们感受到了智慧化的魅力,随着智慧教育、智慧安全、智慧工厂等专业、行业领域日益深化地出现,人将回归本质性思考,"人类一思考,上帝就发笑",那时上帝或者就不去笑了。

对于我国,当以下的不均衡被智慧化的动能填平之后,中国才可能会真正地重回历史之巅。

(1)空间区域:东西-南北部、城-乡、核心地带与边缘地带;

(2)物质基础类:交通、通信、信息、物流、能源;

(3)人文基础类:文化、科研、教育、卫生、国防、法制;

(4)主体:人才队伍。

约14亿人口的巨大市场,约3亿人口的中产阶层市场,这是相当一个全美国人口规模的经济体,蕴含着多大的空间?而且,美国的现实对于明天的中国有着肯定的借鉴意义。

规模、速度、内容,作为数量文明的核心内容,带来的是效能、效率、效益百倍、千倍甚至万倍级的暴涨,一如工业文明对农业文明的优势;在数量飙升的同时,是质量的同步升级,核心是结构、境界、循环。随着电脑、网络、大数据的一体化应用,信息文明的开启,带来了质量文明的光临。

中华人民共和国的两次变革带来了两个巨大的增长期,第三次变革已经拉开，从当前的表现看，中国已经在信息应用方面居于领跑者的位置。良好的开端绝不会预示着见好就收，而是咬定青山不放松的执着与坚韧，千百年来，一直居于文明顶端的中国，造就了成熟的强大意识与心脏，面对复兴的千载难逢机遇，绝对会是牢牢地攥在手里。

三、课题：国家的四大重构

一切突破了临界，涅槃般全新的形态就会出现！

从速度层面说，如果农业文明是日速，工业文明是时速，信息文明就是秒速。在此趋势下，国家的重构已是迎面而来、不期而遇的课题。

对于任何一个国家来说，下面的这个表格都会是一个体检单，有多少国家能够填满？按照优良中差的层级评价，有多少国家能够达到优级的满额状态？

而且，面临着工业文明向信息文明的代际跨越，老皇历不治新病，既有的价值观、理论、模式、机制、人才五大主体体系能否适应新文明的要求？其健全度、健康度、健壮度、先进度四个维度上，是否居于全球的第一方阵？即使阶段性居于全球先进行列，面临文明发展的阶段性、代际性升级，作为规律，它们肯定需要重塑、重构、升级、升华。

国家的价值观、理论、模式、机制、人才五项因素构成了国家的基本要素体系，其中：

价值观是灵魂原点，具有定海神针的作用；

理论是存在及其发展的依据，有如导引方向的灯塔；

模式是战略形态约束，决定着兴衰胜负；

机制是国家的龙骨，承载着国家意图，一定程度上决定着其实现能力；

人才队伍是最具活性的因素，其水平高低、规模大小、能力强弱、全面性优劣，自然决定着发展的快慢、好坏。

理性如此，但国家处于动态，那么，在加速度的社会发展进程中，国家的生存状态首先是健全度、健康度、健壮度、先进性"三健一性"问题，其次是实施、实现过程中的灵活性即策略的高明性、实用性、有效性，最后是过程与结果的标志性。

表8-3 国家生存状态评价体系

评价	国家 优劣 1-2-3-4-5		政治 优劣 1-2-3-4-5	经济 优劣 1-2-3-4-5	社会 优劣 1-2-3-4-5	文化 优劣 1-2-3-4-5
价值观	要求 统一性	内容	中央	业态 业务	一致性 多样性	官方 民间
理论	统一性 阶段性 差异性		宏观 中观 微观	宏观 中观 微观	全局 区域 民族	主体 支系 地域
模式	统一性 多样性		中央 地方 特区	产业 产品	区域 城乡 社区	全局 区域 民族
机制	统一性 多样性		体制 机构 制度 标准 流程	所有制 体制 机制 标准 流程	机构 制度 标准 流程	体制 机构 制度 标准 流程
人才	统一性 多样性		性质 方向 层次 规模	性质 方向 层次 规模	性质 方向 层次 规模	性质 方向 层次 规模

与此相应的是国家重构的要素体系。

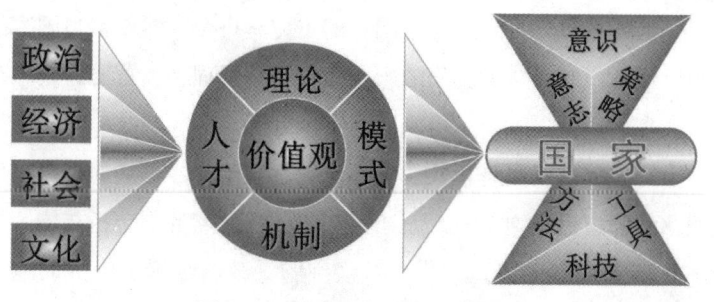

图8-2 国家重构的要素逻辑

任何的国家变革都是多重而复杂的！中国尤其如此，好在有着一脉相承几千年的文化，如万有引力一样，内在地决定着它的走向，驱动着每一个分子运动，而其兼收并蓄的开放性、包容性、自净化能力，为其内生力、内聚力、外张力持续几千年地供给着源源不息的力量！

国家富足，根本表现在民生质量的高涨性，决定富强程度与持续性的是国家治理的优质度！三重文明叠加的机遇窗口开放向任何国家，我们相信，已抓住信息文明门环的中国，会像高铁一样呼啸着奔向信息文明的深层、制高处！

四、央企的价值不止是赚钱

作为"国家队"，央企肯定要赚钱，但绝不止于赚钱。

这是央企的属性所决定的。

在民生型社会形态历史时期，央企应该是一个相对完整而非割裂的生命体。这个完整的生命体包括了社会性、经济性、政治性、文化性、科技性以及军事性。就企业的价值功能而论，形象些说，企业是——

社会发展驱动器；

政治强固支撑器；

经济繁荣发生器；

文化进步孕育器；

科技进步推进器。

可以说，在国家经济不富裕的时候，国企大面积亏损得让国家头痛，企业赚钱肯定是当务之急、首要之计，国企的主力军央企自然要承当国家经济打翻身仗的艰巨任务。承受转型剧痛的国企，在转型过程中，首要的是生存，即有能力赚钱让自己活下去，而后是为国家贡献利润。

在国家经济获得巨大跨越式发展的今天，曾经的亏损局面现在总体上已经几乎全面飘蓝，迈过温饱，进入小康、大康、巨富族的央企，在国家社会经济进入第三个转型期的时候，其作为社会细胞、政治细胞、经济细胞、文化细胞、科技细胞的属性与功能，需要全面地表现出来。

| 第八章 |

中国四重变革："双高"增长期之门

也就是说，为活下来而"赚钱第一"的生存本能，随着社会的成熟，要自觉而成熟地转变为承担政治责任、社会责任、文化责任、科技责任。

更深层次上，如果说30多年的改革开放基本完成了国家由政治型向经济型的大转型，那么，现在正开启的迈向民生型社会的大转型，也是中国走向富强型的一个必然阶段。

站在这样的基轴上审视央企的存在，才能透彻"赚钱显然已不是它的根本责任"的定位，因为，赚钱作为经济层面的事情只是基本的任务。

事实上，我们都知道央企是国家社会经济的顶梁柱。作为后发型经济体，要在追赶先发型经济体的长程赛跑中实现跨越，走原始自由竞争的路子几乎只能永远地定格在追赶者的行列中，现成的超越捷径就是集合国家的力量，在经济层面，一是中国式的国有大型企业的建设，一是韩国式的大型企业的催生。因此，央企不仅仅具有国家机器的经济责任，而且具有国家代表性的社会价值、政治价值、科技价值。

那么，国家最需要央企们贡献什么？

经验与效应。

它包括了创新、研发、绩效、精英、精神的内容。

其核心成分是观念、模式、方法。国家需要将央企的经验酵母一样地撒向全国，一是发酵企业们的活性，二是形成更多的酵母，三是最重要的，为国家探索和提供治理微观经济活动的模式与经验。因为，国家细胞强则国强。

企业的活力首先在于观念，企业的强弱则取决于观念、模式、方法集成后的内容的先进性。

那么，央企除了经济基础的加厚、能力的加强之外，在政治稳定与成长、文化建设与进步、社会繁荣与发展等方面，为这个国家还贡献了什么养分、经验、精神？

央企体现着国家意志，某种意义上说具有国家荣辱、国计民生的支柱作用。央企作为体量巨大的人文熔炉，在产出经济的同时，也在冶炼着人文精神、人文思想、人文憧憬、人文情怀，并源源不断地汇入人文之河，融入时代文明的河流，民族文明的长河。它们或默默奔流，或如大庆文化、鞍钢宪法、海尔文化、青藏铁路精神一样，形成耀眼的音符与标志，黄钟大吕般地标志着

质量型发展

一种精神，一种取向，一个时代，一段历史。

央企的根扎在城市社区、农村庭院，枝丫通过产业链、产品链，交织在利益相关各方的车间、卖场和消费终端，同时也覆盖在这些方面的上方。

这种社会属性决定了央企的社会责任，那么，在一个多元化、多向化的速度时代，央企能不能够蜕去权力垄断的罩衫，以社会公民的行为撑起国家意志？能不能够在市场的天平上平等地称量、公平地竞争？能不能够以管理质量、效益质量、智慧韬略、人文品质一领风骚，推高水平线？！

老话说，经济基础决定上层建筑。

后工业化时代、信息文明时代的国家建筑在企业之上。发达国家95%以上的经济是企业贡献的，对于中度发达或新兴经济体而言，企业的贡献要在75%～90%的水平。

现代国家的社会基础有三，城市社区、农村、企业。三者中最具组织性、活性的是企业。也注定了企业作为现代文明的载体、驱动器、发生器、孵化器的作用。

和平年代，经济是政治的命脉、文化的肉体、社会的基础。在教、研、销、供、产的持续循环过程中，企业为国家、人类文明输送着力量的养分、进步的因子、成长的源头活水。

央企们尤甚！

一个时期以来，国家对央企除了收钱、给资源（自然资源、政策资源）外，给央企们哺育了多少经验、模式、精神的乳汁？萃取出了多少绩效、经验、精英、精神的东西而升华为国家经验、模式、精神、理论、思想？让企业"自摸"是肯定的，孵化、催化是必然的！中国之有今天，不是摸着石头过河的实用主义哲学屏蔽了一切。

工业革命300来年的历史证明，世界性大国影响或控制地球的力量不是金钱一条腿，而是综合国力。战后崛起的日本曾狂妄地豪言，"我们用飞机、大炮没有办到的事情，让电器、汽车实现了"，事实上，商品只给日本换来了世界事务中的经济、文化等参与权，没有堆起世界事务的决定权。这和日本的非正常国家性质直接关联，也证明唯金钱决定不了一切！而且，高速崛起的日本经济，并没有堆起伟大的理论、思想，伟大的思想家、战略家、政治家。

第八章
中国四重变革："双高"增长期之门

金币筑不起长城，血肉构不成力量！清朝乾隆时期以前，中国经济总量独步世界，可富足的天朝上国最后沦落到被宰割、殖民、肢解的命运。

中华民族的崛起与复兴是一个长期的历史过程，没有经济的血肉，便没有国家的一切，只有经济的高度发达，才能让国家的力量强大。这是再明白不过的常识了，但血肉不是力量，只是生命力量之基。一个健康、强大的国家生命体必然是政治、社会、文化、军事、法律的优质复合物。

20多年前，中国给企业排名，500大企业中，烟草业约占1/10。今天的中国500强，前10名中，不是石油，就是金融。

数据揭示了国民经济的结构问题。

如果说中国的今天是民生杠杆撬起来的，那么，科技产业、实体经济、基础工业则无疑是国民经济的金三角，显然，当前的经济结构是失构、失衡、错位的。华尔街金融危机和当前美国的再工业化，其根本是国民经济结构高度畸形的结果与纠正。独领世界风骚的硅谷、微软、英特尔、苹果、谷歌……这些科技产业、企业没有撑住美国的危机，沃尔玛、两乐（可口可乐和百事可乐）、通用电器、通用汽车、波音飞机也没有挡住美国的危机……相比之下，中国需要什么样的经济结构、产业结构呢？

国家需要给央企定格社会公民的责任、使命、权力、义务了！

因为，央企不仅仅是印钞机。

质量型发展

第九章
中国质量：根本任务与出路

任何的崛起都是质量的崛起，和平崛起尤其如此。

这个质量已不是产品的问题，而是更高层级的管理质量、精神质量。如果没有精神质量、管理质量的崛起，产品质量就只能亦步亦趋地跟从在先进国家的后面，或者只能在同层次上争高下、逐先后、竞优劣。

因此，中国质量的根本任务是由支撑到主导中华民族的全面复兴。其核心是由质量被动性地跟从产品的发展，蜕变为主导社会经济的发展。

实际上，在文明史上史无前例的和平崛起进程中，新三大战役已经拉开帷幕，这就是路权、币权、话语权的竞争。"一带一路"倡议的底片是陆权与海权的博弈或者是速度代表的高铁、航母之争；货币的全球通用化是全球经济命脉的主导，美元经典地演绎了"二战"之后货币控制世界的历史；话语权是建立在思想体系、知识体系、财力体系之上的能力表达，工业文明300年的历史几乎是欧美的历史，随着信息文明新时代的滚滚而来，思想、知识、财力三大体系的重构与升级必将加重与强化话语权。

未来时期"三权"的主导自然是数量、质量、恒量合成的结果，就其性质而言，"三权"的掌握不是一己之私、一统江湖的霸权，而是国家、民族、宗教像自然界的生物多样性一样，相互尊重、和谐共处、平等共赢。所谓"三量"即数量的增长是文明的富足程度，质量的高低是文明的层次与境界，恒量的强弱则是真理与规律的探明与胜出状态。

和平崛起作为软文明形态，当然是理想，也是不折不扣的文明进步，与

| 第九章 |

中国质量：根本任务与出路

"真理在大炮射程之内"的硬文明形态完全不同。硬文明充满血腥、暴力，以战争、屠戮、殖民、掠夺为基本特征，软文明不仅仅是微笑，更本质地表现为公理大义之上的互利、互惠、互补、互助。

有鉴于此，中国质量的根本任务与出路在于清晰当前问题、聚焦核心任务、解决关键所在。

一、关于质量的再认识

没有质量，地球将会怎样？

在质量的完整体系里，产品质量是蛋，管理质量是鸡，文化质量是基因，这种层次只是立体质量体系的一个方面，另外两个方面是质量维度、质量表现，它们构成了质量"三维、三层、三表现"的全部（见图3-6）。

在立体质量概念下，（1）质量层次，指产品、管理、文化三个层级。（2）质量维度，包括了物质质量、精神质量、生态质量。物质质量具有对象、承载、表现属性，主要指资源、结构、层次三个方面；精神质量作为国家、民族的灵魂维度，主要具有基因支撑与发展导向作用，具体指思想质量、意志质量、智慧质量等要素内容；生态质量是指自然生态、社会生态、文化生态。有形的自然生态只是生态的一部分，隐秘其后时时触碰的社会生态、文化生态才是主导，在地球变小趋势加速的前提下，国际人口大流动、高速流动自然带来社区、地域、城乡、民族、种族、宗教、文化等社会生态、文化生态日益迫切的要求。（3）质量表现，分为生存、竞争、发展质量三个问题，三者都有高低、优劣、强弱的差别。

应该指出的是，工业革命以来的质量学、质量经济学、质量哲学都将焦点聚集在产品之上，并蔚然形成一门学科，全世界数以10万计的人成为质量专业工作者，一方面是以戴明博士、朱兰博士、克劳士比教授等为代表的质量巨擘，拉起绵延的质量文明方法与理论的山系，一方面是国家行为的质量奖项如日本的戴明奖、美国的波奖、欧洲的质量奖等风生水起，国家名义、地方政府名义、企业名义的质量大会一场接一场地在这个世界举行。无疑，质量像神一样地支撑并加速了工业文明进程。

然而，更具决定意义和价值的管理质量、文化质量倒像挂了空挡，没有名分，成为熟视无睹的对象或所有失误无解的黑洞。不仅如此，"质量"还忽略了人的质量、组织的质量（宏观的社会、国家、民族，中观的企业、机构，微观的家庭、岗位、团队），思想与知识的质量。宏观如国家的质量，条的内容主要指政治、经济、文化、社会、科技、教育、法律、防务、外交等九个方面，块主要指空间区域的城市、地区，时间区域的历史阶段。中观如企业的质量，其条的内容主要指人、财、物、产、供、销、研，以及表现性的品牌、信用、安全、质量、环保、风险，内涵性的概念、理念、模式、机制、作风；块的内容主要指中心、基地、分部、分厂（公司）、车间、项目等。不论条、块的性状、边界、境界如何，一个共同的构成是从低到高的层次、从内到外的层面、从生到熟的层位、从下到上的层级。

这种一叶障目不见泰山的质量观，不能不说是一个历史性的错失、漏洞。关于质量，可以说我们只是揭开了冰山的一角。值得庆幸的是，在质量领域，中国等后发国家与先发国家站在了同一条起跑线上。

从经济发展维度看，2010年中国GDP超越日本成为世界第二，这一年中国制造业超越美国，跃居世界第一，这是里程碑意义的事件，其价值不在于排位，而是标志着一个东方国家超越霸榜100多年的美国，全面完成工业现代化。其中，在500多种主要工业产品中，中国有220多种产量居世界第一。据韩国贸易协会国际贸易研究院所统计，在全球出口市场占有率排名第一的产品数量中，2012年中国以1485个排在世界第一，比排在第二、第三的德国（703个）、美国（603）之和还要多。

中国制造日益凸显全球市场的影响力，突出表现在两个方面：（1）货物出口，1950年中国出口额5.5亿美元，1978年上升到97.8亿美元，2015年达到22735亿美元，是1978年的232.46倍，年均增长16.89%。（2）世界出口总量占比。1950年出口额全球占比0.89%，1978年0.76%，2015年12.67%，成为全球第一大出口国、第一大贸易国。其中，最具说服力的是高新技术产品，2015年出口额已连续三年超过6500亿美元，占出口总额的近30%。2004年作为拐点，由贸易逆差变为顺差，2015年高新技术产品顺差占中国贸易顺差总额的18.04%。这意味着中国产品正在从价值链低端向高端迈进。

中国的崛起已是势不可挡的必然，然而，在辉煌成就的背后是不时爆出的质量丑闻，那么，在中国崛起的历史进程中，质量的核心任务是什么？

二、清晰当前问题

质量是生命，这是尽人皆知的道理。

然而，质量如此重要，在共和国院士的行列里，却没有质量的身影。这面镜子道尽了中国质量的尴尬。这不是人才稀缺，而是质量精神、质量学术、质量观念的空洞，也是国家层面质量理论与现实的背离。

另一种背离是质量现状，从产品层面看，我国质量的基线已经从中低端快速向中高端、高高端游移，伴随着产品经济的暴涨，整体质量也在大幅度提升，这是中国货走向世界的根本保证。有高山就有峡谷，不时曝出的质量丑闻，也在一次次揭开国家质量不健全的疮疤。

——产品质量的毒疮，疮是产品，毒在管理，毒源在基因属性的文化。

具体而论，中国质量问题的主要根源在以下五个方面：

1. 站位低

这主要指质量管理的思想理论方面，尖刻地说，是理论缺位。

中国的质量，首先应该向优秀企业敬礼！因为，为了更好地生存，它们被市场逼着、牵着，成功地实现了中国质量由跟从者到超越者的角色转变，先理论而行的中国企业摸索着已经站在不同的质量高地，可是，我国的质量理论却被甩在现实后面，似乎只是充当着学术二道贩子的角色。

质量理论在当今的理论群山中，是一道深深的峡谷。

地球文明发展到今天，质量成就让人目不暇接，质量工具、方法、经验等实用内容可谓琳琅满目，产品质量理论既有开山之作，也有里程碑意义的巨著，然而，在管理质量理论、文化质量理论、质量战略理论、质量经济理论、质量哲学理论方面，遑论名篇雄文，就是一般的著作也不多见。在民族复兴的伟大历史时期，理论是绝对不应该缺席的。

理论是行为的 GPS。用来指导现实的理论，不应该只是诠释现象，它只有走在现实前面才叫真正的理论。其中，理论的精神是极其伟大的，作为指路者它们总是要前进到无人区里，把路给探查、勾画出来，还要让尽可能多的人知道这里有路可走。这就是古人所说的"知难行易"。

这方面的典型是戴明博士，他为了将自己的质量管理理论推销给这个世界，可谓备尝郁闷，在美国碰壁之后开始周游列国，最后终于在东土找到日本，其愿望才得以实现，与此同时，也开始了美国的必然厄运，在日本经济咄咄逼人的攻击之下，直到 20 世纪 80 年代，才实现美国式出口转内销。

不论是戴明博士故事的黑色幽默，还是我国的质量历程与现状，一个基本的问题是国家的质量精神、质量战略、质量意志跑到了哪里？指导行动的理论为何如此尴尬地缺位？

2. 单维意识

指标压头！这是相当普遍的感觉。

正是压得人抬不起头的"人人头上有指标"，聚变了财富创造力，让中国质量的高歌猛进可以说是由下向上逆袭式的，甚至于说企业来不及进行系统的质量体系思考与准备，就在市场的裹挟之下，聚焦于产品质量之上而异峰突起于世界。

指标并没有错，错的是唯经济指标下的 KPI。

中国企业的这种表现，是作为后发者的关键选项，在一个需要奔跑着更换裤子的时代，一方面需要从容地思考、筹谋，一方面需要敏捷地识别并抓取一切真正的机会，奋不顾身地变现，中国企业成功地实现了后者。中国的崛起就像一场世界大战中的一方，枪林弹雨中，伴随着大量战士（企业）的伤亡，蜂拥而来的中国企业军团大踏步地将中国战线向前推进，于是中国赢了。

这种"干了再说"的机会主义式单维意识，其成长能够持续多久？置疑不是否定，而是更深层次的思考：中国崛起，必然有代价支付，能不能将代价最小化，也就是让中国崛起更优质些？

一方面，从更高的层面要求，卓越级的企业必然是站在系统的顶端，一览无余地指挥起宏大的经济活剧，让自己不但强势攻城略地，而且走在世界的前端，实现从优秀到领袖、从标杆到标志、从模式到制式的转型。

另一方面是国家的质量责任。不论什么样的国家，毫无例外都是国家利益至上。那么，国家除了主权保障，还有导向、支撑、哺育的基本功能，在质量领域，国家的质量意识就不仅仅是产品质量这个焦点，这是经济质量的载体、结果、表现，还有管理质量、精神质量两个层级。就国家的质量而言，还有文化、政治、社会、科技、法律、国防等六个维度的内容。具体而言，还有人－组织、思想－理论、活动－结果三个基本系统及其构成内容的质量，它们构成了国家的全部，既内在地决定着国家存在的优劣状态，又在国家质量导向、支撑、哺育、保障的作用下，异彩纷呈地表现着、标志着国家质量的程度。

3.产品思维

只要有产品就有一切！这种狭隘的产品－市场－经济－效益观，从微观上看，好了产品，却毁坏了社会经济生态。

产品思维是单维意识的结果之一，产品质量俨然成为质量的全部。其典型表现是在经济管理领域置更多源头性、决定性内容于不顾，一切都是产品！只要有产品、好产品就行！这种唯产品主义的行为，是以举国之资源、之力造就产品、造就好产品，展开的是近似疯狂的为产品而产品的活动，其他都在被动地围绕着产品运转。于是，在产品构成的商业潮中，由种植产米，到吹糠见米，再到伸手抓米的"短平快"，加速度致富的财富观酿造的是同类化、同质化、同层次白热化竞争。

产品是文明的终端内容，产品思维的偏执，是在经济的大棋局上，把产品卒子当成棋局的中心和全部棋子。当产品思维的引擎是致富时，开足马力的产品机器轰鸣着牵引起支撑产品的因素；当产品思维的引擎是文明时，开足马力的产品机器轰鸣着推高文明的基准。

解剖开来，产品思维是三维构成的，即：

"你无我有，你有我优，你优我转，你转我特"的引领性产品思维，这是苏南现象产品思维的哲学骨髓；

"你少我多，你多我快，你快我精，你精我截"的博弈性产品思维；

"我多你多，我快你快，我精你精，我强你强"的共赢性产品思维。

社会主义市场经济几十年，资本主义几百年，产品思维并未完全走进这个三维体系。

4. 精神失导

从国家主体上看，质量精神由系统的内容体系、发展体系、传播体系构成。这是质量的灵魂，它与质量内容、质量组织共同构成了健全的国家质量系统。然而，国家质量精神的内容体系、发展体系、传播体系是什么？

中国质量水平线持续抬升与不时爆出丑闻的悖论，在揭示了质量精神病谜底的同时，也揭示了来自社会文明的精神生命力。

中华文明得以绵延几千年，核心是她的精神从未中断。质量精神作为这种文明的骨髓，通俗地说就是匠人、匠心、匠气的世代传承。在机器代替人、财富霸场、比拼暴富速度的阶段过程中，不可能也永远不会退场的精神，似乎一度落寞地从主场走进了时代的角落。

这种文化精神、商业精神、产品精神从宏观到中观再到微观的主体隐退，不是历史开的玩笑，而是跌宕起伏的规律。工业文明的标准化不会屏蔽产品精神，相反它更迫切需要精神的充实，但是——

（1）需求与现实的背离，说明的不外乎两个层面的问题：精神的失职、精神的不适应；

（2）质量提高与质量丑闻的悖论，说明的也是两个层面的东西：市场自觉者的精神坚守与孜孜追求、市场自然者的游魂飘荡。

5. 国家角色

政府不是守夜人。

在世界上经常被拿来讲的国家质量案例，一个是日本，靠质量改变了国家命运，一个是美国，靠质量实现了复兴。二者显然相同也不同。

相同是皆以国家的名义设置质量奖。作为一种国家行为，引信一样引爆了国家资源，并聚合于国家强盛的主轴之上。它们的引爆当量是巨大的，成功地贯彻了国家意志、意图，也溢出国界，造就了广泛的国际影响。

| 第九章 |
中国质量：根本任务与出路

不同的是日本的质量革命，革的是产品质量的命，美国的质量革命革的是管理质量的命。二者比较，体现了国家的境界层次与创造能力。先行的日本，聚焦于产品，将产品做到了极致；落后了37年的美国，聚焦于管理，将管理达到了新高度。这种非同层竞争、非对称博弈的思维更为高级。

那么，一个个意欲"质量强国"的国家，是亦步亦趋出了质量的效果，还是有其形无其果，抑或是超越日美，创造了又一个国家质量的经典？

政府是国家的法人代表，需要举国家软、硬资源能力，高质量地驾驭、运营国家机器，智慧地组织、协调、实施，聚合力量，创造出高质量的文明形态与水平，让国民尊严、富足、幸福、安全地享受好生活。

三、聚焦核心任务

中国质量要承当起主导国家发展的历史使命，其核心任务是建构"三层、三维、三表现"的立体质量体系，基本内容如图9-1所示。

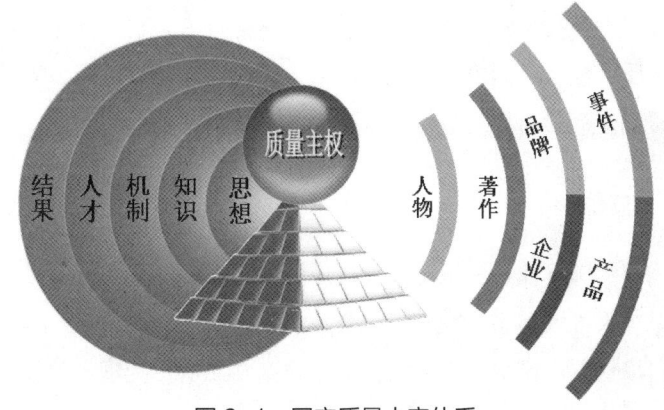

图 9-1　国家质量内容体系

1. 一个核心：质量主权

一个出口产品的质量认证如果没有进口商指定的机构认可就不能交易，看起来是质量水平的惯例，实际上是典型的质量霸权、质量歧视与质量主权沦丧。带来的是商品价格的低下、商品身份的低下、国家身份的质疑等非平等问题。

另一种典型是已经习以为常的事情,即成为大品牌的供应商,要接受采购商每年一度、两度的检审。一方面是先进带动后进的共赢,以促使供应商有效保障供应品质、数量、交期,另一方面是对供应商的不信任,对落后的蔑视与侮慢。

国家的质量标准就是一个国家的经济长城。上述的非平等问题在于出口国没有标准或是低级标准达不到进口国的水准,所以进口商不得不采取这样的方式进行经济活动。

事实是如此残酷又毫无办法,人为刀俎我为鱼肉,一切随他摆布。如果说适应过程中如此还可理解,"落后就要挨打"言犹在耳,为了崛起忍辱负重是策略,那么,已经崛起的中国应该拥有这样的主权。

主权是国家独立自主基础上相互的认可与尊重。构成质量主权的当然不止标准,还有质量法,以及凌驾标准之上的思想理论软实力、硬实力,具有国际权威性的质量组织与机构,体现标准优越性的产品优质度、优质率。这是国家实力、品牌实力的内力。

登高壮阔天地间!强大质量主权当然是国家行为,它需要建立在国家质量纲领、国家质量模式、国家质量机制之上,而国家的质量意图、质量意志、质量行为、质量使命,自然也是每一位公民的基本责任。

2. 五大体系建构

一个国家的国际质量权威度,没有质量思想、质量知识、质量机制、质量人才、质量结果五大体系,仅靠思行合一、一以贯之、持续深入实践是形不成的。因此,横亘在中国崛起面前的任务是如图9-2所示的国家质量体系。

| 第九章 |

中国质量：根本任务与出路

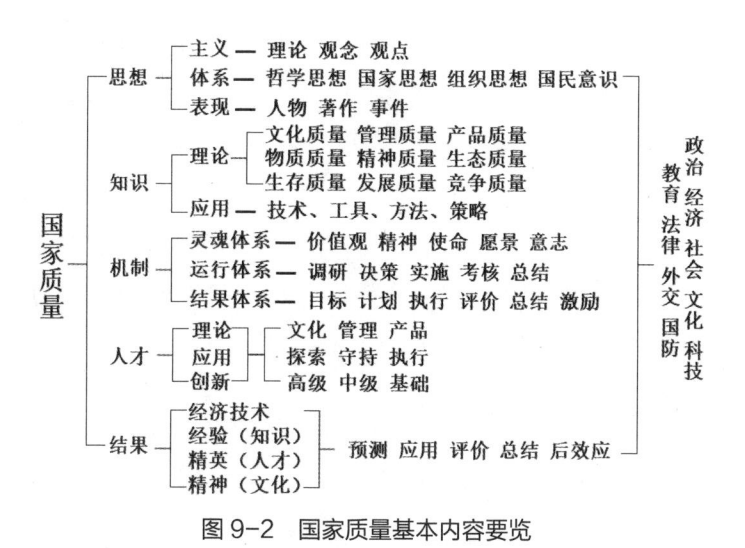

图 9-2　国家质量基本内容要览

——质量思想。世界质量管理三巨头戴明、朱兰、克劳士比都是以质量思想名世的。作为质量思想体系，主体框架应该是：哲学质量思想→国家质量思想→组织质量思想→国民质量思想。具体分为主义、体系、表现三大部分。

——质量知识。文明的顶层竞争形态是思想与知识的丰富与发展程度。在质量知识层面，就像人类不清楚自己的大脑一样，质量知识还相当苍白。关于质量的理论，在层次上，管理质量、文化质量亟待填空，三大文明维度、三种表现形态以及质量技术、工具、方法、策略等应用方面，嗷嗷待哺的现实同样期待着满足。

——质量机制。在产品质量领域，质量机制虽然相对完善，然而质量的尴尬却是随处可见，一票否决的严厉、检验机制的摇摆、体系的博物馆化存在、一体的数量－质量关系变异为对立、以罚代管的粗劣，骨髓一样重要的质量机制就好像一件可以随手丢掉的衣服，这种悬浮状存在的质量机制显然"不质量"，立体质量体系的机制是要根本性改变这种状态，将质量基因植入国家体系，形成灵魂、运行、结果三位一体的机制系统。

——质量人才。现在的质量人才是以产品为中心形成的。因此，适应立体质量体系的要求，国家质量人才的体系化应该分为理论性、应用性两类，文化、管理、产品三种，高中低三层人才，这些人才分布在政治、经济、社会、

181

文化、科技、法律、外交、国防7个支系，其中，首先应充实的是政府、企业、科技、社会。

——质量结果。单维度的经济结果指向已经极大地让现实社会发展失衡，不完善的过程总是让"管理"在低级重复的轨道上奔跑，这个不完善的过程是指没有总结和后效应的开环体系，任何优秀组织，都是调研—计划—实施—绩效—总结的闭环结果。因此，质量结果包括内容的4J维度体系、结果总结与后效应体系，4J维度即经济、经验（知识）、精英（人才）、精神（文化）。

3.六大标志表现

最具国家质量代表性的，是伟大的产品、品牌、事件、组织（企业）、著作、人物。所谓伟大，可以简单地理解为具有国家-民族标志性、时代标志性。我国需要这些内容！

美国的"思想理论产业"是全世界最发达的，在全球范围内，从国家治理到家庭管理，从社会学到市场营销学，从竞争战略到企业文化学，几乎无一不有美国学者的著作占据鳌头、占据压倒多数的份额。这是"美国世纪"的根本保证。

与此相对应，国力快速发展的中国，却没有这种能力的匹配式发展。2016年，中国的西南财经大学经济与管理研究院院长甘犁先生统计，2010年以来在TOP5期刊上关于中国经济问题发表的文章40篇，占比只有1%，这些文章的作者100来位，其中只有20位本土学者，加上海外华人，也只是40个左右。中国经济的GDP在全世界占15%，1%的文章与15%的GDP，显然是不匹配的。

产品已经成为中国的代名词，在世界上几乎毫无异议，具有品牌意义的伟大产品如高铁、杂交水稻、核电、移动支付等也已经震动世界，改变甚至颠覆着生活方式。中国产品就如蚂蚁军团一样漫山遍野地、执着地扫荡世界市场，这是中国产品冲击波，接下来会是第二、第三波冲击。

微软、苹果之于美国，奔驰、大众之于德国，丰田、索尼之于日本，高铁、路桥之于中国，这是产品、品牌、企业层面。就事件而论，戴明奖、波奖、诺贝尔奖、奥斯卡奖都具有国家、国际、世界的权威性。人物与著作是紧

| 第九章 |

中国质量：根本任务与出路

密相连的，质量三巨头以其终身的努力和著作成就了质量发展的高峰，戴明博士的《领导职责的十四条》《戴明论质量管理》、朱兰博士的《管理突破》《质量计划》《质量控制手册》、克劳士比的《质量免费》《质量无泪》——（1）这些不朽的大作，终极指向是产品；（2）日本质量崛起居功至大的是石川馨、田口玄一等为代表的人物，他们创造了质量工具与方法。（3）在管理质量、精神质量领域，以及更为深广的质量哲学、质量科学、质量经济学、质量文化学、质量社会学等众多层面，伟大的著作几乎还未出世。

由此不难掂量出我国质量任务的艰巨与迫切，我们只有开拓，没有他途，更没有退路！

四、质量精神强大，质量才能崛起

几乎任何企业都明白"质量是企业的生命"的道理，一方面，质量无处不在，即使造假也有质量，以假乱真不仅是能力，主要是质量精神的作用；另一方面，质量既是选择，也是一种意志、一种习惯，意志的任何波动摇摆，都会表现在产品之上，最终形成企业的命运状态。

那么，质量精神如何形成？有没有一定的规律性？

质量精神是企业精神的一项支柱性内容，职能是企业质量管理的灵魂。反过来，企业精神、企业家精神也有质量高低优劣的差异，精神的优劣自然决定生存状态，直接影响着管理运营质量、产品质量、效益质量。其中有两个问题，一是高质量的精神具有雪球效应，开始备受艰难曲折，但具有长久性、能够良性循环，劣质的精神是浮躁、浅薄甚至居心不良的产儿，一般表现为当下意识、机会意识、游击意识等，一时能够得手，一般不具有可持续性。二是质量精神会发生向好和向坏两个方向的变异，影响因素一般是形势胜人的所迫、换人、个人变异三种主要情况。不论向好还是向坏变异，企业都将发生巨大的变化，要么活得更好，要么活得越来越糟，甚至被市场蒸发掉。这和一个正常人发生精神分裂症的状态是一样的道理。

精神有"瘾魂"的称谓，是一种看不见、摸不着却能感知、被左右、难抗拒、受强制的意识体系，具有决定行为的灵魂作用，由价值观主导感知与思维判断，在观念、使命、愿景三因素内核定式作用下，形成意见、态度、形态、现象等具体表现。其一个特征是可塑性。大量优秀的企业，其质量精神的形成与发展都不是与生俱来的，而是在不懈追求质量可靠性、稳定性的过程中，持续地积累、加工、塑造、规范，形成独具自身特色、特征的质量精神体系，进而化为一种富于个性的质量文化现象。要知道，优秀的质量文化具有宗教般作用，那是员工发自内心的虔诚。

很多曾经优秀的企业，十分可惜地消失在了社会市场的视野之外，不少是因为质量问题，包括文化质量、决策质量、产品质量，有人称之为"质量中断或断层的必然结果"，这些问题是否能够规避？

日本质量神话的破灭给我国极大的警示：前车之鉴，后事之师。探究日本的国家级质量性灾难，其根本原因就是国家、国民、企业三个主体的质量精神发生了断崖式滑坡，也就是一代人的时间，日本质量灾变两重天。对于企业，规避这样的灾难发生，方法上就是预防，关键是质量精神如何保持宗教般的赤诚。实际上，三大宗教和我国的历史都是很好的样板，在跨越不同的社会文明过程中，这些样板虽都有跌宕波折、兴衰起伏，但都没有倒下。作为企业谁都不愿死掉，各个样板的绵延不息、浴火重生的轨迹，自然有规律性的启示，可供企业自警、自省、预防、处置、升华。

文化的建设没有终点。以此而论，企业质量精神、质量文化的传承、弘扬、发展，内在上一是精神附体的程度，即上岗的程度，如果只是贴在墙上、挂在嘴上、揣在口袋里，锁在柜子里，必然是物是人非。二是造就质量人才群体，他们是企业的脊梁、脑袋。三是塑造一种包括组织、人才、内容、传播的有效机制。这是考量企业家优质度的试金石。外在上，企业家的任期制、流转制、退休制具有强制性与灵活性。其中，一是一朝天子一朝臣，容易更换频道，既有革新旧物，也要萧规曹随；二是企业家的长短线心态的机制保证；三是企业家考量机制的以钱多钱少论成败的单维度应该升级为知识产权、人才指标三个维度；四是虽年富力强但到站退休，不少人不是出师未捷身先死，而是一道红杠前，宏图憾掩卷。企业家是最具创造力活性的稀缺资源之一，"不拘一格降人才"，对于这个群体，退休既是个人浪费，也是国家、社会资源的极

第九章

中国质量：根本任务与出路

大浪费。因此，不唯企业家，还有科学家、艺术家等群体中优秀分子的价值充分发挥，需要制度保障。

这几年，"让世界爱上中国造"的现象越来越响亮并呈现出加速状态，一个根本原因是产品质量呈现出倍增性的提高。表面上看这是一个产品质量现象，实际上却是一个企业家质量现象、社会文化质量现象。

在世界舆论场，我国有两个名头十分响亮，一个是"基建狂魔"，一个是"产业粉碎机"。前者说的是我国的基建能力，这是以批量呈现的世界级工程为标志的，后者是说我国进入什么行业，什么行业就不仅仅是世界第一，而且环顾周围，不少领域好像只有中国玩家，少有其他国家的面孔，作为后发国家的我国，有着"走别人的路，让别人找鞋去"的"规律"，从家电到钢铁、电脑、手机、高铁、核电、网络应用等，良好的势头是大飞机、显示屏、芯片等高端产业产品已经头角崭露。也就是说，我国的产品、产业从劳务密集型在向技术密集型成功升级。这是一个积累的过程、市场逼迫的过程，也是企业家群体自觉的结果。

作为国家现象，为什么只有我国为代表的极少数国家能够成功，其他发展中国家、发达国家黯然失色？不多的几个核心问题中，一个主要内容是我国已成长起来一个规模庞大的雁阵式企业家队伍，战争的胜利靠一大批优秀的军事家，国家和平竞争的胜利靠一大批企业家。现阶段，我国的企业家如任正非、张瑞敏、马云、马化腾、董明珠、谭旭光、李东生、周厚健、高洪波等享誉全球，没有一支这样的领军性人物及梯次性的队伍，这种现象就不可能出现，这是企业家队伍的质量、规模以及成长速度决定的。

不管到什么时代，领军人物都是最为稀缺的决定性资源。企业家是社会经济的结果，也必然是文化的结果、国家的结果。作为国家意志，在这一波后工业文明－信息文明迭代竞生的进程中，我国不仅抓住了"迭代期"这一机遇，而且，在模式切变的过程中，我国成功地坚持了既定的国家自强精神，形成并持续实施了国家自强战略。在此大环境中，几千年绵延不息的传统文化与中华人民共和国文化血统、文化基因传承，就机缘聚合在一大批人物身上，他们历史性地被推向时代的潮头。

我国在信息领域已经呈现出直道超车的状态，与弯道超车、换道超车不同，靠的是效率与速度，虽然还是数量型的主体形态。相对而言，换道超车是要走向质量型，从国家的层面看，我国已经开启了换道超车模式。

现有的质量理论、方法、工具大多诞生在中前期工业文明时代，面对后工业文明 – 信息文明迭代的当前，我国企业层面的巨大质量任务是创新，主要表现为五个方面：观念、机制、知识、方法、工具。在迭代的后工业文明 – 信息文明时期，既有的观念还囿于工业文明时代的产品、服务，面临物联互通已经曙光初现的现实，机器智能（无人化）时代肯定需要人类观念的升级，与之相应的是运营机制、知识、方法、工具的必然创新。

要看到，面对这样的时代，在数以百万计的企业群体之中，只有很少的企业在思考、探索、准备，应该幸运的是我们赶上了质量文明开启的时代，十九大报告提出"由高速度向高质量转型"具有数量文明、质量文明转折点的意义，就在于它是全世界第一个明确了质量型发展的国家，开启了世界最大的人口经济体质量型发展的新时期，标志着数量型发展将在我国成为过去时，质量型成为现在进行时，尽管这个迭代期将会是很长的时间，但我国已打开了质量型发展的大门，那么，处于质量主体位置与前沿地带的具体操作者，企业由数量型向质量型的转变，应该是丰富多彩，也将会在质量哲学、理论、方法、工具等方面做出贡献。质量上有一种现象，以产品质量为核心，美国贡献了理论、方法，但质量上却是相对高比例损失的国家；质量强国的日本贡献了工具，现在已经变异；德国、瑞士贡献了优质的产品，其基础是扎实、牢固的国民质量意识。以我国的文化秉性与当前东西方文明格局的世界，必将在质量强国的道路上居于顶层，其内容也是全频谱的。

方法与行为

产品质量是蛋,管理质量是鸡,精神质量是基因。要想吃好蛋必须养好鸡,要想有好鸡必须有好品种即好基因。

产品质量标志着经济发展成熟度;管理质量标志着社会发展成熟度;精神质量标志着国家文明成熟度。

第十章
三层次质量的药方

质量三层次是指质量大厦分为顶层的精神（文化）质量、中层的管理质量、底层的产品质量。

人类文明史上，质量一直支撑着发展，却是始终隐现于主体文化之中而未具有主导发展的作用。虽然工业革命以来前所未有地得到极大重视，但也没有成为体系完整的质量学，本应该却并没有成为显学，其主体特征几乎从没有摆脱"不见森林只见树"地聚焦于产品，因为产品太直截了当。即使如朱兰博士断言，对于企业"抓好质量，带来的利润等于再建一座工厂"，然而产品质量的问题从没消停地困扰着市场、困扰着企业、困扰着社会与个人。

产品质量是蛋，管理质量是鸡，精神（文化）质量是基因。要想吃好蛋必须养好鸡，要想有好鸡必须有好品种即好基因。但习惯上我们常常急功近利地把蛋吃到嘴里而不问品种不问鸡，这种"只知有汉，无论魏晋"的实用主义带来的持续困扰，使产品质量曲线近似心电图状振荡起伏，难以平滑。当然，当动物的心电图平滑时，一个生命就终结了，而人文活动的质量曲线只有平滑起来，才能让企业、市场、社会经济好起来。

事实上，直到现在仍有不少人不知道精神（文化）质量的涵义，更遑论解决问题的药方。因为，太多的圈内人对文化之核的精神质量比较模糊，甚至给出令人啼笑皆非的解读，管理质量也是如此。的确，精神质量、管理质量的概念还是相当陌生，似乎二者不好理解，更不好测定，但不是不能体系化、系统化、标准化、数量化，而是我们认识不到。

第十章
三层次质量的药方

质量是生命！

这个命题，高度不可谓不高，精辟不可谓不具。然而，对于大大小小的各种质量主体，大量的只是说说而已，少量的说都不说甚至还要游戏质量、儿戏质量，虽有少之又少的给予质量"生命"般的礼遇，也收获了令人艳羡的命运，受社会的普遍尊重，但如何"质量"依然半停摆于社会。较为普遍的心理是想掌握相应的药方。

药方当然有，当否姑且不论，启发倒是应该有的。

一、精神质量药方

精神质量是灵魂的品质问题，一个组织，好坏优劣、上流下流，取决于灵魂而非躯壳。耳熟能详的"以××为魂"是真的灵魂附体，还是幽灵游荡头顶，抑或是压根就没有明确的意识和概念？文化是意识形态的行为化表现，即意识、组织、行为三位一体的存在状态，意识的高低、偏全、强弱，实际上将组织的价值及其命运给命中注定了，一个意识不明确的组织能会有好的行为表现吗？

概念：价值观为核心的系统思想观念，在性质、层次、境界、逻辑上的健全性、健康性、先进性、共识度。

药方：意识（思想理论）体系一套，组织体系一套，制度体系一套，考核体系一套，案例 10+n 个 / 年，传播计划（活灵活现，拒绝假、大、空、套、僵）一套，培训 n 味，现场会 n 味，恳谈会 2 次 / 年。

药引：CMTB+TLSS →目标 + 四维度（经济、经验、人才、精神）KPI。

注意：岗前培训，样板导引，生态营造。日—周—月常服。

注：CMTB，文化主导环，简称主导环，Concept 观念 –Mechanism 机制 –Talent 人才 –Behavior 行为。

TLSS，文化蜕变环，简称蜕变环：Thought 思想 –Law 规律 –System 体系 –Sublimation 升华。

二、管理质量药方

管理质量一直不被直视又必须直视，绝对不能忽略却常常被忽略，是一个很好说却又很难说清楚的话题，所以，什么是管理质量也就比较模糊，其中主要是关注度不够，总是模模糊糊地感觉管理有质量问题却又搞不明白出在哪里、什么状态以及从哪里说起。

概念：为实现组织满意的运行，促使观念、依据、体系、内容、行为上安全、有效、便捷、少失误的程度。主体是组织质量、制度质量、决策质量、执行质量、反馈质量、结果质量，基础是以人为主体的组织资源、模式、机制，根本是精神、经验、作风。

药方：方针、目标、路径、创意、模式均明晰、简洁，制度、政策、规范、标准、流程各具体系，会议日常、例行、随机各一套，培训n味，标杆n个。

药引：ADLI + LTCS →调研分析 + 三维度（经济、经验、人才）KPI。

注意：透视问题，改进计划，有序改进。事前、事中、事后服用。

注：ADLI，过程评价环，简称过程环，Approach 方法 –Deployment 展开 –Learning 学习 –Integration 整合。

LTCS，结果评价环，简称结果环：Levels 水平 –Trends 趋势 –Comparisons 比较 – Summary 总结（与卓越绩效模式的 LeTCI 有所不同。整合与总结不同，整合即整理、合成，总结是对现象、过程、结果的深加工，通过概括、提炼、萃取，形成高级的概念与内容）。

三、产品质量药方

产品质量是我们很熟悉的，不论是人还是各种组织，未出生就开始"被质量"了。然而不论是企业、社会、政府以及其他各种组织，还是个体的人，都被质量所困扰。主要是不稳定，难以持续，难以持续提高，关键是现成的方

第十章
三层次质量的药方

法、工具得不到一以贯之的应用。

概念：依据制度、政策、规范、标准、流程，为满足顾客需求而产出的物理产品、行为产品、意识产品。其稳定性建立在生产者的认识与行为之上。

药方：观念、机制、规范、标准、流程、节点、计划（包括改进计划）、考核、总结、激励、标杆体系各一套，案例 10+n 个/年，培训 n 味，现场会 n 味。

药引：PDCA +FPSS+ 目标。

注意：岗位磨炼，落实标准，职业习惯塑造。日—周—月常服。

注：PDCA，戴明环，Plan 计划 −Do 实施 −Check 检查 −Act 处置。
FPSS，方法环，Factor 要素 −Path 路径 −Standard 规范 −Skill 技巧。

质量型发展

第十一章
质量型发展，首要考量谁、考量啥

国家质量型发展，首要考量谁、考量啥？国家社会经济层面是政府，市场活动层面是企业，生产经营活动层面是个人。

应该说，考量的对象主体与内容一直都是"比较"清晰的，但国家各层面、各个主体责任边界的动荡与穿越、考量内容、标准与行为的质量水平、国家与国民的质量思想意识发展能力与程度才是内核。显然，质量型发展用数量性要素、内容、标准去考量是荒谬级的错误。

2017年10月，注定要成为中华人民共和国发展史上的又一道分水岭。因为，党的十九大会议上，明确提出告别数量型发展，走质量型的国家复兴之路。与之相应，在2018年"两会"，国家治理机构发生了调整。这是量变到质变的必然，但很多国家没有变出来，在量变的路上就夭折了，典型的是南美、菲律宾。甚至说，这种量变型发展只是单一的经济行为、政治行为，而非国家概念下国家整体的量变，更非国家质变型发展。这样的状态符合工业文明逻辑。源于机械的工业文明，把对象分解开来专门对待，而不是将它们当作总体的一部分进行系统考量。

国家的质变，形象些说，是国家这一超级组织由幼虫到成虫的代际升级，流行的话说就是1.0升级为2.0、3.0，所以并不是单项的经济、文化、教育、政治、法律等成为世界竞争的前排，而是国家思想、国家文化、国家政治、国家经济、国家军事以及社会、法律、科技的代际升级，或者说，科技是量变的引擎，管理是质变的引擎，文化是驱动量变、质变的引擎。所以，国家由量变到质变是由单向突进、技术突进、跛脚发展跨向国家管理的整体性升级，要求的是物理性质量、知识性质量、文化性质量的升级换代。

一、国家质量型发展，新动能驱动：机制、内容、操盘者

质量是永恒的话题。一个人、一个家庭、一个企业、一个地区、一个国家，如果抽去了质量这根筋脉，我们的这个世界将会怎样？

因此，质量型发展首先要明确其涵义与内容。工业革命以来，随着西方知识体系主导世界，我们就被质量狭义化了。质量型发展不仅仅是产品、服务、工程的问题，这是社会经济性结果，而是包括这些内容：

（1）三大主体：人即国民的质量、组织的质量（包括了政府、企业、教育、军队等）、社会文化的质量；其三大结果是：物理性量、知识性质量、文明生态质量。

（2）生活、工作、学习的质量。

（3）生存、竞争、发展三大表现的质量。

（4）决策、执行、反馈、结果的质量。

（5）观念、行为、作风的质量。

（6）机制、模式、标准的质量。

这不是泛质量，而是质量无处不在，一切皆有质量。所以，质量型发展是指这六个方面的质量升级换挡上水平。所谓质量型发展的一个基本前提，是由数量型的速度、规模、效率单维度考量，变成质量主导，数量、质量并行的二维度考量体系。质量型发展的要素是性价比、质效比、效能比、能耗比。广被诟病的 GDP 主义是典型的数量型思维与考量。因此，质量型发展第一是质量观念的塑造，第二是质量标准的建立，第三是质量 KPI 体系的建构。后两项内容，虽然在大量的实践过程中积淀了巨量的资源，但由于数量型发展的单维度思想、思维、思路，在现实中几近空白。其中，质量标准、质量 KPI 体系不是就产品而论，而是针对前述 6 项内容的建构。值得指出的是产品质量标准等方面已经是很成熟、很丰富的内容。

其次，质量型发展是谁的事？大而化之地说是全社会的事，虽然没错却是废话，对象、阶段、层次的差异，必然有抓手、落点、切入点的不同，各司其职地发挥自己的作用，才能形成国家总体与个体的优质化。我国与西方国家体制不同，在国家质量型发展问题上，经济层面的基础三角是政府、企业、公众（社会），形象地说，企业是主体，决定着产品、市场活动的质量；民众是受众、消费者，驱动着质量水平的提高；政府既是裁判，主导着社会政治经济质量，更是国家取向、国家文化、国家机制、国家模式、国家人才队伍的设计者、缔造者。经济层面如此，政治、文化、社会、科技、教育、法律、军事、外交等方面亦是如此。

政府的第一责任是服务国家发展、服务公民利益、满足社会进步的要求，因此，质量型发展就不是搞好政府部门这个基本项，其最大职责有三：（1）在治国理政方面成为编剧、导演、制片人集于一身的复合体；（2）提供专业的行政治理活动；（3）完善自身建设。标志是五大能力成果，即组织与促进国家意识、知识、制度、人才、社会风气竞生性成长。所以，优秀的政府，造就的社会结果是让国民享有五个优良环境：安全稳定的社会环境、民风向善-向上的人文环境、生活富足的物质环境、山明水秀风清的自然环境、多样纷呈的发展环境。

在社会经济层面，企业的质量型发展，并不仅仅是制造出合格的产品，这也是基本项。企业的质量首先是社会好公民，底线是不制造社会危害、不制造社会灾难、不制造质量安全环境事故，正面是为社会贡献文化养分、知识经验、优秀人物、经典案例。其实，企业最大的社会贡献是由高质量的决策、执行，达成优质生存。一个企业即使能够贡献就业机会、税收，但瞬间崩塌所造成的社会问题甚至会抵消有形的物质贡献。因此，企业造就的应是质量稳定提高、功能日新月异、数量丰富繁荣的商品。

公民是三重身份：生产者、消费者、监督者。虽然监督者是政府及各种社会专业、专门组织的事，但是，作为具体的制造者、消费者，出于社会义务，是有权力、责任对于优良、不良进行反应的。一个沉默死寂的国家不会长久。这种公民的责任感愈是强烈，国家的生机才愈会旺盛。所以，质量型发展，从经济层面是这样的三方关系。

二、国家发展由高速度向高质量转变，意味着质量角色更重，要求更高

不同的阶段有不同的工作方法。质量型发展对于社会各方面而言都要求提高质量，由数量型的"干起来"，变为质量型的"好起来"。下面几项对于任何管理都适用——

要素：管与理的活动，管是强制，理是疏导；

核心：优质化；

基本原则：各司其职而非越俎代庖、结构优化而非一成不变、目标清晰而非任务模糊、能力趋强而非退化衰变；

关键：明白核心任务、目标、策略。

这些弄不清楚或是揣着明白装糊涂就会本末倒置，其表现是捡了芝麻丢西瓜。

社会管理方面，一个时期内罚款成为考核指标，就不是为罚款而罚款那么简单，而是利用社会公权力强暴财富，打着公权力的旗帜谋自己部门、个人的福利，公权力成为私利的工具，最终败坏的是公权力的权威、利益、机体。这是塔西佗陷阱的源头。

就社会市场的质量管理而言，首先，抓源头有三个问题：（1）谁的源头。政府、社会、企业的源头不一样，这是责任确定的。在我国，政府是主导，企业是主体，社会是载体，如果各自的源头大而化之地混为一谈，这是原点性的错误，其结果是乱来。源不清则流不正，本不正则行不端。（2）源头是什么。产品类质量的问题，企业不是源头而是中流。没有需求就没有市场，社会经济的源头是观念为核心、能力为手段、作风为标志的一个内核结构，所以，产品质量的源头在社会环境、公众意识、企业意识，前两项是政府要着力塑造、引导的，后一项是企业矢志不渝的。就社会经济层面而言，这个内核是包括政府、企业、市场、舆论等各个社会主体的源头，其优劣、正反、高低、偏正，决定着规则、行动、结果、效应，从而决定着社会、民风、物质、自然、发展等"五个环境"的质量，政府为社会服务，社会为企业服务，企业为消费者服务。（3）如何抓。虽然这是一个持续了千百年的活动，也因人、因时、因事而

各呈异彩，但万变不离其宗，宏观上是疏堵、点面、奖罚、扬弃，借用农业的语言就是耕、种、养、护、收、藏、用、结。优秀的管理者，不是救火队员，更非审判台上的过客，而是步步预见、事事有备、运筹帷幄的未病医。

其次，监管不是监视。质量问题，即使每家企业、各种交易场所都安装摄像头，实施承包责任制，也是防不胜防。主政一方的人被称作父母官，这种家庭型称谓意谓着政府的社会管理职能需要无所不包、无所不能，由此惯性延伸，市场的管理，就是人盯人的严防死守，面对问题，则是人在阵地在的态度、勇气。产品质量的生产主体是谁？面对全国2000多万家企业、4000多万家个体经营者，人人盯守的市场管理可行吗？

质量是企业的生命，的确有要钱不要命的企业，虽属少数，但他的命都不要了，监管方又能奈何？显然，政府不是保姆，也不能完全交给市场裁决。姑且不说国情与传统，一旦出现产品事故，即使严厉处罚，只能警戒后来者，但所造成的损失是社会的。

实际上，市场监管面临着模式的变革。这是国家面临的一个大问题，也是国家治理的一个前沿性内容。其中，根本问题是质量型不只是产品属性，还有市场管理的质量，以及更高层面的文化质量问题，这两个层面的质量水平高低直接表现就是利民、扰民、害民。除了接地气的顶层设计，还有的就是相信市场的力量。我国政府的权威性决定了市场监管的四只手行为，即政府的宏观调控、市场的价值规律、消费者维权意识、社会舆论监督。

显然，在政府掌管的一亩三分地上，质量绝对不限于产品层面。一个地区，核心能力与优势当然是产品能力，但它不是唯一选项，还有三个制造能力与优势，即人才制造、社会管理经验制造、人文景象制造。作为悖论——

有产品制造能力甚至产业优势、区域优势，却未必有品牌优势；

有人才制造能力，却未必拥有人才优势；

有社会管理能力，却未必有社会管理经验与知识优势；

有人文景观制造能力，却未必有人文现象的制高点优势。

前些年我们学日本，这些年我们学美国，这些成熟的发达国家是不是像我们这样动用政府权力严防死守抓社会经济质量？美国的做法基本是交给市场，日本有着政府的影子，但起主要作用的是作为中介机构的质量联合会、企业联合会。那么，不论如何改，一个根本的任务是实现质量跃变，迈上质量型发展的轨道。问题不在什么制式，筷子、刀叉都能吃饭，关键是吃到嘴里，这是前提，尔后是吃好（营养协调）、吃精（美食），适合自己的才是最好的。适合自己的质量型发展，基本的是要梳理清楚责任体系、逻辑体系，进而建构组织运营、知识、观念、人才、结果五大体系。

这些年我国虽然迭有质量丑闻，但应该看到，质量水平总体上是大幅上升的，否则，就不会有世界遍布中国货的人文景观。所要清楚的是，国家质量型发展与产品质量是两码事。产品质量只是质量三大结果的一个低端内容，高端内容是文明生态结果，中端内容是知识理论结果。国家的质量型发展是立足人、组织、文化三大质量主体的高质量，通过文化层面的精神、意识、意志、观念的高质量，促使决策、执行、反馈等质量的持续优化、固化，从而让国家及其组成的各部分、各板块健康、安全、绿色（低成本、低能耗、循环经济）、优质地成长。

在这种传统与现实的双重基础之上，政府不是守夜人，而是守卫者、加油人、导向塔、救援者。就产品而言，其质量主体是企业，要造产品先造人，不论是活人还是机器人，其职业观念与生产/服务技能的造就是企业的事，政府是社会观念、规范、法律制造者，惩恶扬善的终裁人，基础环境缔造者。这种角色定位实际将责任边界区划得较为明晰。

三、迈进质量时代后，职能部门抓什么

天下的庙很多，但所受的香火却不一样，有的香烟缭绕，把庙里上千年的树都熏死了，有的门可罗雀，冷冷清清。为什么有如此大的差别？显灵与不显灵。作为部门，不作为就是不显灵，谁会欣赏你？所以，岗位重要不重要，不是看名头，而是看内容，不论什么时候，内容为王是不会错的。上下拥戴，关键是看会不会工作，能否出成绩、出经验、能否孵化人才。

职能部门除了日常工作，晴雨表、队伍、经验、调研报告是主要内容。或者可以说市场监管的基本职能关键不在日常政务活动，主要是保护神、园艺

师、排雷手、智库。在专业质量职能作用上，主要是质量基础、关键、根本问题三大层次，表现在四个方面：社会质量意识塑造、机制塑造、质量环境与社会行为建设、质量人才规划与培养，要求的是质量行政、质量弘扬、质量引导。

保护神职能不是保护假冒伪劣，而是良币驱逐劣币，在施政过程中，预防并剔除害群之马，营造区域优良的质量传统与环境。主要应该做四件事：

（1）形成促进机制；

（2）褒扬先进；

（3）以深入、深刻、系统的社会宣传营造区域质量环境；

（4）区域产品质量大数据－监测网络建设。

其中，后者是基础，而褒扬先进的方法也需要正本清源，全国34个省区市、330多个地级市以及县区，几乎都设置了省长、市长、县长命名的政府质量奖，由于数量型意识和功利意识，大多数地区是获奖者、申奖者领奖、申奖完事，几届下来，大企业不想参与，获奖者没什么感觉、改善不多，作为政府最高奖项之一的质量奖以至于成了例行公事，有些地方几乎是嘻哈剧，应具有的权威性、标志性、稀缺性很难体现，以奖项为支点，撬动企业应用卓越绩效模式，改善管理质量水平的目的自然大打折扣，甚至南辕北辙。原因在于这一奖项的前效应——卓越绩效模式应用与改进、中效应——通过评审促使企业找长抓短、后效应——先进组织"标杆引领、杠杆撬动、示范发酵"的"两杆一酵母"作用空置。

园艺师职能包括区域品牌成长促进、企业优质化成长促进、企业家群体及其优质化出成长促进、质量人才队伍的塑造。后者包括三个方面，质量行政队伍、企业质量人才队伍、社会与专业质量机构的研究者。质量型发展最大的问题有两个，一是国民质量意识淡薄，未形成肌肉记忆式的社会主流质量意识；一是人才短缺，每年我国需要6万名质量专业人员，截至2017年大学毕业生只有1500名，2914所大学不仅没有一所质量大学，而且设置质量专业、院系的不足20家，其中大部分还是近一两年才开设的。

排雷手职能首先需要知道雷在哪里，这是社会监测网络体系的建设问题，就像天气预报，地面有星罗棋布的观测站，天上有气象观测气球，太空有气象卫星，各地有基本的气象知识与经验，在此基础上方能形成准确的天气预报体系。天有不测风云，气象是老天爷的事，现在人已经能够预知行风、下雨、打雷等自然现象与自然灾害，那么，人类社会的质量问题预报体系为什么不能建立？与气象预报相类似，质量状态、质量动态、质量规律、质量事故、质量隐患因为有了这样的四层次信息体系与测控体系，质量的预测、预报、预警、预案形成之后，排除质量的"雷"也就不是难事，起码，质量的幺蛾子、黑天鹅、灰犀牛、褐大象就会减少，随着深入的研究与应用，规避不是没有可能。

智库方面，作为政府职能机构，天然地具有政府首脑的智库作用，主要体现在质量动态与趋势信息、质量调研报告、质量建议、质量企划等内容的供给之上。那种写写总结、发发文件、搞搞活动的行为在电子速度的网络经济时代显然需要升级，而且，一个部门存在的根本性是政府首脑的外脑作用。

四、一个根基性问题：国民质量意识教育

谁不想用高品质的东西、拥有高品质的生活？然而，为什么公众个体普遍的期望却形不成主体意识、民众意志、政府意志？在笔者即将出版的《国家质量简纲》中，揭示了质量人在企业中、在社会上有被人敬而远之的现象，大众印象里，搞质量的好像就是罚款、扣钱的，折射出来的是社会质量意识的现状。

可以说，数量型发展的阶段，质量只是被动支撑作用而非主导地位。我国经历了由国家资本积累型发展表现出的短缺经济，到全球化时代改革开放带来的资本融通，形成"（结构性的低端）过剩"经济的表现，经由"快"的阶段迈进"好"的阶段，未来是"强"的阶段。"仓廪实而知礼节，衣食足而知荣辱，上服度则六亲固；四维不张，国乃灭亡。"站在物质初步繁荣的基础之上，随着国家由量变到质变的升级，在国民意识之中形成主流的质量意识体系就显得极为重要和必要。

从前几年开始，日本的钢材、汽车、高铁、丰田、神户制钢、西铁城等产品与著名公司质量丑闻频发频曝光，让日本重重地栽下神坛。曾经的全球质量

象征竟然大量造假，引以为傲的产品竟然频出问题。日本是集国策、立法、教育、监督、激励（国家质量奖）于一体治理质量的，深厚的国家质量根基为什么辉煌难继，甚至灾难频仍？要知道，所有的怪胎都是基因畸形的结果，所有的问题都是精神失常的苦水。因此，日本出现这样的问题早有伏笔和预兆，它不是产品的事情，也不是政策、制度、标准、流程、模式的事情，而是日本人、日本企业、日本国的品质发生着病变甚至癌变，即日本的质量意识、质量精神、质量观念扭曲变态了。也可以说是日本文化在信息化、全球化的时代，先天的基因缺陷自然暴露出来。

日本的这些经济现象以及政治、外交现象是阶段成熟期的问题，很值得我国借鉴，尽管我国是成长阶段，处于告别高速度、数量型、粗放式发展，迈向高性价、质量型、精益式成长，而且，我国有着独特的社会形态与传统，内在地决定了政府、企业、公民三大经济主体的关系。

对于任何组织，文化是基因，思想是灵魂。超级组织的国家也不例外。其中，质量文化作为国家文化的一个主导性内容，具体是国家质量意识形态、民众质量意识形态的行为化表现。然而，问题是截至目前，尚未有一本《质量学》，也未有一个质量学科体系，而且，我们意识中的质量已经狭义地固化成为"产品质量"，即使如此，在社会上、企业中，质量意识也未成为主体，也就不时能听到企业栽倒在质量上，社会上的质量事件不时冒烟。

已提出的问题就不是难题。中华文明源远流长的历史给国家质量意识、国民质量意识提供了充足的条件。只要聚焦，就会突破，就会让国家的质量型发展拥有强大的根基！

第十二章
中国，管理质量时代来了

中国已经成为世界第二大经济体，但不是中国经济的管理水平、运行能力水平已是世界第二。

事实上，在中国产品"征服"世界角角落落的同时，"低、劣、冒"的名声一直如影随形地伴着中国货。这种状态被网民尖刻地评说为"产品出口，污染留下；好东西出口，孬产品留下"。数据显示，我国制造业质量损失年超1700亿元，不管数据的真实度如何，一个不争的事实是：技术瓶颈大多集中在基础元器件等方面。对此，上海电器首席技师李斌先生认为，质量强国必须重视基础创新，"我们能上天入地，但是老百姓日常用的东西却不耐用。这说明在高精尖领域创新实力不弱，但对基础元器件、零部件工业领域的技术创新重视不够。"

据2011年国家监督抽查，全国产品抽样合格率为87.5%。其中，小型企业产品抽样合格率为84.7%。时任国家质检总局局长支树平先生说："我国质量总体水平不高，产品服务长期处于价值链的低端，表明我国质量安全形势依然严峻。"

武汉大学质量发展战略研究院曾经做了一个模型，如果我国广东省的发展质量（即投入和产品的差距）能达到现在日本的水平，那么广东省的GDP增长水平能在现有基础上平均增加4~5倍。广东的GDP2012年是58550亿元，也就是说如果能够达到日本的管理水平，凭空会增加20多万亿。这样的差距足够吓人、警示人！

质量强国战略是促使中国由制造大国向制造强国转变的必然选择。这个将标志中国崛起的转变，表面上看是取决于产业升级，骨子里则是取决于管理质量的升级！

因为，产业升级还是技术性的，属于产品主导时期，管理升级则是观念、模式、机制主导，要素持续重构与再造的管理时期。

这是经济国家的主体特征。至于文明国家，其DNA则是精神品质主导的管理质量、产品质量集合。

如果说产品质量时代的主题特征是多、快、好，这是适应经济短缺、追赶式发展的要求，必然的过程；管理质量时代的主题特征则是精、准、省，走向领先型国家。

产品是国家兴衰的载体、标志、晴雨表，是生产能力的体现，更是管理质量的结果。这是因为——

产品质量标志着经济发展成熟度；

管理质量标志着社会发展成熟度；

精神质量标志着国家文明成熟度。

一、中国已处在管理质量跃升的临界面上

中国庞大的经济战车相对已经够大了，作为一个历史时期，它已经完成了由小到大的使命，接下来要开启的是"强大"的历史时期。其内涵是由产品经济升级为管理经济。

最直接的问题是，在中国追赶式地高速发展60多年后，数量型、粗放型、不可持续型的模式必然退位，代之而来的将是质量型、精细型、可持续型形态。就像中国的铁路运输，由绿皮车升级成红皮车，升级成白皮车，升级成动车组，升级成高铁……

当然，中国的发展是三步并作两步走的，正是这样，一切的不可思议都在中国发生了！因为，在中国这块神奇＋神秘的土地上，一切皆有可能！

最不可思议的是两次影响极大的金融危机不仅擦中国的边而过，反而作为

| 第十二章 |
中国，管理质量时代来了

危中之机貌似成全了中国的高速发展。不管是太极功夫，还是少林功夫，都是中国功夫，这种功夫让中国顺势、借势地持续高速着。

就国内的发展看，(1) 一个个"大"字的灌注内容，注定需要更高级、高端的管理水平来驾驭，才能让中国走得更好！一是一项项大工程，竞赛似地冒出来，高铁网、大飞机、水利、航天、城市建设……一切前沿的东西在中国似乎都能放大开来，形成世界级的工程项目；二是与此相适应的全球配套、全球采购、全球配送的大交通、大物流、大集成已是呼之欲出（尚缺乏中国主导）；三是虽然随着电子平台的不断扩张，这种大格局、大体量的国家经济棋局神经系统能够延伸覆盖、勉力支撑，但工程、交通、流通、电子平台还只是物的层面，更高级的管理思想、模式、机制需要附体于经济的钢筋铁骨之上。(2) 条块分割、地域分割必然带来的利益分割，极大地阻挡着国家名义下聚合效应的发生。(3) 结构的不匹配、不合理、不集约、不系统、不科学，呼唤但又拒绝高质量的管理。(4) 博物馆般的经济形态，将世界最先进的和世界最落后的东西集合在中国的版图之上，参差不齐、良莠不齐的基础、条件、观念、行为、技术、产能、方法等盘根错节在中国社会之中。

从国际上看，(1) 低端产品从中国转移出去已经势不可当。一是腾笼换鸟的内地转移与阶梯形水平在环保、低碳、绿色门槛日益提高的形势下，运营成本越来越难以承受、难以为继；二是患有发展饥渴症的后新兴国家热烈欢迎转移，多多益善。(2) 淘汰旧产能，中国向高端价值链游移。中国只有通过这样的分食、抢食世界市场之利，才能在完成积累期后，通过享用高利润、高附加值的高端市场，占据高端价值链。(3) 国际竞争。美国、日本、欧盟等成熟中衰退国家在强力阻击、反击，同层次的金砖国家在积极地掣肘、挖墙脚，后发的新兴国家如越南等国在急起直追。(4) 科技发展带来的新机遇。拜高度发达的资讯条件所赐，不管你是谁，所有的国家都站在了一条起跑线上，尤其对后发国家来说，这是再幸运不过的事情了。尽管如此，基点的巨大差异还是让瘦弱的后发国家极为吃力，好在脑满肠肥的发达国家又遇到了金融危机的弯道。

不论是国内还是国际呈现的机遇和问题，都逼迫、牵引、促进着中国向管理质量时代迈进！

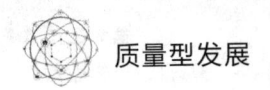

二、重新认识质量管理

管理质量时代，聚焦的是决策，前提是识别过程，手段是结构关系的持续调整与再平衡。要求于人乃至整个社会的，是观念从一件件产品上转移到以此次决策"对与错"为考量对象的问题上。核心是"事做对"变为"做对事"！

图 12-1 产品质量的实现预循环

传统的质量管理，聚焦的是产品，即便是全面质量管理，也是以产品作为终结者，这种"从物出发，到物终结"的质量管理，是"事做对"的问题，在"（质量）说起来重要，干起来不要"的唯钱短视现实中，常常简单化为"为产品而产品、为钱而产品"，也就将造人的培训、源头的研发、上游的采购、下游的销售、后期的服务、贯穿全过程的决策等环节的质量问题忽略，将焦点对准"生产"这个可控性相对极强的过程，而且，当利润与质量发生冲突的关键时刻，图 12-1 的循环逻辑链条便支离破碎，成为祭品或俘虏的常常是口头上响亮地称为"生命"的质量。

于是，"儿戏生命"的企业，其生命便常常被残忍且公正的市场"儿戏"掉了。

究其原因，是因为质量管理的内容体系被残缺地理解和应用。健全的质量管理，内核三角是精神、管理、产品，其结构如图 12-2 所示。

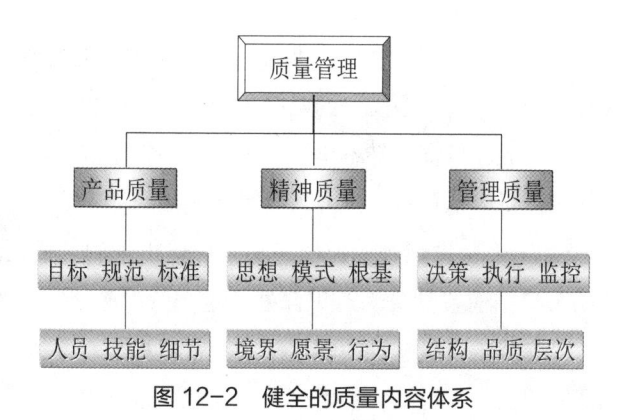

```
                    质量管理
                       |
      ┌────────────────┼────────────────┐
   产品质量           精神质量          管理质量
      |                |                |
  目标 规范 标准    思想 模式 根基    决策 执行 监控
      |                |                |
  人员 技能 细节    境界 愿景 行为    结构 品质 层次
```

图 12-2　健全的质量内容体系

三者虽然是一个难以拆解的有机体，但由于自然状态、自觉状态的差异，也就有了质量的三个层面、层次的不同，并有了阶段主体角色的转换与升级。

三个质量层次主要是指产品主导、管理主导、精神主导的境界。

产品主导时期，满足于生存的需要，是造就"你无我有，你有我优"的优势；

管理主导时期，满足于竞争的需要，是造就持续优异的优势；

精神主导时期，满足于竞合共赢的需要，是造就产业文明、区域文化生态的优势。

1. 质量正态结构关系

图 12-3 揭示了正常的质量稳定的根本原因。这是以文化为轴心的三点定面基本关系，精神导引，管理撑持，产品表现。

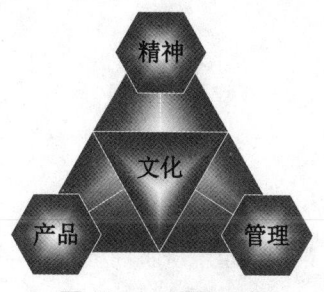

图 12-3　质量正态

一个企业的文化决定了质量上"种瓜得瓜，种豆得豆"的基本因果关系，质量上"嘴上震天响，行动贴地皮"的两张皮现象是不可能造就质量稳定如一的结果的，一个投机的领导肯定带不出一支表里如一、坚持原则的队伍，它只能带出一群对外投机对内也投机、人与人几乎无诚信的徒子徒孙。

TQM可谓极其明确地告诫企业：质量不是检验出来的。过硬的质量来自管理，来自控制关口的前置到员工意识深处。这个意识深处的实体就是精神。也就是一个人、一支队伍质量意识的强度决定着管理水平、产品水平。

道理是谁都能明白、知道的，但道理背后的规律是分为两个层面的。一是道理的支撑体系，如图12-1所示；二是如图12-4所示的现实折磨——体系残疾，即体系的残缺或结构失衡。

2. 质量异态结构状态

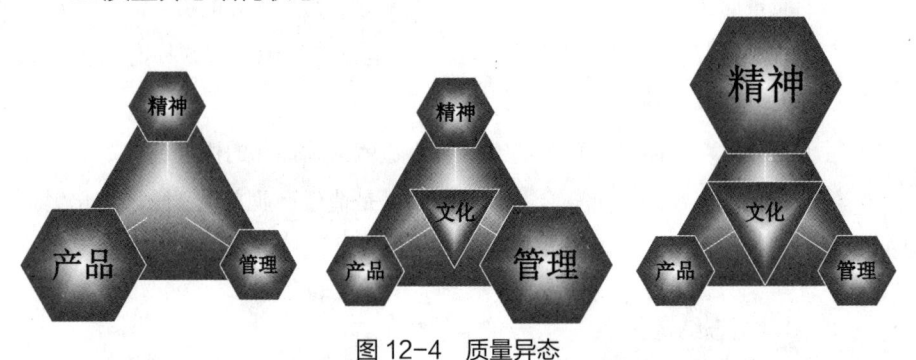

图12-4　质量异态

质量内涵异态结构的状态是如此，其直接的结果不外乎以下五个：

（1）质量不稳定；

（2）质量水平低劣；

（3）质量违法；

（4）质量成本高；

（5）质量过剩。

不管是哪一个结果，都是质量经济不经济，经济质量不质量！

三、质量实现体系

图 12-5 揭示了质量实现体系的内涵结构与基本关系。

其主轴是测量－分析－改进，前提是识别、设计、实施、反馈。过程方针是有效、高效、监控、优化，结果方针是经济效益、经验效益、精英效益、精神效益的集合优化。

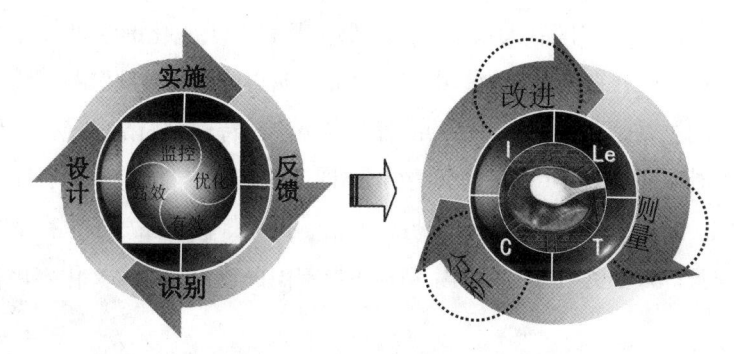

图 12-5　管理质量的实现体系

值得关注的是两组字母：

ADLI：Approach 方法→ Deployment 展开→ Learning 学习→ Integration 整合

LeTCI：Leveis 水平→ Trends 趋势→ Comparisons 对比→ Integration 整合

其中，LeTCI 隐含着这样一个三维体系，即以标杆、对手、自己为主轴的体系构成。因为，对比是要有参照系的，没有比较，就没有鉴别。

四、现实难题

第一，结构再造、重组、再平衡。"中国制造"已经充斥世界市场，征服了世界上几乎每一片市场，但不论国外还是国内市场，千岛湖样的结构极大地制约着中国的升级式发展。岛状结构当然不是陆地结构，零散而非集合的市场、技术、人员、产品、管理、观念再想提高亦非易事，而且在触碰层次能力的天花板，这是内忧，也是巨大的内耗，其核心是要素结构、管理结构、模式

结构、观念结构、思想结构。

第二，从国家治理模式到市场的商业模式，均需要中国智慧再造与跃升，在摸索出、延伸出、固化成中国式国家发展战略、治理模式、运营机制的同时，市场的商业模式需要站在以美国为代表的西方世界的肩头进行整合、重构、出新。

第三，商业精神、国家精神、国家文化的涅槃与重生。美国有苹果、微软、IBM、通用，德国有大众、奔驰，那是几百年工业化的结果。韩国有三星，则是站在时代前沿的作为。中国在世界上叫得响的品牌呢？

其中的关键是，这些世界级的品牌、名声不是特例，而是已经普遍化的一种商业精神、国民精神，一种国家文化。即使任何角落都躲不过三星的韩国，也是如此。商业精神包括责任、敬畏、诚信、进取等优秀品质，这种精神让企业和人浑身都冒优秀气儿。而国家精神主导着国民意识，国家文化孵化着国民习惯。

有人曾深沉地发问"中国为什么出不了乔布斯"，有地方隆重而近乎荒诞地推出"10年乔布斯制造计划"，在一个未经深度耕耘、开发、哺育的土地上，你能指望"万类霜天竞自由"，长出茁壮的庄稼吗？

第四，政商合体的一元经济向政商分离的二元经济转变。政府规律和市场规律不是一码事，尽管两者的规律相通但绝对不完全相同，两股道上跑的车如果并合到一起跑，起码会缠夹不清。应该看到，在国家战略制定、实施、结果层面，几乎没有多少国家能和中国政府相媲美，如此巨大体量的国家社会、政治、经济转型、快速而长程的发展堪称人类文明奇观。但童年时代可以男女不分地混穿衣服混杂着玩的混合现象不会持续到青年、中年、老年，随着阶段性成熟的一个个到来，"文明"在隔离年龄的同时也隔离了男女，并且形成一个个配对和一个个家庭、族群、地区，社会分工在人的身上的明显差别是适用于宏观的政府、微观的市场的。

穿越、跨界、越位的痛苦折磨着政府，也折磨着市场中的企业。政府与企业的管理边界在哪里？之所以分不清甚至不想分清，是惯性，也是观念、利益不清。不论是国有还是民营、外资，企业就是企业，不论是国家政府还是地方政府都是政府，都需要各守自己的边界与底线。政府营造社会软硬环境、搭建

第十二章

中国，管理质量时代来了

制度政策平台、裁判市场纠纷等，企业铆足劲地在经济价值规律的世界奔跑。

其实，阶段到了，二元的社会经济状态就要出现，就像人的性征与天然能力一样。不论亲生、庶生都是孩子，如果有远近亲疏之分，一个家庭就会混乱，就会矛盾丛生，国家也一样。

中国还能高速发展 60 年。因为，一是修正了前 60 年的结构缺陷与不均衡，二是追平或部分超前于现实水平，三是填实了新 30 年的空白、空虚，四是与时俱进的发展！在科技加速发展带来的机会均等日益公平的未来，中国迎来的不是拉美陷阱、中产陷阱，也不仅仅是民族复兴，而会是丢掉浮躁的雪耻情怀之后一个成熟的民族、国家、文明的形态，它会开启人类文明新高峰！

美国的世纪，是新的国家模式与世界形态进化的结果，中国的世纪则是世界关系新模式与历史演进的必然。

未来蕴含在现实之中！

第十三章
质量强市：强什么、凭什么、怎么强

质量强市即一个城市或地区，在物性、知识、精神及人文生态领域均有着标志性的产（作）品、事件、人物，并形成相对优势的区域高地与社会形态。其目的是催化城市的内生力以丰裕质量红利，普惠市民、强壮城市。

因此，质量强市的焦点、内容、标准、标志便较为清晰地呈现出来。

随着十九大发出由"高速度向高质量转变"的号召，"质量型发展，新动能驱动"成为国家发展的一个划时代性转折，全国上下31个省区市、338个地级以上市州、300多个县级市、2000多个县区，正在掀起以"质量强市（省、区、县）"为标志的活动，这是一场告别数量型发展，迈向文明深层次的变革，其标志是由粗放、速度、规模、机遇、盈亏、非持续性的表象特征转向精细、速（度）效（益）、质效、常态、能效、可持续性，其本质是管理能力的升级换代，标志是产品质量属性升级为管理质量属性。

一、内容：质量强市强什么

概要而言，质量强市（省、区、县）是站在物质文明、精神文明、人文生态文明三个维度集成的体系中，从生存、竞争、发展三个层面考量，在精神、机制、要素、标准、标志五大体系上形成相比于其他地区的优势，通过这种博弈思维与手段，最终达成质量文明基线的整体抬升。

| 第十三章 |

质量强市：强什么、凭什么、怎么强

质量强市五大内容体系的构成，如图 13-1 所示。

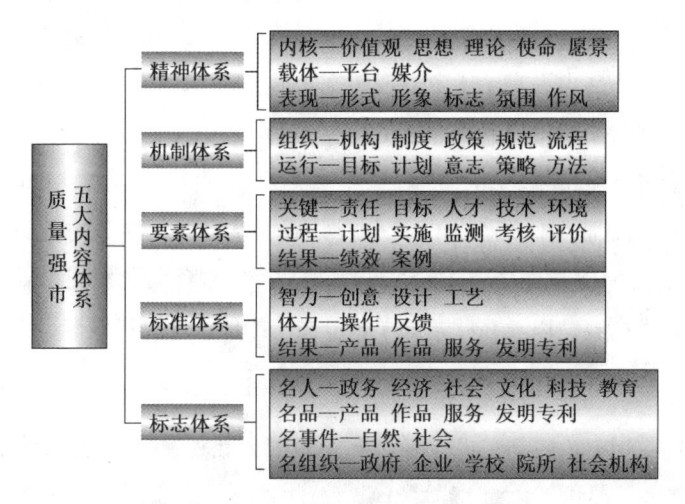

```
                    ┌─ 精神体系 ── 内核—价值观 思想 理论 使命 愿景
                    │              载体—平台 媒介
                    │              表现—形式 形象 标志 氛围 作风
                    │
                    ├─ 机制体系 ── 组织—机构 制度 政策 规范 流程
                    │              运行—目标 计划 意志 策略 方法
    五大内容体系    │
    质量强市        ├─ 要素体系 ── 关键—责任 目标 人才 技术 环境
                    │              过程—计划 实施 监测 考核 评价
                    │              结果—绩效 案例
                    │
                    ├─ 标准体系 ── 智力—创意 设计 工艺
                    │              体力—操作 反馈
                    │              结果—产品 作品 服务 发明专利
                    │
                    └─ 标志体系 ── 名人—政务 经济 社会 文化 科技 教育
                                   名品—产品 作品 服务 发明专利
                                   名事件—自然 社会
                                   名组织—政府 企业 学校 院所 社会机构
```

图 13-1　质量强市五大内容体系

质量强市，首先是强一个城市的文化。

其核心是观念，这是一个城市长成什么样的枢纽，其基因是价值观，灵魂是精神、理念、思想。先天的基因出了问题，决定着后天的问题必然发生，而灵魂出了毛病，不是抑郁，就是疯掉（精神分裂），或是成为危害社会的大罪人、小罪人。

那么，林林总总的城市，自己的而非共性的城市价值观、精神、思想是什么？一方水土一方风物，城市和人一样有着自己的身段、面容、服饰，特别是自己的灵魂、知识，为什么千城一面，不仅同质化，而且同型化、同性化、同形化如此严重？中国人都长着一张中国脸，尽管脸可以分为不同的种类，但具体的特征相同吗？人即使孪生也有差别，可为什么城市就要长成一个模子刻出来的工业化标准产品？工业品越来越是标准化的产物，但随着技术的发展，个性定制已渐成趋势。要清楚，标准化是为大大促进效率、效能、效益提高而产生的，其本质并非拒绝多样化、多元化，也非扼杀城市的文化、经济、社会个性。

伟大的城市和伟大的人一样，是由伟大的灵魂驱动、伟大的目标牵引而卓然不群于城市之林。在世界数以千计的城市之中，有多少堪称伟大的城市？城

211

市不仅是高楼、大屋、宽路、市场的集合,她既有生命,也有品位与价值,还有灵魂与神圣。质量强市不是贴标签,也不是过筛子,而是要灵魂附体,使城市成为一个富于活力、富于历史责任与文明形态的生命体。

其次是强一个城市的管理能力。

我们会管理城市吗?

城市管理要管理什么?据统计分析,现代城市管理涉及的各类因素已达1012种,作为一个巨系统,不论城市大小,要实现优质化发展,就需要清晰以下的纲领性内容,以及在此基础上子分系统的体系性、优质性、领先性。

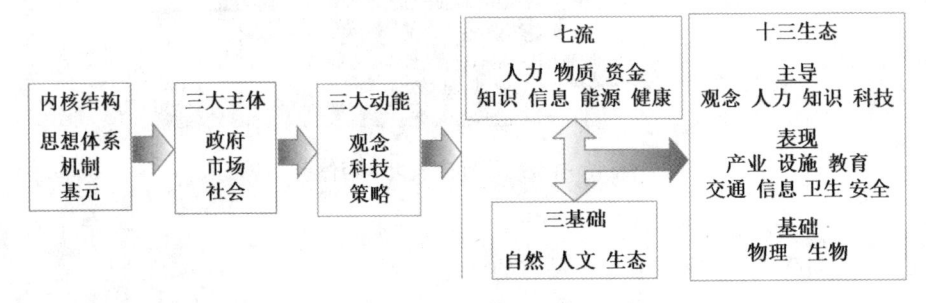

图 13-2 城市管理纲领性内容解构

我国的城市化建设在史无前例地突飞猛进,当一座座摩天大楼崛起,一个个城市摊大饼式蔓延开来时,不是文化的弱智,而是文化的失智,顶层的文化、次层的管理系统性、深刻性不足,让管理在数量的单维度上狂奔(不是管理能力不行),从而粗放性泛滥,导致岛礁式状态大量出现,于是,马路拉锁、大雨淹城、交通拥塞、重复建设、寅吃卯粮式生存、野蛮发展、违法竞争等怪现象迭出。

表面上这是管理能力跟不上国家快速崛起速度的伪问题,里子上是管理的碎片化、一地鸡毛,骨子里当然是前述的灵魂出了毛病。由此导致数量、质量、恒量的结构关系的失衡与质量认知的肤浅,除了质量的弱势、被动支撑需要转变成为质量主导、质量强势之外,还包括了决策、执行、反馈、结果、制度、政策、作风等内容的管理质量这一亟待解决的主体问题。

症结在于以下的错层、错位。要知道,觉醒了的中国,只要想干,就没有难得住中国人的事!

第十三章

质量强市：强什么、凭什么、怎么强

在农业文明、工业文明、信息文明三大文明形态迭代并存的世界，底层文明作为上层文明的养分，虽强求不动上层文明形态适应自己，却能让上层文明形态处于吃饱或是挨饿的状态；上层文明通过加持、引领、重塑，让下层文明形态基线提升、浮动、离散。直白地说，我们似乎仍站在农业文明的泥土里，用农业文明的观念、手段来处理信息文明下快速发展的城市。这种文明层次、位势的错位、混乱，与工业文明的功利主义自然常常联手，它们共同地障碍着城市的管理与发展。

如果说农业文明是自然规律的应用，工业文明则是物力加工深度的表现，信息文明是给物力安插翅膀，并形成万物互联、智慧处理的惊人形态，尽管信息文明的大门才刚刚打开，但初露端倪的信息文明世界已经让人类初步感受到了做人的感觉。这是根本的问题，城市不是村落的膨化，自然不能用村落管理的逻辑或国外城市的规律实施管理，那么，中国城市的规律、文化、机理、战略、模式、特征、个性、风格、规模等内容定义、定位、定性、定向准确吗？

基本的问题是我们至今没有形成中国的城市管理思想、理论以及响当当的管理人才群体。我国在诸多方面从跟跑到并跑、到领跑，但城市这一文明的结晶体上，我们需要补的课、攀越的山还很多。

最后是强一个城市的产出能力。

城市的伟大不在规模，而在一个城市产出伟大内容的能力与结果。成果的标志概括起来就是"四名"，即名人、名品（产品、作品、品牌）、名事（件）、名组织（企业、事业单位与机构）。伟大的城市不仅能够创造出"四名"，而且能够持续传承，形成一个城市的文化传统与特色。城市能力与结果的基本关系、路径如图 13-3 所示。

图 13-3 质量强市的能力与结果

新动能即从视角、结构、方法层面围绕既有的资源体系，实施重构、重

组，让其能力得以蜕变，从而驱动现实世界高速度、可持续、循环利用型发展。例如，钻石、石墨、石墨烯都是碳原子构成的，由于分子结构的差异，其性能、功用、价值等有天壤之别。

"强市"是强壮城市的强度，造就城市伟大起来的基础，作为手段，是促使城市从平庸走向优秀，在众多的城市中卓尔不群地存在。

城市不是经济的城市，而是文明场、历史孵化机！因此，伟大的城市不仅仅是经济的发达，还要诞生标志文明历程、照耀文明历史的人物、产（作）品、事件，以及那些堪称经典、堪称伟大的组织。没有人文精神的土壤与源泉，没有海纳百川的情怀，没有创新创造的氛围，只以贫富为尺度标量存在感，就不可能孕育、催发历史的发展，这样的城市也不会富于魅力。虽然逐水草而居的游牧本性驱使人奔向城市，但是，当一个城市不能创造具有时代标志意义、历史标志意义的人物、产（作）品、事件、组织的时候，那就只能是一个果腹的华丽去处，奔她而来的人们自然也会弃她而去。

这就向我们提出了一个严峻的问题：在中华民族伟大复兴的历史洪流中，我们是在造就行尸之城还是在造就生命之城，是在造就平庸之城还是在造就个性之城、不朽之城？

二、标志：质量强市凭什么

随着质量型发展成为又一次国家深层变革的主题内容，大量的城市将"质量强市"通过验收当作政治任务、规定内容、必然完成项，要么看齐深圳、苏州、南通，考察、交流、淘资料、学经验，要么对着自家的地图，扳着指头敝帚自珍式地数优势。

一个城市的质量，不仅仅是经济意义上的产品、服务、工程，以及环境的质量问题，质量强市自然要从政治、经济、文化、社会、科技、教育、卫生、法制等八个维度上与同类型、同规模、同档次的城市比较、考量，然后依据长短板，集长补短、扬长避短，在拉高自己质量基准线的前提下，让自己的长板变强，短板变长。如果说这是木桶原理的直观道理，那么，还有的就是多龙不

第十三章

质量强市：强什么、凭什么、怎么强

治水的断头路现象。当没有一种超越本位利益的城市精神、责任、意志共识统领各个部门、机构、区划时，既有的集合只能是形体上垒在一起的积木。质量强市建立在这样的基础之上，无异于沙滩上搞建筑。

每个地区、每一座城市都有自己的比较优势、比较能力，但在千城一面的同质化、同形化、同步化、同调化"四同化"现象面前，"标新立异出奇地一致，左顾右盼保持好步调"，自己的相对优势与能力是什么？

事实上，不论年轻、古老，任何城市都有自己独具的风采，也时刻在发生、产出着质量强市的资源，甚至有的已积淀成一个城市的人文富矿，有的亮瞎人眼地突兀而立，有的则像野草一样自生自灭地重复着故事与轨迹。因此，质量强市凭依的核心能力、核心优势首先可从人文、自然、生态三大基本资源体系中勘察、优选，从而补益、强化。

人文层面由物性文明、知识文明、精神文明三个维度构成，以此审视，老城市有着老记忆、老传统、曾经的辉煌，也有着标记城市历史高度、进程的人物、事件、产（作）品、组织与机构，他们成为城市基因与灵魂的主体内容，实际上，即使是化石，也有着文明的信息可供研究、凭吊、开发利用；新城市则充满着年轻的气息，在农业文明、工业文明、信息文明迭代并存的交汇点上，自然会有属于自己的"新、特、优"内容。

自然层面由自然形成与人工改造两个维度构成，不论是山川丘塬、江河湖泊还是冰川沙漠、平原阔野，每一个城市的形成，可以说都是历史与自然交汇的结果，天地自然与历史自然赋予了城市形体，物候风貌自然也就成为差异于其他城市的特征、优势，那是天造地设的赋予。

环境层面同样由自然与人文生态两个维度构成，工业化加速财富增长的同时，也带来环境劣化的副产品，野蛮发展堆积的环境问题已经在成为吞噬发展成果的陷阱、黑洞，这是自然生态环境。人文生态环境的城市包容性、和谐性、成长性是衡量一个城市优质与否的基本尺度，很难想象一个种族、文化、宗教、地域、姓氏、年龄、阶层、志趣等不同的族群遍起冲突的城市会有美好的现实。

其次是三大亮点、支点、记忆点。一是三大亮点，包括了前述人文、自然、文明生态三个层面的典型人物、事件、产（作）品、组织，以及时风民

俗；二是三大支点，包括了技术、管理、政策与机遇风口；三是三大记忆点，没有特异、独具标志意义、象征价值的事情是构不成记忆点的，对于社会公众，这种记忆是或惊诧或震撼或敬仰的冲击波后难以忘怀的情节，三大记忆点主要包括承载自然风貌、人文风貌、人文精神与成就的人物、事件、产（作）品、组织。我们能记住大庆、酒泉、深圳、上海、广岛、巴黎、纽约、威尼斯，也能记住一些不起眼的"小地方"，不是它的全貌与概要，而只是那一个或几个令人心神震颤的节点。大量的城市不具有这些城市惊天动地的事件，但你的城市所具有或期待塑造的一种民俗民风、文明生态、自然生态，能否深度加工，塑造成标记时代的经典？

三大亮点、支点、记忆点本不是截然分开的内容，有些是重合重叠的，不论如何，需要的是将这些城市拥有的显在、潜在、零星、集群、自然、人为的内容按照各自的规律进行精加工、深加工、升华、转化。本来文明就是人文与自然结合的产物，我们有什么理由不能将丰富的城市资源变为璀璨的文明成果，供这个世界鉴赏、传播、共享？

三、策略：质量强市怎么强

任何事情都会有诀窍，质量强市应该也不例外。

这个诀窍就是要素、方法、制高点。

其中，要素有三：其一，市委书记是质量强市第一责任人；其二，质量强市的内容体系；其三是凭依的优势与能力资源的差异性。所谓制高点就是在比较优势领域，成就自己的绝对优势。这是要素、方法集成的结果。

质量型发展是一种新文明形态的开创，质量强市是千帆竞发的告别数量文明的支点。作为一个观点，质量本身就不是质量人的事，而是全体成员共同的事，特别是首要负责人的核心责任，所以，事能否成业，让质量型发展成为常态，通俗地说这是标准的一把手工程，要一张图纸绘到底，担当首要责任的是第一责任人，其次是操盘手，第三是全体成员。将帅有心，兵众无意，不是兵众出了问题，而是将帅的有心与兵众之意不能契合，"上下同欲者胜"，一个不

第十三章
质量强市：强什么、凭什么、怎么强

能让全体成员中大多数引为己任的事情，甚至上下各揣心腹事，断难成功，只有失败。

一般来说，打牌都是想赢、不想输，常常手握一手好牌却败得惨不忍睹，那就是牌技的问题了。质量强市自不例外，制胜的方法用流行的方式表述，可概括为"一三四五八"模式。

一核：质量型发展。

三纲：文化、战略、质量纲领。很不幸的是，大量的城市没有属于自己的这三个纲领，有的只是随着国家发展要求的五年规划，要清楚，规划不等于战略，只是战略纲领实施的中间版，下层还有实施计划。

三再：再聚焦、再定位、再结构。在一个速变的世界，动态的平衡是重组资源要素以达成最优的结构形态。

三抓手：事件、标杆、氛围。

四（名）标志：名人、名品、名事件、名组织（包括企业、学校、医院、政府机构等）。

五（人）支队伍：公务员（国家与政府行政事务的优质操作者）、经营家、专家（科学家、教育家、艺术家等）、专业质量人、志愿者。

五常态：创新、激励、共享、亮化、强基（基础、基层、基本功、基本思想）。

八维：政治、经济、文化、社会、科技、教育、卫生、法制。

归纳下来，质量强市就是清晰三张图，即地形图、路线图、策略图，三图在手，制胜在握。

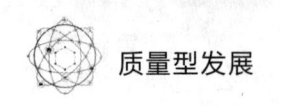

第十四章
政府质量奖，国家兴衰的脉门

一、美国故事

马尔卡姆·波多里奇拯救了美国的地位和尊严！

这是包括美国前总统克林顿、小布什和前商务部长戴利、骆家辉等在内的国家政要对美国国家质量奖的基本评价。

美国是西方现代管理科学的发源地，也是管理学教育的第一出口大国。然而，20世纪50年代以来，美国工业总的形势是增长缓慢。自70年代起，特别是1973年石油危机以后，美国经济就处于长期停滞状态。到80年代中期，美国的人均国民生产总值，从过去的世界第一位降到世界第十一位。美国在全球GDP中所占的百分比明显下降，从1967年的33.8%下降到1986年的26.6%，下降了7.2个百分点。

相反，日本的经济却迅速崛起。其发展速度高居资本主义世界的首位。"二战"后，日本生产率的增长是美国的400%。作为战败国的日本，战后初期远远落后于美国，到70年代中期，日本已成为国民生产总值在万亿美元以上的三大国家之一；1980年日本国民经济收入人均1万美元，汽车、手表、家电、摩托、钢铁等均跃居世界首位；1986年日本国民生产总值在全球生产额中由1967年的5.2%提高到了12.4%，提高了7.2个百分点，恰恰是美国所降低的百分点，美国的优势被日本夺走了。

第十四章
政府质量奖，国家兴衰的脉门

1. 美国的反省与行为

进入20世纪80年代的里根时代，这种优势的丧失愈益明显。巨大的竞争压力，让美国企业和产业界开始明白并发现：在这个国度，低质量的成本高达销售收入的20%！

于是，1982年10月，认识到生产力大幅衰退的美国，由里根总统签署了国家开展提高生产力研究的法令——认识衰退、研究出路，成为国家行为！美国企业界和政府领导人已经认识到，面对全球一体化带来的更广阔、更苛刻、更激烈的市场竞争，美国企业不了解TQM，甚至不知道如何提升产品质量，质量已成为美国迫在眉睫的问题。

1983年9月，白宫生产力会议召开，美国总统、副总统、总统顾问、财政部部长、商务部部长都在会议上发言。会议呼吁在全国公立和私营部门开展质量意识运动（Quality Awareness Campaign）。10月，美国生产力研究中心建议设立类似于日本"戴明奖"的国家质量奖。

在这一背景下，美国政府部门和企业界对于TQM活动呈现出与日俱增的兴趣。许多政府和企业界人士建议，设立一个类似日本戴明质量奖那样的美国国家质量奖，帮助美国企业开展TQM活动，提高美国的产品质量、劳动生产率和市场竞争力。美国商务部部长马尔科姆·波多里奇坚持认为，TQM是美国经济繁荣和国家强大的关键因素，这导致了美国众议院科学技术委员会的一系列听证会，并主导起草了该法案的最初草稿。

为表彰马尔科姆·波多里奇的贡献，1987年8月20日，总统里根签署了国会通过的美国100—107号公共法案，并以马尔科姆·波多里奇的名字命名国家质量奖（简称为"波奖"）。从1988年开始，波奖基金为此项奖励提供支持。

1988年第一届波奖开始评审并颁奖，适用领域包括制造业、服务业和小型企业三个领域。

1992年对1988年版法案进行改进，建立了绩效因果关系模型。

推广起初在制造业、服务类及小企业，从1998年起又推广到教育和医疗领域，后来在军队及联邦机构和州政府也采用该模式来评价绩效。

2. 波奖的主旨

美国国会100—107号公共法案在论及设立波奖时做了如下阐述：

（1）美国在产品和加工领域的质量领导地位，20年来一直受到外国竞争者强大的（有时是成功的）挑战；比较而言，美国生产率的增长不如竞争对手。

（2）美国工业界和商业界已经认识到，不良质量已经使全美损失了20%的销售收入。改进产品和服务的质量和改进生产率、降低成本、增加利润是相互联系的。

（3）由制造业和服务业领域的杰出人物，建立一个质量和质量改进项目的战略计划，对于美国国家经济的良好运行和提高美国在全球市场上的有效竞争力正在变得日益重要。

（4）改进现场管理、鼓励员工采用质量工具、加强统计过程控制，都将对制造业成本、质量的提高产生重要作用。

（5）质量改进的概念无论对于大公司还是小企业、制造业还是服务业、私人投资业还是公用部门都可以直接适用。

（6）为了达到成功的目标，质量改进计划必须以管理为先，顾客为本，这可能会要求公司和机构在某些基本的方面进行变革。

（7）一些工业化国家已经成功地用给予特别承认的方式，把国家质量奖授予经过审核被确认为非常出色的私人企业。

（8）在美国建立这样一种质量奖励计划将会在以下方面改进质量和生产率：

第一，帮助和刺激美国公司，为了获得这一荣誉而改进质量和生产率，同时获得利润和竞争优势；

第二，对那些在改进自身产品和服务质量方面取得成就的公司给予表彰，并且为其他公司提供榜样；

第三，为工业、商业、公共和其他领域组织评估自己的质量改进效果建立指南和样板；

第四，通过提供有价值的评价指标的细节，使人们了解一个组织怎样成功地改变他们的企业文化并获得卓越绩效，为其他希望实现卓越质量和绩效的美国公司，提供特别指导。

概括起来，波奖的目的是促使美国企业界、经济界认识到：

（1）改进质量的战略策划，追求制造与服务的卓越，是国民经济繁荣昌盛和有效参与全球竞争的基石。

（2）质量改进不再是企业的一种选择，而是企业基业长青的必需。

（3）质量改进必须是"管理驱动、顾客导向"，必须彻底改变旧有的经营模式。

（4）通过卓越绩效管理造就一批世界级的企业，成为美国经济成长的驱动力、发动机。

3. 现状

波奖由美国总统颁发给获奖企业，获奖企业在美国非常引人注目，它已经成为美国质量的倡导者。其在企业和组织中传达着这样的信息：采用波奖卓越绩效模式所获得的利润和收益远远超过他们最初的预期。到目前为止，获奖企业就此发表的演讲已超过3万次。

截至目前，政府每年投入该奖项的奖金为500万美元，私人企业和民间组织投入的资金超过1亿美元。其中，私人企业赞助的捐款超过1000万美元。每年都有来自美国企业、公司、大学、政府部门、咨询机构和非营利机构的专家，作为志愿者从事质量奖的评审工作，美国商务部NIST至今已就TQM、过程改进及波奖的有关事项进行了上千次演讲。

现在，全美有数千个企业和组织用波奖的原则和评价标准进行自我评估、培训和改进。对许多企业来说，采用波奖卓越绩效模式，提高了生产率、市场占有率和顾客满意度，改善了企业和雇员的关系，最终提高了企业利润。统计数据表明，采用波奖与企业的市场表现的改进有着十分密切的联系。

波奖是一个杠杆，沙里淘金，每年只有3~5个企业获奖。1988—2012年，全美共有80多个企业和组织获此奖项。

4. 结果与评价

还是那句老话，有比较才能有鉴别！

据统计分析，1990—1999年，波奖企业投资回报率大约是标准普尔500指数企业平均水平的4.2倍，分别是685%、163%。对此——

2006年9月，美国质量学会主席说：波奖每年可带来相关的收益大约为240.65亿美元，成本与收益比率保守的估计为1:207。

亚太质量组织主席山·如普瑞：推行卓越绩效模式，应该是企业内心的诉求，这样才能给企业带来真正的提升。

因为，质量管理主要向内关注质量体系运行绩效，质量经营主要向外关注质量体系与质量环境之间的协调互动。现代质量经营是质量经营战略与企业经营战略的合二为一。

5. 结论

随着《独占鳌头的日本》《日本可以说不》等书走上世界的书架，几乎彻底打败了美国的"日本制造"，还没有来得及欢呼，就遭遇了"广场协议"。这个协议表面上是对日本的掠夺，釜底抽薪的是信息化革命和管理质量的变革。美国在技术上的升级换代，彻底浇灭了日本挑战美国的雄心；管理质量的升级换代，则强固了美国牢不可破的霸权地位。

对此，我们或者只好说也只能说：

（1）国家经济兴衰，拜质量奖所赐！那是国家的隐神经、显能力！

（2）美国短暂的国家历史，在演进中其大国角逐战略的制胜模式逐渐定格为：道德高地、代际前出、资源变身。

（3）美国超越日本，根本上是制度性内容的超越，日本质量奖的核心是产品，美国质量奖的核心是管理——不幸的是，随着实业空心化、虚拟化发展，美国的管理质量"病"了，全世界都长了一张美国管理脸，美国的管理思想却染上了病毒。

二、日本故事

1. 日本奇迹

20世纪80年代，日本经济与日本产品如日中天，资源匮乏、领土面积狭小的日本所创造的经济奇迹，让全世界瞩目。对此，日本《经济白皮书》把其成功归结为三点：

（1）重视人才资源和教育培训；

（2）吸收和消化国外的先进技术，适用于本国的国情；

（3）形成了适应经济形势变化和不同发展阶段的经济系统。

其中，全世界第一个国家质量奖戴明奖在推广普及质量管理方法，提高日本产业竞争力方面起到了关键作用。

这种作用首先改变了日本的形象，其次改变了日本人的文化与习惯。

已成世界公论的是，日本在战后废墟上迅速崛起的历史伴随着其品质改善的历史。战后的日本，工业基础几乎全被破坏，农业减产1/3。物质的匮乏使大量美国货流向日本，日本对美国的巨额贸易逆差使他们无可奈何。在短缺经济下，不可能形成质量追求。一时间，日本产品以质量低劣而闻名。

1951年前后的日本，处于战败屈辱和战争破坏造成的饥寒交迫之中，日本人最关心的是战后恢复和崛起的进程，他们问戴明：要改变日本的国际形象，把日本由一个制造劣质低档产品的国家转变为能在国际市场上具有竞争优势、生产高质量产品的国家，需要多长时间？戴明预言："只要运用统计分析，建立质量管理机制，5年后日本的产品就可以超过美国。"当时没有人相信这一断言，日本人最大的梦想不过是恢复战前的生产水平。

果然，日本的产品质量总体水平在4年后（大约1955年）就超过了美国，到20世纪70~80年代，不仅在产品质量上，而且在经济总量上，日本工业最终对美国工业造成了巨大的挑战。事后戴明曾追忆说："我告诉他们，他们可以在5年内席卷全球。结果比我预测的还快。不到4年，来自全球各地的买主就为日本产品疯狂不已。"

日本企业以申请戴明质量奖作为动力和桥梁，积极推动TQC活动，经过

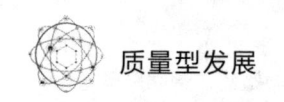

几十年的努力，逐渐形成了日本企业的核心竞争力。获得戴明质量奖是一种荣誉，更代表一流的竞争力，它是日本企业追求卓越愿景的实现目标。

2. 戴明奖简况

1951年创立的戴明奖，旨在通过开展全面质量管理，推进质量改进，变革日本企业的管理方法，对日本战后经济振兴和高速发展做出了贡献。

戴明奖共分为三类：

戴明奖个人奖；

戴明卓越传播推广服务奖（国外）；

戴明实施奖。

戴明奖个人奖，授予个人或团体，表彰在TQM或TQM数理统计方法的研究方面，或者对TQM的传播方面做出突出贡献者；戴明卓越传播推广服务奖，授予主要活动在日本以外的个人，表彰对TQM的传播、推广做出重大贡献的个人。每3～5年评选一次；戴明实施奖，授予组织，包括公司、研究机构、组织的分支机构、运营的业务单元和总部，表彰实施与其管理哲学、经营范围/类型/规模以及管理环境相适应的TQM的组织。

戴明奖把质量看作是由过程来决定的，因此总目标是对确保质量的形成过程进行控制，并注重统计质量控制技术的应用。

戴明奖的授奖范围已经从日本国内扩展到国外。截至2011年，共228家组织获得戴明实施奖（组织奖），其中日本188家、日本以外40家。日本的松下、丰田等、美国的佛罗里达电力等都曾获得戴明应用奖。

3. 国家质量奖的价值

尽管日本质量管理"教主"戴明博士说：质量无须惊人之举，不过是观念、行为、坚持而已！

然而，在日本，获得戴明质量奖却是一种挑战，获奖意味着在采用有价值的质量控制方法上获得成功。在根本的意义上，获奖意味着质量自觉，意味着产品质量、劳动生产率和企业的凝聚力、竞争力。

所以，日本人曾不失狂妄地说，因为产品质量，电器、汽车、电子等产品完成了飞机、大炮、坦克没有实现的梦想！

三、政府质量奖，脉门透视现状

1. 中、美、日政府质量奖获奖者数量比较

（1）数量比较。

2012年，中国全国质量奖走过12个年头，申报企业遍布29个省、市、自治区和特别行政区，覆盖国民经济46个行业大类，获奖企业近100家。

美国从1988年至2012年，共有80多个企业和组织获此奖项。

日本从1951年开始至2011年，共228家组织获得戴明实施奖（组织奖），其中日本188家、日本以外40家。

在中国高速发展的同时，获奖也是呈跃进式增长！

（2）奖项的指向。

美国国家质量奖的指向是超越产品质量，走向管理质量为核心；日本的戴明奖意味着质量自觉，产品质量、劳动生产率高和企业的凝聚力、竞争力强；中国的质量奖意味着什么呢？

奖是标志，是对成果分量、质量、标量的评价与结论，因为，它标志着一个历史时期的志向、导向、走向。一旦价值只有价签的意义，庄严的奖就会变得轻飘。

本质上，以卓越绩效评价准则为准绳的政府质量奖，其焦点是观念，核心是管理质量，关键是结构的调整。其成熟度标志着一个企业、地区乃至国家、民族的文明程度。

当然，奖项本身并不能将内容植入组织体内，它只是促进性力量，具有悬赏性质、导向性质。因为，质量文化是管理者的责任，一方面管理者的态度直接影响组织的方向与归宿，另一方面是由制度、规范、流程、政策固化在组织之中。

2. 政府质量奖的质量

美国、日本的故事充分说明了国家意志的导向作用与扭转乾坤的价值。对于中国来讲，政府质量奖的作用，道理上讲应该更为巨大。

事实上，已经席卷开来的政府质量奖，在向社会洞开国家意志、地区追求的目标时，也铺天盖地砸向了社会！因为，质量水平是一个企业、地区、国家文明程度的反映，也是其文明成熟度的体温计。因此，奖项的成熟度由获奖者的社会、经济、文化、科技的代表性支撑，由影响力、结构性、标志性、机制化决定，其核心要素是奖项的含金量（权威性、先进性、科技性）、含氧量（启发性、克隆性、移植性、嫁接性）、含光量（客观性、公正性、公平性）。

对于获奖者而言，这种代表性是先进性、稳定性、成长性、安全性的集合，它对于一个地区、国家须具有杠杆撬动性、标杆引领性、发展标志性这样的价值。通俗地说，政府质量奖的获奖者是一张代表地区、国家的脸。

发奖的实质当然不是发发奖就完事的，而是树立榜样，制造效应，组织者通过树奖、申奖、评奖、发奖、学习获奖者，激发、拉动、促进区域内的好者更好、弱者变好。

政府质量奖自然可以透视一个地区、国家的成熟度、发展现状、未来趋向。因此，政府质量奖的成熟度应该要高，才能满足时间性、杠杆性、标杆性、酵母性的考量。

第十五章

政府质量奖，机制与落地

一、政府质量奖，奖什么

我国从 2001 年开始仿效美国设立全国质量管理奖，参照并依据美国标准，对企业实施评价考量。2004 年国家标准《卓越绩效评价准则》（GB/T19580-2004）颁布实施，将这一奖项去掉"管理"二字，更名为全国质量奖，此后，随着发展，经多年酝酿最终于 2011 年完成准则修订，形成 2012 版准则。起初规定每年设置 5 个名额，随着时间的推演，逐渐扩增，有的年份甚至达到 12 个之多。

那么，政府质量该奖什么呢？如何能够更好地发挥出奖项的酵母作用、杠杆作用呢？

1. 政府质量奖，焦点、目标、路径

（1）焦点：管理质量、社会成熟度。

《卓越绩效评价准则》被设定为政府（省-市-县长）质量奖的根本依据，核心是管理质量而非产品质量，焦点是模式、经验、数据，而非文本、规模、数量。"准则"以及"国家质量发展纲要"中所倡导的大质量观，聚焦的还是同层面、平面型的质量意识，因为，其关注主体是产品、工程、生态，这些还是产品属性。本质上，《卓越绩效评价准则》中所讲的质量是管理质量，并且探入精神质量的内核，即形成了产品质量承载、管理质量表现、精神质量

导向的层次递进。管理质量是社会成熟度的标志。在中国追赶式地高速发展几十年后，数量型、粗放型的模式必然退位，代之而来的将是质量型、精细型形态。

中国社会经济的转型，说到底是社会经济运营质量的跨越。在改革开放30年形成的创业黄金时期，一方面成就了大量的机会主义者。因为，遍地的机会丛林中，只要有胆就能创造致富神话；在粗放的创富冲动之下，形成泥沙俱下、鱼龙混杂的市场行为。假冒伪劣、安全问题、食品丑闻层出不穷，所说明的是伴随着国民经济高速发展，拼资源、高消耗、伤害环境的国民经济运营质量低下。另一方面，则是积淀形成跨越式管理与发展的基础。在一种近乎残忍又必然的低质量运营的同时，高质量、高技术含量、精细化的现象与行为既天然相伴，又逐渐在量变为主导性的发展，就我国的状态看正在进入过渡阶段。毕竟，成长肯定是文明的主旋律。

（2）目标：两平四核三孵化。

政府以奖励的形式，促使社会关注并激励管理水平的提升，是借助公信力，为当今的社会发展动力主体企业背书，其目的十分鲜明，就是两平四核三孵化。即用看得见的手，借助卓越绩效模式的应用，促使企业提高管理质量水平，造就企业的核心能力、核心优势，进而拉动本地区国民经济管理质量水平的提高，形成本地区的核心能力与核心优势。所谓三孵化，就是孵化企业、品牌、企业家。这是一个地区乃至一个国家经济实力的内核三角，它们的响亮程度直接决定着一个一个地区和一个国家的地位。

（3）路径：培育、试点、推广、普及、总结。

政府质量奖可以说是政府以悬赏的形式，促使企业运用卓越绩效模式，重塑观念，集约资源，聚合效应，协同进程，让标志性结果重复发生。这自然少不了观念育种—择势试点—逐步推广—适度普及—系统总结的过程。

与此相应，一是整体规划，阶段计划，把控节点，标杆引导，速度调节；二是模式承载，机制保障，效应促进，总结加固。

2. 政府质量奖，流变之因

政府质量奖是造脸、树地方标志、推广区域品牌的公权行为，也是拿着区

第十五章
政府质量奖，机制与落地

域公众的信用为获奖者背书的行为。某省某届省长质量奖评委曾暗自庆幸说，亏得顶住了市委书记、市长的压力，没有评选那家国内行业大哥大级的食品企业。因为，颁奖后数月，3·15晚会上由于XX精曝光了这家十分低调的企业，成为当年最大的食品安全事件之一。据说，这家企业一个月内股市损失加市场损失达到100亿元以上。这是企业的损失，对于庄严的省人民政府、堂堂的省长而言，100万元奖金、奖项的尴尬程度，就是架100万个灭火器也是难以缓解的。也就难怪评委们暗自庆幸了。

与此迥然不同的是另一个省，一家获得省长质量奖的酒厂，奖牌还没暖热，塑化剂问题曝光，不仅企业、奖项灰头土脸，而且整个行业陷入塑化剂持续地震，市场、市值大量蒸发。

一个良好愿望与功效的奖项，难道是桔生江北吗？

如果如此结论政府质量奖的现象和问题，显然是简单＋粗暴的做法，更是对这块土地及其文明、人文精神的亵渎、侮辱与强暴。

毕竟是问题出来了。那么问题的核心是什么？

作为一个在美国应用成功，又被世界社会广泛应用的工具，卓越绩效模式包括了企业运营的7个关键性因素，即4个主体性因素：领导、战略、顾客与市场、资源；两个过程性因素：过程管理、测量－分析与改进；一个结果性因素：经营结果。

这套模式有三大特点，一是关注了4个质量，即组织系统的结构性合理、根源性合理、过程性合理、结果性合理。其中，根源性合理包括了观念、文化等源头性内容与基础性支撑内容。二是强调了组织系统的过程性、学习性、共享性、总结性。在颠覆"只要结果，不讲过程"的同时，以PDCA改善环为基础，明确了ADLI过程方法环、LeTCI结果考量环，形成三位一体的结构体系。三是通过导入卓越绩效模式，梳理、整合、总结、概括出企业发展过程中形成的五个一体系，即一种思想、一组亮点、一批经验、一群措施、一套策略。打从企业诞生以来，绝大部分企业都是创富的机器，缺乏人文内涵的系统总结，这是企业难以基业长青的根本原因之一。

《卓越绩效评价准则》从纲到目，无疑是一面面正衣冠、鉴优劣的镜子，量大小高低的尺子，称量自己轻重斤两的衡器，通过对镜比照、比量、衡量，自己的长短板便会清晰呈现。因此，卓越绩效模式的应用，又可以称为找长抓短、集长补短、扬长避短的"三长三短"过程。

政府质量奖是用看得见的手，动用公权力，改善政府职能与形象的实验场，与看不见的价值规律之手相匹配，释放出公信力和社会公平、正义、导向、聚合的能力，提高地区的国民经济运营质量，促进地区文明状态的提升。

然而现象与此是不相符的，甚至是相违、相异、相悖的。解析其中原因，会发现这项庄严的奖项，它不是不懂不会不能做好，而是人们少了一种正能量的认真精神、敬畏意识、责任观念。

二、政府质量奖，质监局的坎儿 or 龙门

严格地说，政府质量奖是作为国家社会经济转型的工具被应用的，其核心是改进或促使经济品质的变革。

作为与科技进步奖并列的政府质量奖，在中国的版图上，多者已经出现十几年，短者刚开始，这一被称为让政府领导成为获奖者形象代言人、地区人民为获奖者背书的事项，是否成为地区发展的杠杆，撬动了地区国民经济的发展？获奖者是否成为地区国民经济管理与发展的标杆，引领并拉动了地区经济运营水平的提升？是否成为地区国民经济发展的酵母，发酵了地区经济的发展与转型呢？

显然，对于作为操盘手的质监局来说，政府质量奖这样一个关乎地区发展举足轻重的大事件，既是横亘在其面前的坎儿，也是一座龙门。

称之为坎儿，是因为在当今时代，作为政府部门，其职能、形象、表现发生了根本性的变化。职能上由管家婆变为服务者为主，仲裁者变为保障者为主，因为在法治环境里，仲裁的低级、高级形式都是由法院完成的，而管与服的换位，则是官轻民贵、收税人服务纳税人、民为主的本质；形象上由官气变为民气，由被动承受、现象管控、形式查验变为主动预防、根源治理、内容规范、知识服务；表现上由督察、纠察、奖惩，变为点带面、效应、引导、推广，那种关、卡、压、罚的传统行为在政治昌明、互联网透明的时代，显然需

要变革。

因此,质监局借助政府质量奖的机遇,迈上这个坎儿,就会跳跃龙门,实现政府服务社会、服务经济、服务民生的涅槃,促使我国国民经济管理质量与发展水平由粗放型跨越到精细型层次,让我国的经济运行质量发生本质的变化;迈不过这个坎儿,就会拖社会经济发展的后腿,形成经济追迫政府部门转型的倒逼状态,最后还得进入现代政府部门运行的轨道之中。

1. 角色:质监局评奖工作中的定位

事实上,市场经济环境中的企业,比谁都清楚活下来、走上来、立起来最需要什么,这是关系企业身家性命的本因和内生力。作为政府,其职责概要而言就是"恰到好处地给企业以帮助",具体来说就是如何搭建生存平台,制造宜生的良性环境,创造尽可能风调雨顺的条件,促生现代文明的引擎、经济主体的企业快、大、强、久地存在下来。因此,设置政府质量奖,推行卓越绩效模式,是围绕区域国民经济如何良性快速发展这一核心,促生企业的良好状态。

应该看到,当前的中国经济主体中,只有很少的觉醒者自觉地将自己的中心任务圈定在管理质量的层面,绝大多数的企业尽管有梦,但还黏滞或是困顿在产品质量的雾霾之中没法解脱。正是这样,才有政府质量奖的大面积推行,也就有了质监局崭新的用武平台,在职能上工作的重心将转移到地区经济发展的品质上。可以说,借助这一奖项的推广,质监局应该赢得广阔的责任空间。那么,地区发展质量的巨大课题将会促使质监局转变既有职能,并承当以下的职责:

智囊——成为地区经济运行品质的专业脑库(作为政府的一个职能部门,本身就具有智囊作用);

肢体——成为地区经济运行主体的监护人;

教练——成为地区经济运行主体的引导者。

(1)尴尬的"七的"角色。

"七的"是指:搭台的、划线的、导航的、吹号的、加油的、打伞的、吹哨的。

表15-1 政府机构"七的"角色概念一览

序号	功能	表现
1	搭台的	搭建公众政治、社会、经济、文化、法律平台，营造宜生、竞生环境
2	划线的	制定并推行规则，监督、监控规则运行
3	导航的	规划与制定区域政治、社会、经济、文化、法律发展方向，引导社会公众与个体健康发展
4	吹号的	面对社会机遇、榜样、效应、现象，鼓励、鼓舞区域内公众与个体自激自励、奋发作为
5	加油的	为组织与公民提供或引进观念、知识、技术、政策等方面的支持与援助
6	打伞的	对先进、创新等代表优秀生产力、生产关系的内容，利用行政权力与手段予以保障、保护
7	吹哨的	对于犯错、违规事项及时发现、制止、纠正

从政府质量奖的角度审视，从制定评审规则，到企业导入应用，到评审运行，再到发奖之后的后效应，质监局完全可以对号入座于"七的"角色。

简单地分析，现代社会对于政府的要求是三公（公开、公正、公平）、三高（高效、高质、高保障）、三少（少管、少失误、少折腾），就政府的表现而言，则是四种基本状态，即大作为、有作为、不作为、负作为。

将质监局和政府质量奖置放于这样的环境与平台上考量，显然是有必要的，但也是比较难的。首先是因为质监局作为政府部门委、厅、局、办中的一个，没有足够高度的权重，在社会意识的概念里，质监局只是一个技术性的专业职能部门。而且，现实之中，在众多委、局、办体系之中，质监局比之组织、财政、公安等强势单位，算起来恐怕只能是二流半的层次，要承当扭转一个地区社会经济发展品质与格局的重任，充当一个地区社会经济乃至文化、世风的转型，显然吃重太深。

然而，这样的重担，历史性地落在了质监局肩上。

世俗地看，政府质量奖是质监局绝好的露脸机会、树立权威的机会；从社会价值意义看，则是肩起历史重担、义不容辞的责任。作为经济质量的一道堤

| 第十五章 |
政府质量奖，机制与落地

坝，质监局这样的职能部门不承担又由谁来担当呢？

决心和责任不能替代行为，更不能替代结果。那么，政府质量奖是流于形式，届届披红戴花、兴高采烈发奖，还是实效彰显，既改变获奖者的管理质量，又拉动地区经济品质的变革？是死气沉沉，死水微澜，或打一串水花，还是风生水起，效益之花竞彩斗妍？是流星一样地闪烁一道光亮，还是经济品质跃变的支点？

这既是质监局的工作重点，也是政府质量奖的重心，各级政府领导的要务之一。邓小平曾说和平时期"经济是最大的政治"，经济及其管理品质的持续改良与蜕变则是经济领域最具核心的任务、内容和动力！

（2）拿钥匙的丫鬟。

作为政府质量奖的操盘手，显然只是一个执行者，你不能因为拿着钥匙就以为自己是主人了。因此，质监局不能像做好菜的大厨，自己美滋滋地吃完后，对着省长市长们拍拍手说"好了，大家都进膳了"，也不能假省长市长之威以令下面，更不能错位到"有权不使，过期作废"的心态，借助评奖的机会，夹带私货，落情买好，把省长市长蒙在鼓里。

政府质量奖不是省长市长的私田，更不是质监局的自留地，依照启动→申报→评审→筛选→公示→发奖的要素流程，环环相扣，不得差池。

权力不大责任不小。政府质量奖是质监局为政府首长做基础工作、后台工作，即使做好，也未必有自己更大的一番天地、一个舞台，但如果做不好，肯定地说既有的天地、舞台也是要缩水的。

（3）组织者。

政府部门都是社会资源的社会组织者。

社会主体要求于组织者的有以下三项内容：政策法制保障、经营环境保障、社会治理环境保障，核心是服务，即尽可能地创造软硬环境，满足社会成员发展的外部需要。因为内部需要是社会成员自己的事。

那么，政府部门就需要满足以下的要求：把准社会进步的脉搏，把准科技发展的脉搏，把准经济文明发展的脉搏，把准市场发展的脉搏，把准社会主体们对于政府需求的脉搏。一个好的政府，如果把不准这样的五个脉搏，是难以符合社会主体们的要求的。

显然，这不是吃喝政府、会议政府、审批政府能够办到的，也不是发号施令的政府能够办到的，而是科技政府、知识政府、智慧政府分内的事。

随着文明的发达进程，中国的政府职能必将会出现政治、经济、社会的三元分离、相互支撑的状态，即集约发展，各司其职。这是一种政治筹划宏观发展大图、经济担纲发展、社会予以保障的关系。这种状态是更高级的社会管理形态，它的最好表述就是三者之间是一种像NBA赛场上一样令人叹为观止的"默契"协作。

那么，当下的质监局作为组织者，就是面对社会主体们对于基业长青、模式变革、经营力不从心、企业发展顶到天花板、面临困惑的千千结等需求性资源，组织本地及外地软硬资源，实现两方面的对接，促使本地区社会经济发展活力澎湃，同时研究本职能范围的政策法制保障、经营环境保障、社会治理环境保障问题，为政府提供施政建议方案。

（4）看门人。

质监局是地区国民经济发展的看门人。

在迈入质量强国之门的今天，质监局看守的已不仅仅是产品、服务、工程质量的大门，而是国民经济发展质量之门，或者说是社会品质之门，国家品质之门。

最好的看门者不是24小时眼睛不眨，盯着来来往往的人。就像最好的防守是进攻一样，作为地区经济品质型发展的看门人，质监局应该是引领"企业"这个现代文明发动机主体走上高品质的经营轨道，那种围追堵截式、救火性的品质管理显然已经不适合信息时代十倍速发展状态的要求。

也就是说质监局要看好三重门，第一重门是主动引领地区发展走上高品质轨道，截至目前，这种能够促使一个企业、一个地区、一个国家经济运行发生飞跃性变革的系统工具，还是首推《卓越绩效评价准则》所集成的卓越绩效模式，它颠覆了单项的、点式的、线性的、条状的治理理念，而是将一个组织当作一个系统，采取模式变革方式，重构关系，再造结构。

第二重门是预防。对于后发国家的我国来说，预防是不难的。因为我国尽管以多倍于先进国家发展的速率在高歌猛进，但是今天中国就是昨天的它们，因此，将我国置放在全球范围内进行关于"预防"的衡量，在我国经济地理与

第十五章
政府质量奖，机制与落地

自然地理呈悖论式反差的环境中进行关于"预防"的衡量，都是有轨迹可循、有样板可标、有模式可效的，其中难点是按照科学管理的规律，在充分调研分析的基础上，绘制本地区发展地形图、形势图、趋势图，依循相应的规律和本地区特征特点，量体裁衣式地设计预防策略与措施。

第三重门是补救。先进国家也有食品安全丑闻，也有工程质量丑闻，但是必须认识这样的补救性工作，占不到其工作量的20%，相反，我们这方面的工作量则是20%的许多倍。

（5）播火者。

中国正处在跨越式发展的进程之中，其关键是粗放式发展向精细式发展转型与蜕变，核心任务当然是从产品质量到管理质量跃升。

所谓播火，就是以《国家质量发展纲要》《卓越绩效评价准则》为火种，深耕浅作、精耕细作于经济活动之中，让企业通过精细管理、精准管理、精益管理走上卓越的轨道，进而实现经济运行品质跑赢产品经济增速的目的。

面对这样的历史责任，质监局的播火实际就是播下四种火种：卓越观念、卓越方法、卓越经验、卓越标杆，通过本地区企业导入卓越绩效模式的实效，引燃、引爆本地区企业追求卓越的欲望。其实，企业最实际，最想发展好，也最有动力，它们一旦见到成效，强劲的欲望是任何力量都阻挡不了的。

（6）划线者。

有两个熟悉的成语和一句诗再清楚不过地定义了划线者的责任和价值：没有规矩，不成方圆；失之毫厘，谬以千里；问渠那得清如许，为有源头活水来！

流行的顶层设计概念片段化了设计原理，因为，还有源头设计、系统设计，这是三位一体的结构。当人们沉浸于思考"设计的失败是最大的失败，决策的失误是最大的失误"的时候，可曾想起划线者的每一丁点失误对于后续活动的影响程度？

作为专业的政府职能部门，质监局不仅仅是简单执行者，而且承担着在产品质量基础上，制订管理质量规范、标准、政策等规则的责任，还承担着从产品质量迈向管理质量通道、策略、规则的设计任务。

规则既是预防的基础，也是裁判的依据，更是撬动大众积极性的杠杆。在不少地区，政府质量奖的尴尬现象是参与度不高等问题。究其原因，大多是如何评审的规范要求，未能区分层次，大小组织同炉；未倡明"宁缺毋滥"的理念；没有退出机制；没有系统的孵化机制；没有后效应机制。

这不是难为质监局的梦呓，而是质监局应该考虑：我是高擎地区社会经济发展的柱石，还是地区社会经济发展的膏药、补丁？

雾霾流布广泛，遮挡了人们理性的视线！社会太需要清醒的划线者了，而具有哲学深度与高度，高瞻远瞩地洞穿表象，抓住规律颈项的划线者尤为稀缺，复兴的中国，需要各个层、各个面都能构划出一条条正确而便捷的通途！

2. 政府质量奖，12种困局

按道理说，各种困局的出现都是既十分合理且正常的，又是不合理、不正常的。一是刚开始，观念、知识、人才等都没有来得及准备，各种规则还没有完全建立（别奢谈成熟），没有困局才是不正常的。二是遭遇困惑，迫切改变，虽不免有病急乱投医的嫌疑，但遭遇发展瓶颈、触摸自己能力的极限等问题是真实的。三是获奖心切，核心当然是钱。

归纳下来，有如下12种困局：

（1）参与度不高。

主要表现在每届评奖，申报者不过20~30家企业或其他组织，多的几乎没有突破50家的，少的甚至不会达到6家。对于任何一个地区而言，几百家、上千家企业还是有的，这样的局面自然尴尬。这不是要全民上阵都申报，而是通过系列的孵化、辅导、宣传、推动、标杆、影响，让企业们有兴趣认知、应用卓越绩效模式。

参与度不高可分为三种情况，一是已经功成名就的企业参与度不高，二是中小企业参与度不高，三是会发财但管理不怎么样的企业参与度不高。前者功成名就，荣誉车载斗量，自身的管理已成定式，基本固化下来；中者是不愿陪太子读书当灯泡；而对于后者来说，挖一铲子矿才是真的银子，搞那些虚的玩意儿没用。参与度高的企业一般为处于金字塔次层次和快速崛起者。

参与度不高还有评审的质量问题。一些不怎么样的企业竟然令社会公众惊讶地上榜，这样的榜单当然难以形成良性的效应，自然会耗散应有的影响力。

第十五章
政府质量奖，机制与落地

还有操作性问题。一个经济并不太发达的城市，获奖名额是 10 个，每年一届，有的企业称之为注水猪肉，这样的奖项有什么意思？还不如多跑市场两趟。相当一部分城市存在奖金兑现不及时，奖杯拿到手了，红也披了，花也带了，奖金却一年没到位。

（2）奖发不下去。

一个矿业资源地区的质监局长很是头痛，第一年发奖后，一家获奖者一周后着了一把火，第二年发奖后不到一个月，一场矿难发生，死伤数人。面对这些丑闻，"发奖发得心中没底！"更没底的是食品类行业，这些年这个行业与煤矿业简直成了高危行业的代名词。有的省市已经形成一个默契：食品行业不予评审。

"再发奖我都心虚！"一位负责人说，"几届奖项已办下来，市长若问'年年发奖，效果如何'，我真的不好回答。"

（3）没单位可发。

主要是大个的企业、冒尖的企业已排过一遍。一个地区就那么几家有头脸的企业，每年 3~5 名，三五年下来，几乎发一遍了，瘸子里面拔将军的哲学可不行，那样等于是这个奖项的慢性自杀。

在没有形成金字塔结构的引导企业、辅导企业、孵化企业、标杆企业、获奖企业的前提下，发奖走不了几年就会山穷水尽。

（4）奔着荣誉和奖金而来。

荣誉和奖金都是诱人的。所谓重赏之下，必有勇夫。

但为荣誉和奖金而努力奋斗则是不值的。这是组织经营的必然副产品——企业经营好了，一切荣誉都会找上门来。对于任何组织，存在的最大价值是实现终极愿望，也就是圆自己的梦。如果把荣誉和奖金当作头等大事显然是本末倒置。

然而，一些企业就是这么直白地说，我就是奔着荣誉和奖金而来。十分明显，一个严肃的奖项变成了几近交易的行为。困惑由此产生：他们为什么这样呢？

反过来，他们为什么不这样？

这不是高调唱到天上，还得就地捡钱，而是设置奖项的主观意图与社会导向出了问题。甚至可以说，荣誉和奖金只是公信力的面子，要有公信力更需要里子的撑持、骨子的坚守。如果是为几家优秀企业办福利，是不需要政府质量奖这样的大阵仗的。多少年前，省长市长重奖有功之臣的活动与行为就十分简便、快捷。

（5）为奖而写自评报告。

这是为荣誉和奖金而参评的后台活儿。组织一帮秀才，或是花钱雇上枪手，认认真真地做一套假资料，实现这个环节的投入产出。

自评报告不是工作总结，也不是论文，而是一个无状语、无模糊用语、无大段大段文字描述的"三无"文本，其核心是遵循ADLI、LeTCI的规则，纲领性梳理企业运营，目的是找长抓短，集长补短。它考量的是撰写者对于准则和企业状态的透视程度、要素把握程度。

其中，需要遵守准则的规范要求，以数据、表单、图式、图片等为主体表达形式，总结再现企业的运营过程、状态、结果。其中的技巧有二，一是遵守准则，有问必答；二是在大量的数据、表单、图式、图片中进行识别、筛选，抓住KPI与要素。

（6）发奖完事。

在很多地区，轰轰烈烈的奖项评审和大张旗鼓的颁奖结束后，几乎没有后续文章，马扶上了，送一程免了，至于持续地提升、发酵本地区企业管理水平，则更是没有想的事。

在企业层面，市奖拿下之后，就是盼着省奖，这也不是现场作业的卓越，而是纸上作业的卓越，尽可能的是那套秀才班子再聚首，把自评报告再来一遍，新数据补充进去。有的秀才说，我们都成了专业户。

道理上讲，政府质量奖应该有严格的进出机制，也就是黑名单、摘牌、退奖、复审等后续保障等系列、系统的机制。

这些年我们习惯了建平房的行事模式，不行了推倒重来，这样大家都省事，于是一遍遍推倒重来。管理是一个建楼的过程，在前面的基础上，层层升高。这是一个传承与提高、扬弃与创新交织的发展问题，然而，由于"省事""怕麻烦"，形成怎么方便怎么来的流弊，严肃的责任事项演变为几近儿戏的状态，政府质量奖处于低位徘徊也就不难理解了。

第十五章
政府质量奖，机制与落地

（7）奖金太少。

几十万上百万的奖金，即使对于几个亿的企业也只是小菜，更遑论几百亿上千亿的企业，在他们面前，奖金只是象征意义、符号意义。也就是说，奖金的多少不是主要的，主要是奖项的公信力。

当然不排除几十万的奖金对于奋斗中的中小型企业阳光雨露的作用。但对于能够成长起来的企业而言，金钱的概念是比较稀松的，他们要的是事业，金钱只是其事业的注脚。

事实上，以奖金为筹码和政府进行交易的企业，是不会有什么前程的。除非这样的主儿发生蝶变。

这里点出一个本质性问题：政府质量奖评审，表面上评审的是三年来的经营状态，骨子里看的却是一个企业的持续力、成长性，换句话说就是它能活多久、活多大、活多强。这才是考量评审者、受评者的试金石。

（8）没有经费。

经费的多少要看地区的富裕程度，更要看政府领导的理解程度，理解的程度越是深刻、有高度，经费的额度越是不成问题，那不是多少的事，而是充分的程度。巧妇难为无米之炊。一个没有经费的政府质量奖评审活动，尽管也可以办得风生水起，但对于公务人员来说，绝大多数还是极其难为的。因为，没钱可以办大事办成事需要"精心+高智商"的创意策划。

当然，政府领导理解的深浅，除了自身因素，另一面就是取决于质监局的工作，这包括了起码两个方面的事情，一是需要质监局做好前期的宣传、铺垫，另一方面则要看整个工作计划的充分程度，也就是预算的充分度。有一个地区设置奖项，奖金额度只有3万元，当时市长拍板说30万元奖金也可以，但质监局局长没有转过弯来，后来十分后悔，因为3万元奖金太缺乏吸引力，而且奖金是裸体的，没有经费。另一个例子是奖金额度200万元，活动经费200万元，市长说，要把卓越的意识、方法、工具引进到我们地区。

当然这种情状属于少数，绝大部分地区的评审经费仍然不足。因此，不少质监局面对每年（两年）一度的评奖，都会愁眉不展，既要干，又没钱，典型的既要马儿跑，又不给马儿草。特别是中西部地区，财政本就紧张，每届经费不过几万、十几万元。即使搞一个地区的培训，培训师的交通食宿费、讲课

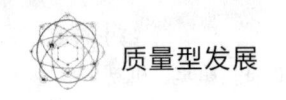

费、场地费、资料费等就是一笔开销，钱从何来？至于资料评审、现场评审活动，要持续5~10天的时间，专家费用又是一个窟窿。

（9）工作量太大。

就我国的实际看，政府质量奖从号召到评审、颁奖，作为操盘手的质监局，其工作量将占到全局工作的40%~60%，即使逐步成熟之后，也要占到20%~40%。

因为，不论从质监局的角度还是企业的角度，政府质量奖都是一件工作量大且需要从年初贯穿到年尾的持续性工作。工作量大在起草文件、编制计划、组织社会性培训、调研进展、个别辅导、评审申报、专家库建立、资料评审、现场评审、结果公示、奖项颁发、后续发酵等10多个环节与过程。毕竟是一件系统、全面、深度改进企业运营状态的工程，如果能轻而易举地解决，政府质量奖的含金量与权威性就不值一提了，政府也没有必要鼓捣这样一个劳民伤财的东西。

而且，《卓越绩效评价准则》是脑髓式、经络式、筋骨式的干货，对它的学、思、比、省，用它的干、评、悟、解，都不是简单地比着葫芦画瓢。由于各家引入者都有自己的行业、产业、产品、经营等系列特征，自然就需要量身打造，而不是随便到商店划拉一件衣服穿上就行。

从质监局的角度看，政府质量奖评审领导小组办公室的具体工作，主要是由质量科处这个第一大科处承担，质量抽查、省市名牌申报等工作已经让多不过5人、少时只有2人的质量科处忙得不可开交，加上这样一件最大的政绩性、面子性、责任性工作，科长、处长们自然忙得团团转，恨不得拔出一把毫毛来，吹口气变出一群自己来打理工作。

这只是组织者的事。对于承受者的企业及各类组织而言，具体的事务是由他们来完成的。按照国家级层面的要求，一个自评报告，组织概述不能超过3000字，正文部分不能超过70000字，也就是说构成自评报告主体的领导、战略、顾客与市场、资源、过程管理、测量分析与改进、经营结果七个部分，平均每部分应在9000字左右。这样的篇幅，涉及企业的12个基本层面、50多项问题，工作量可想而知。而且，面对《卓越绩效评价准则》的一头雾水，面对从何处下嘴用上、用好准则的更大一头雾水，足以让他们头疼不已、郁闷

| 第十五章 |
政府质量奖，机制与落地

不已，至于知识普及、层层自评、改进实施、自评报告编写、佐证材料编辑、接受现场评审等缠人的事情，真的能让人脑袋大了不知多少倍也难以自拔。

就像把《易经》当作算卦测命的秘籍，读《易经》是为了预测自己的命运一样，把学用《卓越绩效评价准则》当作拿奖的工具与形式，大处说是对这套东西的藐视，小处说是儿戏自己的产业精神与成长、发展。

（10）见不到效果。

除了奖杯、奖金、荣誉证书，企业的经济效益看不出来变化。

原因很简单。即使切实要用卓越绩效模式改善自己的，由于方法不对、路径不对，甚至摸门不着，其结果也是不彰。

《卓越绩效评价准则》首先是一种观念的变革，其次是一种工具，然后是一套多个子模块构成的系统。《孙子兵法》举世公认，然而深锁柜中不用或是贴在脸上、挂在嘴上，就是不能表现在手上，它就不能让企业见到效果。

与此相反的是，一家企业，应用卓越绩效模式两个月，综合成本下降5.6%；另一家企业，一个成本核算到规格型号，一年下来成本下降15%；一家精细化工企业，一种出口产品含杂8年没有达到理想水平，通过卓越绩效模式试点，一个月小试，一个月中试和工业化生产，结果高出出口标准三倍。

至于能够持续后发酵的企业，其效果则更为令人讶然。

（11）如何落地。

金种子落不到土地里才是最令人郁闷的事，播下龙种，收获跳蚤则会让人疯狂！

其实金种子不落地是有原因的：①观念，卓越绩效模式相对于既有的运营方式，核心是转型，目的是从1.0升级到2.0、3.0时代，其具有的颠覆性在于破除"一招鲜，吃遍天"的作坊主义，从系统的角度、根源性角度、结构性角度重构企业的运营。没有这样的观念转型，即使把卓越绩效模式沤烂在脑袋里，仍将是点状、线性、非持续化的运作。②认识，对于卓越绩效模式的理解程度决定了落地的深浅程度，认识得越深刻，方法、角度、机会越多，成活率越高；认识不到，半心半意；屏蔽认识，见风扬沙，见水推舟，玩过眼场景。所以，过浅则一知半解难成活，过深则神化神秘不生根。③方法，将种子往天上扬、向水中撒、向沙漠种、向地表撂，或是见人播种就弯腰等都是方法，其效果可想而知。种地讲求合理密植，土－肥－水－种－密－保－管－工的集合是精要。社会管理与种植业经营相通但不相同，社会管理更多的是需要创造、制造、利用、转化点效应。资本具有趋利的天性，一旦红利爆出，资本会蜂拥而至。④土壤，企业管理的土壤是员工心，社会管理的土壤是公众心，在员工、公众的心头播种什么是次要的，将生地变成熟土肥壤是主要的，而且需要测土配方施肥，就是因地制宜。"得其地，行风播雨见阳光"，那样想种什么种什么，没有长势不好的。⑤时机，"力拔山兮气盖世，时不利兮骓不逝"，不论干什么都有个时机的问题，所谓时机成熟好成功。一个时机是自然的，一个时机是人工创造的。等自然的时机到来会落后，只有跟在别人屁股后面的份。所以，推进一种新的工作方法、管理工具需要人为制造、创造时机。⑥环境，最好的环境表现是"风调雨顺"，也就是要把握时机、程度、节奏，因时因事、因势因机兴风作浪、刮风下雨，即发现需求、创造需求、满足需求。

在一个人文的世界，自然农业的方式早被历史封存和改造了，而撂荒土地、播种失序、种上不管、旱涝不均都是错误的。

（12）失水而成干花。

再好看的干花也是干花，这是人人都知道的。

干花之为干花，是失水形成的。盛开的花儿娇艳欲滴，最能招惹人，为什么不采撷？不授粉？不持续催绽呢？

要让鲜花持续鲜艳，首先是不能断水，其次是不能失水，最后，还要有能够持续延长花期的养分供给。

政府质量奖之所以成为干花，是既断水，又失水，又缺少营养素适时补给。基本表现是发完奖即万事大吉，绸缪着下一轮奖项的评审，获奖者没有持续的评审与关注，至于阶段性充电，让获奖者起到地区酵母作用更是难以实现，于是，PDCA+ADLI+LeTCI的轮回随着颁奖乐声响起而戛然终止，在管理工具、管理方法的大森林时代，应接不暇、眼花缭乱中人们丢失了最为珍贵的东西：咬定青山不放松。

政府质量奖这朵鲜花的给水，是卓越绩效模式应用与结果成为责任目标，不失水是融入日常的持续应用，营养素是让它起到酵母作用，同时促使企业及时发现亮点，发掘经验，总结案例，以及引进外部的先进、优秀的东西。

3. 通途，理性的回归与思考

世上读《孙子兵法》的不少，成为军事家的不多，原因不过悟、用、活三字而已。

（1）程序正义：前中后。

程序是有正义的，但置放到一个社会之中，这种正义性就可能扭曲或者变态了。

就政府质量奖设计的程序而言，显然没有太多可质疑的。但政府质量奖不是评审完发发奖就算万事大吉的。

诚如一位资深评审专家所说"颁奖只是政府质量奖的开头序曲"，这是后半段话，前半段话是：政府质量奖的哺育、孵化、培训、宣传才是首节序曲；中段话是：组织内导入应用之前的培训才是开头序曲。

这就将一个政府质量奖分成了前、中、后三段。

图 15-1　政府质量奖的程序链

程序正义不在程序本身。程序本身只看其合理的程度、严谨的程度，应该不具备正义性、反义性。

（2）改善政府形象。

改善政府的形象不是目的，而是获得的一种衍生结果。其主要结果是通过把准社会的脉搏与趋势做出顺应社会需求的事情。所以，所有的社会形象都不是造的，而是实际事做出后形成的评价。就像 CCTV 新闻联播中每天播报的那样，将事情做到社会的心窝里。在信息文明的时代，好政府的衡量尺度将会是搭台、划线、播种、引导、仲裁。

改善政府形象自然就不是将膏药贴到衣服上，更不是强按牛头喝水，而是辨证施治。雪中送炭是最好的确立形象的方法和机会。事实上，在10倍速的社会发展环境之中，企业遭遇的瓶颈与困惑主要有三个：基业长青、模式变革、稳健经营。大量的企业们都在苦苦寻求着破解之策。

政府设置质量奖无疑是适逢其时地雪中送炭。因为，卓越绩效模式是治理企业病的一个公式，一个传道授业解惑的良方。

问题在于，评奖≠炭。送炭并给受寒的人点燃，才能达到驱逐寒冷的目的。质监局所做的是把准则送给企业，并帮助他们"点燃"。而且，炭是发热、取暖、烘烤的，不是用来烫人的。

（3）效果至上。

截至目前，绝大多数的企业还不会应用卓越绩效模式。也就谈不上投入产比达到1∶207的效果。

企业是比质监局更迫切于准则实施的效果，而质监局与企业所求的效果是不一样的。一句话，企业要的是经济效益以及保证经济效益实现的经验效益、精英效益、精神效益，质监局要的社会效益。

质监局作为吹号者，绝对不会比企业更娴熟于卓越绩效模式应用，也未必能够强于企业对社会资源的把握，以引进社会资源促使企业聚变。但质监局一个天然的角色是利用评奖促使企业产生效益，最有效的方法是：认真！即死咬住应用的过程、应用的方法、解决的问题、产生的效益来评审，认真地按照准则内容，按照评审规则，老老实实地考量企业。

企业的效果当然是质监局的效果。企业如果运用卓越绩效模式产生效果了，质监局也就有了号令本地区企业的资本，这样，企业效果就是支点，准则就是杠杆，撬动起来的是1∶207的结果！

（4）掌握它——内容、方法、路径、对象、人才、效应。

术业有专攻。作为组织者的质监局，要搭建平台，要组织更多的参与者，自己如果不能成为通晓规则的人，就难以得心应手地驾驭和指挥本地区卓越绩效模式的运用。

运动场上的裁判员不一定会是运动健将，但必须是游戏规则的看守者。因此，要发挥出政府质量奖"两杆一酵母"的作用，质监局必须掌握如图15-2

第十五章
政府质量奖，机制与落地

所示的内容体系。

图 15-2　地区卓越绩效模式成功因素关系图

这是一个以内容为核心，针对不同的对象，集约性塑造人才、提供路径、设计方法，最终形成本地区效应的体系。其中，①内容方面需要依据准则，设计本地区的奖项种类、数量、届期、奖金额度、评审程序与规则，以此指引应用者生根开花结果。②培养人才。培训的最好方式是岗位培训，因此，培训班只能算是预热，参与评审，特别是本企业本组织的实际应用才是最具培训效果的，因此，配合着首席质量官制度的推行，将质量概念从产品聚焦到管理，培育一批卓越绩效模式应用与推广人才，对于地区经济发展绝对是善莫大焉。

（5）一个链条几个点：培训、评审、督导、现场会。

应该认识到政府设置质量奖是一个社会系统工程。它不仅涉及经济层面的企业，也涉及各类组织，目的是促使组织体规范、科学，而致良性运行，这是社会文明程度的主体。

这个系统工程是一个长长的链条，培训、评审、督导、现场会是这个链条上的几个关键点。从当前运行看，评审已是凸显出来，问题是其他的三个点都挂了空挡。其中称培训是挂空挡并不冤枉，准则是用来实操的，现在的培训绝大部分是放在理解准则是什么东西上，以及如何编写自评报告，如何应付现场评审，对于最重要的如何应用准则则几近空白。督导包括两个方面，一是获奖者后续的运行，二是颁奖后其他企业的状态。至于现场会这个迹近"古老"的概念，现在谈似乎不搭时代的调，然而，就像古老的 1+1=2 一样，只要是真理的东西，永远都是年轻的。现场会因身历其境而效用出奇，一个好的现场会能够给人以震撼、激动、启发，当然也有"看了感动，听了激动，回来不动"

245

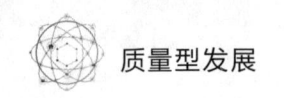

的现象，那不是质监局的事，而是质监局应该观察、思考的事："他们为什么'三动'？"

这三点的空挡运行，是政府质量奖出现夹生饭的基本原因。

有时候开玩笑说，政府以悬赏的形式推行卓越绩效模式，对于各类组织的领导来说，就是让他们学会两件事：减负、数钱。

质监局作为推手，是否让他们明白了极其想明白的这两件事呢？

三、政府质量奖落地：一个标杆、一套程序、五种机制、三大作用

青藏铁路、三峡工程、奥运会、世博会、磁悬浮、高速公路网、高铁网、西气东输、跨海大桥、神舟系列、太空行走、摩天大楼、城市群……今天的中国，随便拉一个名单，都是一串能引起世界关注的工程项目。

因此，侧目看中国的西方世界惊叹地说：只要中国想干，就没有干不成干不好的！

政府质量奖的实践者是组织，当前主体力量还是经济组织的企业。既是外力又是主导者的政府，要让这一奖项释放出应有的能量，就必须建立完善的游戏规则和相应的模式、机制，起到孵化、催化、固化、教化的作用。

1. 一个标杆

既然是政府质量奖这样的荣誉，获奖组织就自然地要标志着地区国民经济运营的管理质量！这些标杆像大旗一样引领地区的管理发展、标高地区的管理水平。

如果说政府质量奖是优中选优的行为，那么，一个地区就要运用《卓越绩效评价准则》《卓越绩效评价准则实施指南》两个文件，以了解、应用、典型三个层次，孵化、催化一个优秀企业群体的金字塔状态。

作为获奖后的标杆组织，需要承担参观、考察、观摩、讲解、贡献案例，以及召开现场会、交流会的功能。

2. 一套程序

一方面，政府质量奖实质上是以政府的公权力、公信力为获奖组织背书和质押，以此激励组织再接再厉，持续优秀；另一方面，奖项作为一种十分稀缺的人文资源，须持续但尽可能不循环。

建立优秀组织群体金字塔的目的是提升地区经济发展水平，构建地区核心能力、核心优势的基础，也是孵化、催化优秀企业、品牌、企业家走向卓越的发生器。因此，这种制造地区软实力、硬实力的工程，需要建构以下程序，形成地区发展战略的主题性内容之一。

规划 → 计划 → 实施 → 督导 → 催化

3. 五大机制

政府质量奖的五大机制主要是指孵化、评审、激励、发酵、退出机制，其结构关系如图 15-3 所示。

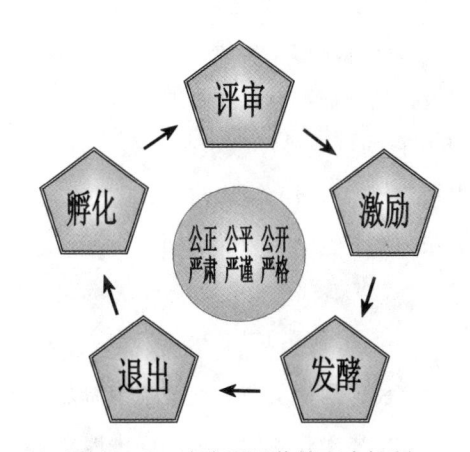

图 15-3　政府质量奖的五大机制

如果不能运用《卓越绩效评价准则》标量组织、指导组织、促进组织，而是自摸式的自力更生、拿来主义的拼盘、狗熊掰棒子式的遍地尝试，无异于放弃高速公路，颠簸于山间小道。

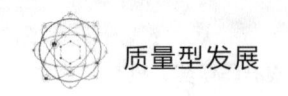

孵化是最基础的工作，政府的孵化除了面上的号召、鼓动、引导，还有的就是向组织输送知识、投送样板、介绍经验。政府应该干什么？政府就是服务，你不为自己地界上的组织提供正能量、遮风挡雨营造适宜他们生存的环境，资本就自然会用脚投票，或是抬腿走人。

孵化了，成长了，成熟了，按照评审程序，对所有申报组织进行评价、审核。对于参评组织来说，参评本身就是一种激励，一个成熟的组织是会运用"准则"阶段性的常态化自我评价的，这是常规性的全面体检。涉及领导、战略、顾客与市场、资源、过程、测量 – 分析与改进、结果7个板块12个方面23项基本内容的自评报告，则是组织的系统化总结，它像年轮一样固化下成长的印记，又超越年轮的记录功能，成为下一个历史时期发展的肩膀。其实，不唯创奖，而为持续，就需要将自评报告阶段性地"报告"一回，那是对自己的历史负责，也是对自己的未来负责。

退出机制包括了严厉的摘牌、退奖、通报、总结内容，政府需要严正的立场与行为。因为，你承担不起、完不成政府所代表的地区赋予组织的责任与任务。

责任的庄严当然不是儿戏得了的。政府质量奖的酵母作用自然很大，所以，发奖只是一个逗号，是一粒酵母，能否发酵得了一个地区丛生的组织，除了奖的光环之外，还有它的权威性。权威来自公正、公平、公开和严肃、严谨、严格，这是基本平台，如果没有退出机制，就变成了只进不出的貔貅，奖项的功能就会大打折扣，甚至走向初衷的背面。

4. 三大作用

这是组织作为社会公民应尽的义务。获奖组织需要发挥出标杆引领、酵母发酵、杠杆撬动的作用，实质上是政府营造的促进地区发展的三力集合，即标杆拉动力、酵母推动力、杠杆促进力，只不过借助的是获奖组织！

获奖组织能拒绝这种借助吗？

四、企业如何落地卓越绩效模式

卓越绩效模式覆盖7个板块，涉及12个方面、23项内容、50个关注项、95个问题。由于覆盖全面，所以有"全推全不推、全推不动"的现象，作为实用规则，就要清楚：（1）既不能另起炉灶，临时机构长期存在，冲击企业经营的主体，制造企业负担，（2）也不能膏药贴到衣服上，或是秀才做假造文章，企业搬弄老皇历，（3）而是需要持久战，在集合经验、集合问题、集合建议、集合制度的基础上，系统编制1~3年持续改进大纲，同时按照试点→推广→普及流程运行。其中，一个主导思想是紧密结合企业生产运营主体，将梳理、整合、改造"低、老、坏"，固化"高、新、好"工作有序融入经营实际，抓节点，接地气，出效果。

1. 锚点：基础

中国企业普遍存在基础松软的问题，这是中国企业与世界先进水平差距所在。根源是忽视基础，

管理的基础包括制度、技能、观念、知识，以及规则、规范的合理性、落实度。一家企业由于市场不景气，巨大的产能释放不了一半，随着生产计划的逐步压缩，效率、效能也随之下降，单位可比成本高位徘徊，尽管老板大会小会一再强调降成本，甚至下死命令降成本，但居高不下的成本月月让老板都很无奈。

基础不牢，地动山摇！企业们因为基础的缺失，只好没活儿发愁、有活儿也发愁地在两难境地挣扎、奋斗！

2. 抓手：领导、基层、制度－流程

导入卓越绩效模式，最大的抓手当然是领导，这是枪头，特别是第一当家人，枪头不动，枪杆子弄折了也没用。只要是人的组织，不分国别、种族，头领的作用都是第一位的，所谓狮子率领的羊群能打败羊率领的狮群就是这个道理。当然抓领导这个抓手，重视度、率先垂范性是工作力度、速度、密度的保证，而领导占据顶层平台资源，其倾向性就能决定一项工作的快慢进度、轻重

分量、成败荣辱。

　　基层能否动起来，是一切工作成败的基础，没有这个基础，即使洲际导弹都得哑火。水能载舟的道理人人都懂，如何盘活基层才是硬道理！一位老总深有感触地道出"两个千万"，即千万不能低估员工的智商，千万不能低估员工的积极性！运用智商、激发员工积极性的方法林林总总，其中的要素不过是票子、位子、面子、能力，如何给他们？加速加量给他们吗？一位董事长在大会上号召员工要学会"偷懒"，他的"偷懒"是让员工多提合理化建议、多想点子巧干活，所以他能自豪地说，我的一线员工是传统工种，但年薪能拿六七万元！

　　没有不好的员工，只有不好的制度。制度－流程如果跑不赢技术和社会的快速发展，好制度也会变坏。因此，制度－流程的成长是基础的基础。无以规矩，不成方圆！现实的问题是制度有岗位上的、柜子里的两种，柜子里的自不必说，岗位上的一般都有低、浅、薄、漏、残、缺的问题，流程则有壅、冗、短、断等问题，所以，制度的丰满、丰富、延伸、拉高，流程的裁弯取直、增肥减空，是管理工作删繁就简的捷径。

3. 要点：制度搭台、氛围营造、竞争试点、现场跟进、阶段整合

　　这是一组缺一不可的逻辑关系。

　　导入卓越绩效模式，需要制度保驾，氛围促进，试点开路，这些开场性工作可谓司空见惯，但很多半途而废，开场轰轰烈烈，声势宏大，最后虎头蛇尾，就是因为后场的现场跟进与阶段整合跟不上、扣不住、点不准、概不全、升不起。

4. 路线图：持续改进大纲→试点－推广－普及→考核－评价－总结

　　导入卓越绩效模式需要一张路线图。这是在梳理、整理、开发企业人文资源的必然且必要的过程性结果。这张路线图主要的依据是自评报告。

　　自评报告不是写完就完的事，而是一个内功平台、软实力发生器。通过再认识自评报告，能发现企业长、短两方面的许多现象和问题，以此为依托，将这些现象和问题浮出水面，就明晰了长板变强、短板变长的对象和目标，于

第十五章
政府质量奖，机制与落地

是，一个持续改进大纲的雏形便形成了。

实际上，自评报告有里外之分。拿出来的是光鲜的一面，那是脸蛋；留给自己看的，则不会在自评报告上出现，甚至企业的最高层领导也不会看到——秀才们辛辛苦苦把自评报告写完，一项事情就告一段落，甚至就此打住，不再重复。有必要反刍吗？

自评报告真正的价值正是没有写出来的那部分，那是企业的金矿，而反刍则是对显在的、潜在的资源进行深度的开发、加工。

（1）主体流程，如图 15-4 所示。

15-4　主体流程

（2）"三要三不要"原则。

要把膏药贴到肉上，不要贴到衣服上（融入企业正常运营，才能落地生根）；

要"试点－推广－普及"循序渐进，不要一次全面推广；

要岗位目标责任化、常态化，不要临时机构长期存在。

（3）从试点出发：卓效应用三阶段。

卓越绩效模式应用是当前困扰倡导者、推广者、应用者的主要障碍。再好的东西，如果不会用、用不好，都是花瓶，解决不了企业的实际问题，或者说就不是好东西。

卓越绩效模式当然不是自评报告、现场评审、领奖就完结的。一位 CEO 说，我这么多问题解决了，卓越了，以后就没问题了吧？翻过一山又一山，一山更比一山高。那时遭遇的也将是更难解决、更头疼的卓越级问题。作为成熟度准则，是没有天花板的。而且，一个几乎全方位覆盖企业运营的体系，一蹴而就不行，全面推广不行，慢而有序的试点→推广→普及才会是最有效的通途。

251

当然，试点的具体方法很多，在当前经济普遍不景气的环境中，"唉"声一片恰恰是导入卓越绩效模式的好时机，尸体枕藉的市场更能激发哀兵取胜的悖论，产能闲置则是提高效能、效率、效益的机会——订单饱满的时候，红火掩盖了软硬伤、内外伤，闲暇的冷静，能更好地发现、发掘已病、未病！休整更是修整、修正。

试点的切入口不过是事件，不论大小、正反、主动被动事件，如何借机生事、转化成正能量、转化成引信才是考量智慧的试金石。

（4）循环中发展的篇章。

概括卓越绩效模式应用的机要，其原理如图15-5所示。

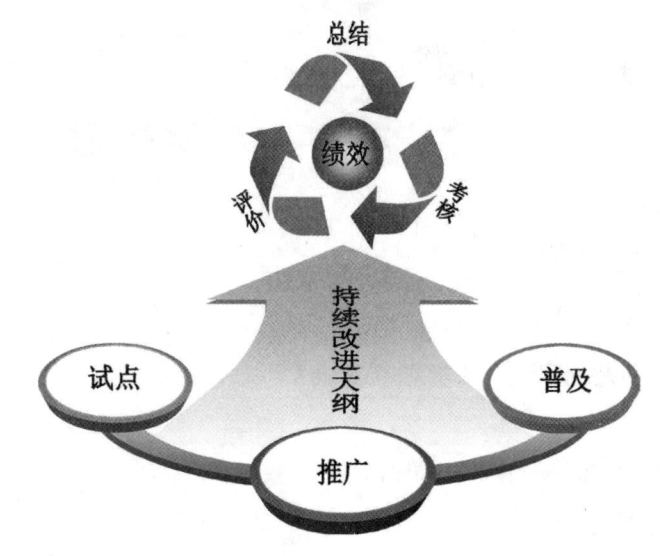

15-5　卓越绩效模式应用的机要

我们祝愿：大家用好此图！

五、省、市竞秀三张底牌

省市竞争，胜券何在？

在一个经济模式、产业体系、产品结构同质化、雷同化的大环境中，任何

第十五章
政府质量奖，机制与落地

地区的脱颖而出并持续领先，不仅仅是敢冒敢闯敢试，更要看一个地区的内生力、外张力、协同力。

"三力"源于思想、管理、科技的母体，凌驾于投资推动、内需驱动、出口拉动的老"三驾马车"之上，决定着一个地区崛起的进程、高程、优化程度，它由三张底牌支撑。

第一张底牌：卓越绩效模式与政府质量奖。

这是"三力"的反应釜。

政府质量奖作为地区由产品质量升级到管理质量的控制钮，关闭的是国民经济管理的数量时代，开启的是以决策质量、过程质量保障结果质量的质量时代。其关键是将具有高铁般意义、公式般价值的卓越绩效模式修筑到以企业为主体的各类组织之中，快速拉高地区运行的管理质量水平。

《卓越绩效评价准则》在当前条件下具有《孙子兵法》的作用，作为各级政府质量奖评审的唯一依据，核心不在于用它评奖，而是用它评价各类组织的应用程度。这个模式以7个主体内容涵盖组织运营的18个层面，以23个评价项136个如何，运用ADLI、LeTCI促使组织透彻地了解自己、对手、标杆的因-过-果关系，以图更高明地解决在哪里、去哪里、怎么去的问题，特别是在借鉴、复制的基础上，好钢用在刀刃上，聚合优质资源，造就自己的核心能力、核心优势。企业是现代文明的发动机，企业两核能力的强弱高低自然也装备出了一个地区核心能力、核心优势的高低强弱。

政府质量奖以国家公器之重，举公信力、公权力之力，以标志性、权威性、稀缺性为准则，奖励那些在管理变革中取得标志性意义与价值的成绩，让那些具有本地区管理水平代表性的模式、方法、工具、样板起码在本地区得以推广、复制、弘扬，旨在标杆引领、杠杆撬动、酵母发酵本地区"三力"，促使各类组织运用卓越绩效模式，根本性改变生存、竞争、发展的质量，将社会经济发展从"差不多""卖资源""能人型"的粗放、粗暴、低级形态，变轨于"数据化""卖知识""机制型"的精细、精益、高级层次。

物以稀为贵。办奖不是办博览会。博览会以多为胜，办奖以少为胜。政府质量奖的命脉是应用的卓越性、评审的卓越性、后效应的卓越性，"三卓越"的实现建筑在孵化应用、催化促进、后效应强化"三化"体系之上。那种没应

用就评奖、评完奖就拉倒的"卓越管理不卓越、科学管理不科学"现象，是典型的将奖项自我掘墓、自我埋葬。

第二张底牌：地区内生力的四个引擎。

这是"三力"持续的核燃料。

改革开放30多年，奠定了中国产品的世界份额，但还没有奠定中国产品的世界地位。

产品、地区、国家的世界地位是由管理质量，特别是位居其上的思想质量决定的。中国货已满布世界的角角落落，却见不到有着5000年文明底蕴的中国思想影子！因此，地区乃至国家内生力的第一引擎是发展思想，这是灵魂。过去的30多年，中华人民共和国的60多年，近代中国100多年的历史是思想、观念先进与落后碰撞的历史。观念通一通百通，观念败一败百败。为一个地区安装什么样的思想引擎当然是政府领导的首要任务。

企业是第二引擎。不言而喻，一个地区拥有的国家级、世界级企业越多，这个地区的发展实力就越强；企业的活力越强，这个地区的活力就越旺盛。

第三个引擎是科研机构，第四个引擎是一个地区的学校。企业是现实的能力，科研机构、学校是后备能力，决定着一个地区能走多远、能走多长。当然，科研机构与大中小学的质量不是取决于少有含金量、含氧量的论文、考分，而是由经世致用的思想、知识、能力所孕育的。

在区域社会经济文明发展集约化、集群化、丛林化、板块化特征日益凸显的今天，四架引擎集结一体的底牌，无疑是现代政府的命脉，打好这张牌，当然是地区的无尽的福祉！

第三张底牌：区域人文生态与政商关系。

这是"三力"的孵化器。

橘生江南则为橘，橘生江北则为枳。区域人文生态的涵养作用与橘枳差别何异？

人文环境之核是责任精神、法治表现、风尚习惯，目标是造就人文的风调雨顺。政商关系作为现代经济条件下的主体，一方面，"管天管地管空气"的政府是辖区的驾驶舱，以其自身的卓越，撑起的是商业的法制、道德、责任天地与氛围，涵养的是以企业为主体的组织生生不息的内生力，动力强劲地驱动

第十五章
政府质量奖，机制与落地

地区发展；另一方面，各类组织是机体，"节约能源、友好环境"的制造、创造，让社会的经济血液充沛、富氧、无害、无毒，持续澎湃高涨，推高人文生态的水平基线。

省、市竞秀，如无尽的马拉松赛事，蓄力、作势、搏速、拼谋。持续赢者，显于"三力"而系于三张底牌！

"三力"合，地区兴！

"三牌"强，地区盛！

注：三力——内生力即发展的驱动力、成长的创新力、发展速度的控制力，决定着成长与发展的品质、高度、持续性；外张力即对外部的吸引力、辐射力、拉动力，决定着其社会影响力；协同力即内部资源、内外部资源的协同效应、聚合能力、聚变能力，让资源的价值达到最佳的状态。

第十六章
质量型发展案例

一、管理质量，银川蝶变金钥匙

我国经济又一次处在大变革的界面之上，这次大变革的标志，是由粗放性的数量型、速度型、经验型向精细性的质量型、效益型、科学型转型变轨，"管理质量"像金钥匙一样，自然成为这次变革的不二选择。

所谓管理质量，考量的主体内容是所管理资源的观念、结构、模式的优化程度，要素是决策质量、执行质量、结果质量，这与主体考量产品合规性、达标性的产品质量显然不同。因此，目前我国正在发生的这场本质性大变革直接决定着中华民族的复兴进程与强度，也决定着所有参与者的地位、实力、发展状态的升降起伏，自然对所有的参与者都提出了严肃且严峻的挑战。

作为省会级城市的银川，尽管在省会级城市群中显得袖珍了些，但它并不会影响参与这场变革的结果，因为这场变革考较的主体要素不是规模、硬件、先天资源优势，而是不论东、中、西部地区，不论经济发展的体量大小，大家都站在同一个平台上，比拼的是创意含量、管理水平、谋略层次、观念体系，也可以说比拼的是管理质量的精到程度、层次、含氧量。

银川和其他城市一样，在中国社会经济发展的英雄时代完成了社会资本的积累，那么面临一个史诗时代的到来，特别是要与拥有先发优势的东部地区城市同台竞争，银川更需要用智慧驾驭管理质量。

当然，随着银川市长质量奖首届奖项的颁发，标志着银川地区拉开了迎头赶上质量效益型时代的大幕。要行大船到深海，银川蝶变的彻底程度决定着其路程的长度、广度、高度。

1. 足与不足，银川经济状态概要评点

市长质量奖是政府用看得见的手，动用公权力资源颁发的最高奖项，其灵魂是管理质量，工具是卓越绩效模式，形式是"光环＋奖金"奖励。形象些说，政府以质量奖为支点，运用卓越绩效模式的杠杆，撬动地区国民经济管理质量的加速提高，从而达成"两平四核三孵化"的核心目的。即促使企业这一地区社会经济发展的引擎提高管理质量水平，造就自己的核心能力、核心优势，进而拉动本地区国民经济管理质量水平的提高，形成本地区的核心能力与核心优势，进而以孵化、催化、裂化机制，造就一批在国内国际具有号召力的品牌、企业、企业家。

以奖项的形式促进地区国民经济快速发展，既显示了发展的迫切，也揭示了我国跨越粗放经济发展模式的必然。而借助卓越绩效模式的推广应用，是给企业装备一套"地图＋指南针＋GPS导航仪"，从而引发观念变革的投资、智慧的投资、资源结构重构的投资形式，对企业运营进行颠覆性的系统改造、再造、创造。

作为银川地区首届市长质量奖获得者的共享集团、泰丰科技在一定程度上代表了银川地区经济的"足"。

首先是共享集团，在钢铁产品每吨3000～4000元的市场上能卖到3万～4.5万元，能够拥有亚洲、欧洲、北美洲以及我国"三洲一国"的全球高端市场，产品50%以上出口，与美国通用电气、德国西门子、法国阿尔斯通、日本日立以及我国东方电气、上海电气、哈电集团等世界500强或行业领先者中的50多家客户建立长期合作关系，铸件产品连续10届（18年）获得行业评比和中国国际铸造、锻压及工业炉展览会金奖，不是简单地立足于大型高端装备制造业，产品具有"三高"（高附加值、高难度、高技术含量）特征，而是作为地处西北一隅的共享拥有一种产业精神、一种运营机制、一套方法的"三个一模式"。

泰丰生物科技有限公司将遍地都是枸杞店的地摊货特产卖向了高端，卖

出了科技，卖出了品牌，卖出了文化。从500克大袋、12袋或24袋大箱装到免洗、即开即食、每袋6克，不是一个简单的包装变革，而是包括了三种东西的升级与转化，一是产品由地摊货的1.0时代，升级为具有科技含量、创意含量、文化含量的2.0、3.0时代；二是智慧创意聚焦于具体的产品，银川地区和任何地区一样不缺乏智慧，但十分缺乏的是聚焦，从而拉起了司空见惯土特产的摇身之变；三是一种商业精神的发展，那不是横向上摊大饼式的扩张，而是纵向上产业空间、实业精神空间的艰难攀登。泰丰科技从红寺堡10000余亩有机枸杞示范种植基地，到遍布银川街头的近20个枸杞养生馆，到AAA级旅游景区的中国枸杞馆，再到散布宁夏地区、北（京）上（海）广（州）的枸杞养生馆，从一粒粒宁夏人眼中不怎么起眼的枸杞到与宁夏农大、宁夏农科院携手培育一代代枸杞新品种，再到枸杞茶、枸杞小食品、枸杞油等各种系列产品群，在素有"红黄蓝白黑"资源特色的宁夏大地，泰丰科技走出了一条立足资源特色，向高、精、深价值发掘，走向品牌发展、高创意发展、高含金量发展的高速公路。

如果说共享集团在区位处于弱势的西北一隅，将黑铁经济的钢铁铸造业做成了白银经济的高科技含量产品，成为在银川崛起"不可能"中的现实奇葩，那么，泰丰科技的"百瑞源"则将"散装、大袋、纸箱、地摊货形象的土特产品"枸杞做成了养生、高端的概念与现代品牌，在特色资源的"矿山"上开创了"靠山吃山"的新典型。它们从而成为各自业界的风向标！

贺兰山东麓，黄河金岸，千年城埠，拥有区域独特性资源的银川地区，在数以千计的企业群体中，尽管不乏成批的优质企业默默耕耘着银川市场的肥田沃土，或是在国内外、海内外拥有一席之地，但绝对多数的企业群体却是比较原始地经营着自己的一爿窄小天地，甚至惨淡经营，甚至破产跑路……成者恒成，弱者常弱，同一块土地上冰火两重天的生存反差中，为何共享、泰丰为代表的一批优秀企业能脱颖而出呢？

企业是地区发展的发动机，企业的生存状态决定着地区的发展状态。显然，银川缺少尽可能多的共享、泰丰样的企业。

站在中国市场乃至全球市场审视银川，其整体经济水平的落差是显而易见的。因为，银川地区的经济还没有摆脱"四多四少、四高四低"的状态，即：

——中间产品多、终端产品少，低端产品多、高端产品少，一般产品多、名优产品少，低附加值产品多、高科技产品少；

——成本高、利润低，能耗高、增值低，产量高、竞争力低，份额高、权威度低。

在产业结构上，相比于成熟地区，银川亟须改善的是如表16-1所揭示的基本状态。

表16-1 银川地区产业经济现状与必然趋向

	现状	趋向
产业链	短、断、端	长、串、片
产业群	小、散、弱	大、紧、强
产业体系	乱、畸、残	序、正、良
产业精神	虚、乏、暗	实、丰、明
产业生态	病、差、毒	健、优、益

现象是本质属性的外形表现。从产业经济的现象看，银川需要加速、加强、加深营造银川个性的经济生态、产业生态、品牌生态、企业家生态，以孵化、强化、繁衍银川的产业精神、品牌、企业、企业家。

2.银川蝶变，破壳壳何在

地区蜕变是人文环境从基因到民俗局部突破、系统再造的过程，这一过程是将漫长的人文进化史通过移植、嫁接、杂交、转基因等方式进行再造，形成一部时间短暂的蜕变史，这是后发地区或觉悟民族惯常的崛起方式。

银川地区经济发展之所以表现出"四多四少、四高四低"、产业体系幼稚、产业结构疏离、产业系统碎片化等后发地区惯常的表现状态，主要是自然生长、模仿生长、岛礁生长、菌菇生长形态，其中的关键在于存在以下的因素：

（1）观念上：3种意识3种主义。

1）沙蒿意识：能够顽强地生存，但沙漠环境所限，难以长大，难以连片。

2）沙山意识：特别是流沙沙漠，一夜风既能造山，也能搬山，成就意识

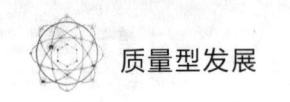

难以长远。

3）金岸意识：靠着黄河的荫庇，黄金地上种庄稼。

4）经验主义：凭经验经营、凭感觉做事。银川正在成为一个市场活动、经济管理的博物馆，各种先进、后进、落后的管理行为、方法、观念、策略同时并存。

5）单纯经济主义：金钱至上，唯经济而经济。

6）自耕农主义：能播种就能收获，春播秋收的投资产出思想，小而肥、小富即满、小而全，万事不求人。

（2）行为上：10种现象。

1）树大不认地现象：小成气候，目中无下人、无周边、无红线，疏离自己赖以成长的基础条件——典型的阿喀琉斯之踵。

2）"奴隶主"现象：以感恩、执行、服从、责任、心态之命，倡导、培养员工奴性，泯杀队伍良性、产业知性。

3）流沙现象：游击无终点，风来即起，风息即止，一哄而上，一哄而下，没有目标、没有构划、没有路径、没有目的。

4）沙丘现象：长不大、长不了。

5）黄水现象：泥沙俱下，动着就行；权力规律、经济规律混行。

6）蒸发现象：人才、技术、产品、市场、客户等优秀资源留不住、不去留、不愿留。

7）色盲现象：真假不辨、良莠不分。

8）傍"名"现象：20年前，明星效应威力无穷，在信息高速公路网络细密的今天，几乎一切都在颠覆性地错位，但期望冒进成功的人依然钟情于此。

9）撞大运现象：严谨的逻辑计算、精密的数据支撑被偏执狂般的主观所藐视，以为机会伸手就能抓住。

10）满地金珠不成价现象：物以多为贱，认识不到资源的深层次价值。

（3）机制上：4种状态。

政治与经济是一个二元关系。在光速拉动的信息时代，一切既快速又专业地发展，作为二元集合的社会，权力是糊涂僧式的管理还是王熙凤式的管理，是"荒自己的田种别人的地"式管理还是乐队指挥式的管理；资本是买租式还是标志式运作，是劫掠式还是动力式运作呢？

因此，权力与资本的自我定位、卡位、补位就十分重要。

1）错位：政府与企业彼此没卡住位，又将彼此的意志之手伸到对方的位子上。

2）越位：越出自己的管理边界。

3）空位：岗位职责丢失，权力对资本的服务功能、资本对权力的支持功能空白。

4）塞位：庸碌不作为，阻塞通道。

这4种状态，基本的表现是权力与资本的彼此疏离，也就有了政府号召的事情企业不领情，企业需要的事情，政府抓不到点子上。

既是自律也是彼此的要求，权力与资本都在强调：政府要管住权力的手，企业要管住资本的手。共同的底牌不过是这样的问题：

1）管住权力的手不是不作为，而是会作为！

2）资本不想被干预是讨厌乱干预！

即，权力需要成为经济价值规律的高手，资本要清楚权力价值规律的大义。彼此的尊重与理解，导出权力、资本双方如表16-2所示的状态。

表 16-2　权力与资本的对应关系

权力对资本	资本对权力
不能揠苗助长，可以施肥催长 不能越位替长，可以顺势助长 不能撒手任其疯长，可以出政设限控长	不能成为权力的火灾，要成为经济的火力 不能成为权力的佐料，要成为发展燃料 不能成为权力的牌子，要成为地区标志

银川蝶变，端口与枢纽是质量观的变革，即由产品质量向管理质量，进而向文化质量的递变，表现在观念、结构、模式、机制、民风从骨子里到体表外的系列性、系统性的变革。

因此，银川市长质量奖是促使以企业为代表的社会组织，运用以管理质量为灵魂的《卓越绩效评价准则》，在把准全局、洞悉经络的基础上，连根拔起性再造、再结构银川的社会经济发展体系。

道理很简单，《卓越绩效评价准则》所公式化的模式，强调的是组织们按

照公理正义、程序正义、标准正义、绩效正义，重新、从头审视观念质量、技术质量、方法质量、增长质量、效益质量，内容质量、过程质量、结果质量，促使组织再聚焦、再定位、再结构自己的资源体系。

3. 银川蝶变路线图

蝶变是艰难的，也是多样的，从世界各国各地区城市蜕变的大量案例看，地区蝶变的基本类型，不过是以下几种：

渐变式：循序渐进，由小到大，十分坚韧地生长。

突变式：得一机遇，瞬间爆发，给点阳光就灿烂。

裂变式：将资源能量集约于一种模式，获得核裂变一样的增长。

聚变式：聚变是截至目前最为巨大的能量释放形式，是在一定条件下发生原子核互相聚合作用，生成新的质量更重的原子核，这一过程伴随着巨大的能量释放。

任何地区社会经济的发展状态，都取决于这个地区草本企业变为木本企业的数量、层次、结构，如果这些草本性的企业变成木本性的银杏、国槐、松柏越多，那么这个地区的实力无疑就会越强大。

这是一个地区社会经济发展的根本任务，因此，银川的蝶变，聚焦的目标就是获得爆发式的成长，在中国的城市堆中树起属于银川字号的一面旗帜。

（1）银川蝶变的内容。

在市域范围内，形成聚焦管理质量的人文环境，以市长质量奖为抓手，系统、深入推广应用卓越绩效模式，形成"榜样力量＋实效力量"的效应，造就能够标志银川的品牌、企业、企业家。

（2）银川蝶变的内核。

对于银川地区以及生于斯长于斯的每一个组织而言，要实现基业长青，强、大、久、健地生存，必然需要以下的内核体系：

新概念—模式—机制—人才—作风

作为这一内核的超稳态结构，则是：

经营思想—组织机制—组织基础

（3）银川蝶变路线图。

基因修正 – 文化再造→产业集群 – 链式结构→雁阵模式 – 狼群体系

（4）社会基础支撑的蝶变路线图。

树标→集群→效应→标志

（5）银川蝶变主体的企业路线图。

成长→成功→成熟→蝶变

市长质量奖作为银川蝶变的支点，所撬动的是银川地区企业变革的愿望、应用先进工具的行为、实现质量由产品层次向管理层次迈进的能力，要保持银川地区企业追求卓越的观念，一方面需要建立政府主导的推广应用机制，保障市长质量奖的权威性、标志性、导向性，同时建构人文软环境与舆情机制，营造银川的地区社会生态与企业生态，促进品牌、产品、科技、生产经营、产业发展，特别是企业家的生产与盛产。另一方面，要催化、裂化获奖企业的价值与作用，形成可见、可感、可效仿的参照。其中，最具说服力的是获奖企业运用卓越绩效模式产生的成效，发挥出获奖企业创效经验、应用经验、实现状态与能力改善经验的示范作用，持续形成一批学习卓越绩效模式、会用卓越绩效模式、取得卓越绩效模式应用成果、获得市长质量奖奖励的企业，建构扎实的金字塔结构式的社会基础。

4.银川蝶变大策略

归纳起来，银川蝶变的大策略就是门、窗、基地、维生素。

（1）开启银川的两道大门。

任何的蝶变都是观念的启动与实效的叠加。

作为观念启动，银川应以公权力的有形之手，开启创业论坛、成功论坛两道大门，形成良性的区域发展生态支护系统。

创业是永恒的，创业失败也是永恒的。让银川地区、宁夏地区、国内外的创业成功者，站在创业论坛上，一是点燃银川地区的创业激情，这会是银川活力的一个重要源头。二是点拨创业，让银川的创业、再创业少些失败的遗憾，多些成功的快乐。对于众多一次创业、二次创业、三次创业的人来说，这个平台既是经验的学习，也是路标的记取。三是点亮银川地区创业的天空，让银川少有创业的暗影。

成功论坛相对创业论坛而言要厚重许多，作为登台的人，当然是地区、业界的佼佼者，他们输送的是堆金堆银才总结、领悟出来的经验、教训，自然是至为宝贵的人文精华。对于台上台下的每一位成功者而言，这都将是一座丰厚矿藏，一个案例、一条经验、一个教训，甚至一句话，都会启发、激荡矿藏活性。

其实，两个论坛的核心指向都是盘活脑袋资源，成功论坛则更具人文资源的开发效用。

当然，仅有舆论的搅动是远远不够的，还需要创业基金、创业政策、创业孵化器等配套系统，在这方面银川地区已经有了大量积累，这是资源性存在，作为点金手，是如何形成合力。

生物的蝶变是生命节律走到临界点时必然要发生的，社会的蝶变有着同样的必然性，也有着人力催化的聚合作用。银川要追赶和超越东、中部地区先发优势的城市，最有价值的资源首要的是脑袋，基础的是积累，关键是两者的结合。

（2）打开银川的一个窗口。

论坛还是小众群体的活动，让银川地区拥有一种新观念、新概念还需要动用各种媒体，主要包括了电视台、电子网络、手机、讲坛、报纸、期刊、广播、读物、街头橱窗等，以营造一种特有的氛围。要知道，没有舆论我们几乎做不成任何事！让银川的视觉、听觉世界像充满负氧离子的空气一样，充满经典的产业精神、产业精英、产业案例的故事，是产业生态营造无可替代的方法。

壳子和平台是公权力动动手指头就可以建构形成的，银川蝶变的门窗关键是瓤子的系统策划与实施，这是一个体系庞大到足以覆盖银川地区的网络，而其信息流需要高度的含氧量、含金量。

（3）树立一批示范基地，释放酵母发酵作用。

市长质量奖的奖金主要不是用来犒赏获奖者的嘴巴，而是激励获奖者的脑袋。以市长质量奖获奖单位为主体，设置一批示范基地，促使他们以社会公民的责任，传播先进管理理念、经验、知识。

作为传播的方式，一是组织本地区的企业到获奖单位参观、考察、学习、

第十六章

质量型发展案例

观摩，二是召开现场会，将本地区成功的经验借助示范基地的平台有效传播，而非养在深闺人不识、不让识。

如此运作示范基地不免有扰民的嫌疑、增加企业负担的嫌疑，但从另一面看，政府有组织的活动何尝不是含金量不菲的免费广告、公关活动？同时，对于银川地区企业家生态的营造、企业间关系的融洽也是有所助益。

（4）开通一个为企业输送维生素的通道。

当前时期，政府服务职能的最好体现是宏观上制造公平，微观上为企业输送有价值的信息，其中，对于中国特色的政府而言，在行政之上能否为企业输送特别的知识，将会是一种职能性的转变。

表面上看，对于大型特大型企业而言，这是自己能够很好解决的，但是对于大量中小企业而言，这方面的能力既比较虚弱，又不了解培训市场，而且也不懂得培训，甚至大量的中小企业在培训方面大把大把花费冤枉钱、走冤枉路。另一方面，生存压力下市场的奔波与应酬、经济效益指标重压下的岗位劳碌，让很多人被动地失去了学习的机会与动力。

在骨子里，十分饥渴的中小企业自然需要政府以公权力资源的平台及其投资，以涵养地区的产业生态、产业知识生态。实际上，即使大个子的企业，当前条件下，也需要借助公权力资源及其平台的穿针引线作用，将国内外优秀的企业家、专家、学者组织到本地区、本企业，关键是在强调针对性、有效性的前提下，将知识、专家、企业家这样的"维生素"送到企业之中。

当然，维生素也会吃出问题来！问题不在维生素，而是弄明白企业缺不缺维生素，缺什么维生素，如何使用维生素，否则就是好心办出不高兴的事来。优良的服务是雪中送炭式的，不是强按牛头喝水、捏住鼻子灌药，培训尤其如此。因为，企业培训指向性很强、功利性很强。

政府在用法律、政策撑起生存环境的同时，还需要有诸多软硬件的建设，银川蝶变大课题下，政府所能给企业做的不是包揽，也难以包揽，而是施展点金手，妙手点化。

我国社会经济的转型是由产品经济形态向管理经济形态转变，换句话说是文化+行为交织的和平变革。这种变革与疾风暴雨式的变革不同，与科技引发的产业变革浪潮也不同，好在我们已有经验，那就是我国已经来过一回的计

划经济向市场经济转变。

事实上，处在信息时代的银川和其他任何一个城市一样，有着变革的原始冲动。既有的经验与原始动力的集合，正是蝶变的接口，银川，动手吧！

二、常州蝶变：杠杆、支点、突破口

当爬虫变成蝴蝶，蝉蜕变成知了时，一个物种便有了两种截然不同的状态，即爬行动物变成了飞翔动物。一个人、一个企业、一个地区，也有这样两种甚至更多种状态，关键是能否蝶变、如何蝶变。

如果说粗放型经营是爬虫时代，那么精细型经营就是飞翔时代，常州蝶变的杠杆、支点、突破口就是卓越绩效模式、市长质量奖、管理质量。

一个地区的蝶变是由瓢子表现的，这个瓢子就是具有文明引擎之称的企业。

1. 杠杆：卓越绩效模式

卓越绩效模式的核心功能是聚合资源，重塑结构，让标志性结果不断复制并持续优化改进。

（1）为什么说卓越绩效模式是地区蝶变的杠杆？

这种系统的体系，颠覆性地改变了企业运营的现实道理。

首先，它改变了科学管理不科学的碎片化割裂、单打一现象，将组织当作一个牵一发动全身的系统，规避了头痛医头、脚痛治脚的短视、治标问题。当下企业治理的工具不胜枚举，企业中各种工具、各个画地为牢的地盘，各唱各调各吹各号，我的地盘我做主，不仅乐音变成了杂音、噪声，而且彼此割裂与工具效能的对冲，导致低效、无效、负效成本的放大。

其次，注重了过程与量化，规避了"只要结果，不讲过程"带来的杀鸡取卵现象，引导组织不仅知其然，还要知其所以然地把控流程、站在真实的测量数据上预测、预算、预案。

第三，更深层次的是注重精神这个万有引力和最具活性的人，靠文化凝聚人心，靠人与资源的聚合反应产出社会文化的经济结果。

具体而言，卓越绩效模式——

功用：从产品红利时代迈入管理红利时代。

内容：梳理、整合、集成掌控资源的密度，塑造自己的模式，形成一种钻石级而非石墨级的内在结构体系，它包括了观念、制度、人员、市场、客户、技术等原子级内容。

核心：聚焦管理质量——产品质量的加减乘除趋于成熟，管理质量的指数、对数、微积分需要把握、熟练；

结果：产生和放大产品利益红利与社会红利——剩者为王，基业长青。

（2）卓越绩效模式的内容。

如果把一个企业组织比作一列高铁，卓越绩效模式包括了企业的车头部分的领导，具有路线图、指南针与GPS功能的战略，完成货与币转换临门一脚的顾客与市场，组织得以存在与发展基本前提的资源，以及过程管理、测量-分析与改进、经营结果等7项内容，13个层面，23个评价内容，128个"如何"，既透析企业运营基本面、关键面的要素，又透视企业生存根底性的里子、骨子，其系统性、全面性、要素整合性决定了这一模式是典型的一把手工程、中枢性工程、心脏性工程特征。

其关键是以管理的系统性、一致性、持续性，促使人、财、物、产、供、销、研、信（息）、教（培）各系统呈现"融合互补、协调有度"的"整合"境界；不断实现组织从传统的"生产-销售"模式向"察知-应对-固化"模式转变，从纵向的"职能碉堡"方式向横向的过程导向转变，从被动的"指挥与控制"向主动的"以人为本"、预先控行效后转变，从被环境牵着鼻子向借助环境资源进行资本化应用转变。

（3）企业的现实

一直以来，在"有钱能使鬼推磨"的短线功利意识驱使下，企业们都是围绕着如何生产、销售产品转圈，其核心是赚钱。几乎没有企业能够"把经验当作企业的产品"进行开发、加工，更没有"把精英当作企业的顶级产品""把精神当作企业的神圣产品"对待，因此，短命成为普遍现象、赔本赚吆喝、经营艰难、盐碱滩上老小树难以长大等成为普遍现象。

因此，现实的常州主要还是吞食产品红利的常州，其特征是硬资源、重资产、大体力，而非轻资产、软资源、巧智力。

对于相信市场力量、技术力量、能人力量、钞票力量的企业而言，有形的东西才有力量的意识，屏障着对模式变革的深层思考，尽管肚子充满着国家模式变革带来的滚滚红利，但对于自身模式变革的红利却处于色盲状态、夜盲状态，因此，存在着创奖参与度不高、卓越绩效模式认知度不深、自身变革需求不明、组织治理工具主次性不清的"四不"卡壳问题。

尽管常州不乏机会波浪中的冲浪高手，但"机会主义"成功的狂欢背后，也有诸多不寒而栗的惊悚，因为，大家在被动等待中，不知道下一个机会何时发生、如何发生、何程度发生、何结果发生。

（4）卓越绩效模式的源流。

卓越绩效模式源于日本，成熟于美国，流行于世界。

美国从20世纪70年代起，特别是1973年石油危机以后，处于长期停滞状态，相反，作为战败国的日本，其国民生产总值在全球生产额中的占比大幅提升。美国面对日本咄咄逼人的经济攻势，经过调研分析，发现日本的产品质量打遍全世界，一个支撑点是戴明奖释放出日本国家质量奖的巨大导向与激励作用。相反，美国的产品质量损失占到产值的16%~22%，这是十分惊人的。

于是，美国国会在1987年1月6日通过《波多里奇奖改进法案》，目的是：建立准则，有效评估；表彰改进产品和服务成就，提供榜样；提供获奖组织信息为其他企业提供指导；推进质量改进和劳动生产率提高，获得高竞争优势。

推广起初在制造业、服务类及小企业，1998年推广到教育和医疗，后来在军队及联邦机构和州政府采用该模式来评价绩效。据南达科他州大学、北卡罗来纳州大学两组课题组在1990—1999年10年跟踪对比分析，波奖企业投资回报率大约是标准普尔500指数企业平均水平的4.2倍，分别是685%、163%。波奖每年可带来相关的收益大约为240.65亿美元，成本与收益比率保守的估计为1∶207。

美国的成功促动了欧洲质量奖于1991年诞生，截至目前，全球已有80多个国家和地区以波奖标准为依据设置自己的最高层级奖项，促使国民经济管理水平的提升。我国于 2001 年设置全国质量奖，2004 年出台了打上 GB 标签的标准，2013 年首次设立国家质量奖。

2. 支点：市长质量奖

当前，我国已有 28 个省、市、自治区，280 多个城市和地区设置政府质量奖项，从先进省市的经验看，一个基本模式是前－中－后的持续循环。即前端的孵化－培训－宣传－引导机制、中段的应用－评审机制、后段的发酵－保障机制。

（1）市长质量奖是什么？

市长质量奖是人民政府以市长的名义，依据卓越绩效模式，用公权力和一个地区的诚信责任为获奖者个体背书、质押，用纳税人的钱借助公权力为每个获奖组织标定一个"值得信赖"的铭牌，当然是对众多企业中屈指可数的几个成功者的最高褒奖。凝聚太多内涵与期待的小小奖杯，自然是地区治理的重器，也是一个城市的顶级盛事之一，因此，这一奖项并非送人情、造福利、贴标签、办花瓶的摆架作秀，或者私相授受的儿戏。

（2）市长质量奖奖什么？

市长质量奖奖的是管理质量而非产品质量，是管理成熟度而非成长速度与规模大小。政府以奖励的形式表达一个地区对于受奖者的尊崇，在追赶型的粗放经济时代，荣耀的是速度、规模、数量，在领航型的精细经济时代，荣耀的应该是持续性、成熟度、质量为标志的管理质量，我国单位 GDP 能耗分别是日本的 11.5 倍，美国的 4.3 倍，德国、法国的 7.7 倍，是世界平均值的 3~4 倍，说明的就是管理质量欠缺。所以，市长质量奖的对象也就不分企业的规模、性质、行业，只要能代表了行业、地域甚至国家级水准，就有获奖的先决条件。

（3）市长质量奖的特征。

作为稀缺的资源，概括起来，市长质量奖的特征可谓"三严四性"。

"三严"即严谨、严肃、严格。公权力神圣，公信力至上。市长质量奖在评审过程中只有做到评审程序严谨、评审态度严肃、评审过程严格，让获奖者在企业群体中叫得响、立得住、走得远，才能真正撑得起市长、政府、地区的

脸面。而且，随着时间的推移愈益彰显导向、示范、激励价值。

"四性"包括：

有效性，包括两个方面，一是获奖企业借助卓越绩效模式深度实施和应用，收获企业深度改善带来的真金白银，只有这样才具有说服力，才树得起、站得住、立得牢；二是奖励本身的有效性，如果奖错对象或是发生滥竽充数的事情，奖项的有效性自然大打折扣。

标志性，那不仅仅是将市长的脸变成挂在企业墙上的标志，而是作为一个常州的事件，标志着常州的成长。

权威性，即具有使人信服的力量和威望，其另一面是质疑，权威一旦遭受质疑即意味着坍塌，因此，权威蕴含着高标准和严要求。常州市长质量奖代表的是常州地区的最高管理水平，任何的掺杂使假都会使其像中国的乳制品行业一样遭受毁灭性的打击。

稀缺性，在常州数以千计的企业之中，每两年一届，每届不超过5个名额，这是够稀缺的了，但为了维护权威性、标志性，有时还要遵循"宁缺毋滥"的原则，形成名额的空缺。如果市长质量奖随便就能得到，恐怕"市长"、奖项也就不值钱了。

（4）市长质量奖的核心。

通过重金奖赏的方式促使企业扎实应用卓越绩效管理模式，达成"两平四核三孵化，四升一降两稳定"的目的。首先是宏观上用看得见的手，借助卓越绩效模式的应用，促使企业提高管理质量水平，以造就自己的核心能力、核心优势，进而拉动本地区国民经济管理质量水平的提高，形成本地区的核心能力与核心优势。在此过程中，形成系统的孵化、催化、裂化机制，造就常州地区在国内国际吃得开、叫得响、站得高的一群品牌、企业、企业家。其次是微观上实现企业的基本经济效益，即造就产量、质量、销量、利润四个提升，成本下降，人员、市场稳定。关键在于促使企业由蛮力厮杀到用巧实力竞争，由印钞机变银行，由挣钱机器变创富平台，完成由利润向润利的转身。

（5）市长质量奖运行现状。

换句话说，市长质量奖是要造就投石激水效应，激荡企业追求卓越、基业长青的热望。然而，由于慧眼难识金镶玉、奖金的诱惑、奖杯的诱惑，市场做大了对于市域概念的蔑视，不少地区存在以下几种现象：

讨奖，求人情讨要——找捷径；

套奖，模拟、照做——照猫画虎；

淘奖，街头地摊套圈——撞运气；

逃奖，轻视、无视以至蔑视奖项——就是觉得没啥价值、不参与。

怕奖，多一事不如少一事——怕折腾，投入大量人力物力，最后拿点奖金抱个铜牌，等平静下来再回味时，企业还是依旧，没什么意思，觉得得不偿失。

常州作为我国经济较先崛起的一个地区，虽然企业发展的成熟度较其他地区为高，但是在国家调结构、促发展的新常态大环境中，也面临着一个在既有物质基础的一级平台上，对文化、精神、经验、荣誉等软资源进行开发，以形成企业发展的二级平台。这个平台的核心是管理质量。

3. 突破口：管理质量

所谓管理质量，考量的主体内容是所管理资源的观念、密度、结构、模式的优化程度，要素是决策质量、执行质量、结果质量，这与主体考量产品合规性、达标性的产品质量显然不同。因此，目前我国正在发生的这场代际性大变革，直接决定着中华民族的复兴进程及其强度，也决定着各市域地区、省域地区的地位、实力、发展状态的升降起伏，自然对所有的参与者都提出了严肃且严峻的挑战。

当前困扰民生、困扰企业、困扰政府的一系列产品质量、产能过剩、环境污染、诚信丧失等问题都不是孤立的、单打一的、就事论事的问题，而是管理质量缺失、观念质量残疾而系统失衡的结果。

因此，常州蝶变，端口与枢纽是质量观念的变革，即由产品质量向管理质量，进而向文化质量的递变，表现在观念、结构、模式、机制、民风从骨子里到体表外的系列性、系统性的变革。从新境界、从源头、从根基审视观念质量、技术质量、方法质量、增长质量、效益质量、内容质量、过程质量、结果质量，促使组织重构自己的资源体系。

经历短缺经济到宏观过剩经济的跨越，持续高速发展将我国经济推向了新

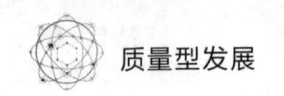

常态，一方面是粗放经济的末路，一方面是精细经济的开启，又一次处在大变革界面上的社会经济，其标志是由粗放性的数量型、速度型、经验型、饥不择食型向精细性的质量型、效益型、科学型、营养挑食型变轨，"管理质量"像金钥匙一样，自然成为这次变革的不二选择。

横亘在我国面前的这场变革，考较的主体要素不是产品经济时期的规模、硬件、先天资源优势，而是不论东、中、西部地区，不论经济发展的体量大小，大家都站在同一个平台上，比拼的是创意含量、管理水平、谋略层次、观念体系，也可以说比拼的是管理质量的精到程度、层次、含金量、含氧量。

作为长三角西翼的一个重镇，常州要迎头赶上质量效益型时代的中国蝶变潮，在一线城市的群体中展露自己的风采，更需要聚焦智慧、驾驭管理质量。而常州蝶变的彻底程度决定着她这一程发展周期的长度、广度、高度。其中，常州蝶变的秘诀是让市长质量奖这个支点，发挥出标杆、杠杆、酵母三大作用。

当前我国各省、市地区设置政府质量奖项已十分普遍，在一年或两年一度的盛宴中既不乏醉汉，280多座城池也不会是清一色的99.99%纯度级的卓越绩效模式应用、见效、评审。尽管在美、欧、日等国家与地区的质量奖有着管理界奥斯卡金像奖、科学界诺贝尔奖的至尊地位，但在我国，政府质量奖存在知名度低→参与度低→理解度低→信任度低的逻辑链，甚至直接简单化、扭曲理解为奔着荣誉和奖金并不鲜见。

政府的公信力不是值不值钱的问题，而是敬畏与虔诚。因此，获奖企业应该是地区或行业的标杆，代表了常州地区的管理质量和水平，它们还承担着杠杆角色，用以撬动常州地区企业的管理质量与管理水平的提升，老实说，几次评审、一次颁奖本身并不一定能够触动企业群体"见标必超"的斗志与信心，因此，获奖企业应该自然地成为一个示范基地、交流平台，像酵母一样发酵常州的企业群体。

三、粤港澳大湾区，质量型发展旧道、新途不同归

粤港澳大湾区的概念与实践在上升到国家意志层面后，已成为举世侧目的

| 第十六章 |
质量型发展案例

问题。那么，可比肩纽约、旧金山、东京三大世界级湾区的粤港澳大湾区，能否踏上质量型的轨道，迈入数量、质量双维度的尖顶，标志美国世纪后的中国时代？

数量型发展、质量型发展不是简单的概念变换，而是量变、质变两种性质的差别。其实，不论概念怎么出新、平台搭建多大，对于粤港澳大湾区，根本的问题是超越传统的单维数量主导型，迈向信息文明时代的二维质量主导型。在数、质二维手心手背谁也离不开谁的一部"纠缠"文明史上，现代城市走了从 0 到 1 再到 100 的物理形态暴涨轨迹，随着信息文明扑面而来，一方面，城市思想、精神、意识的人文大脑要由通识性向个体特征升级，另一方面，城市的物理性大脑也将拥有智慧化的神经系统。二者共同将一个城市由自然人形态升级为文化智慧人形态，与此同步，积木式分布的城市群将变成一个区域生态体。

纽约、旧金山、东京三大湾区各有主体地占据着世界的制高点，具有相应主体内容的权威性、领袖性。由于属于数量型主导，作为全球金融业标志的纽约大湾区，发生了至今尚未完全消退的影响世界的 2008 年华尔街金融危机；具有全球产业标志性的东京大湾区，汇聚了日本年销售额 100 亿元以上大企业的 50%，其中，三菱、丰田、索尼等一大批世界五百强企业最具代表性，但不幸的是它们制造了日本"质量神话"，却也制造了日本"质量神话"的衰落与倒塌。

旧金山湾区的主体是影响世界的美国硅谷，作为当今全球电子工业和计算机业的王国，这个沿 101 公路绵延开来的狭长地带构造了它引领全球的力量，适应了高科技"快"的特征，在美国全能型世界老大的背景下，半个多世纪里，人才、资金在技术、产品、信息、品牌、科技文化等产出效应的激荡之下，倍增式滚滚流入。如果硅谷步入质量型发展的轨道会如何？有质量的科研将会带来什么样的产出与效应？虽然不得而知，但产品质量的经验可以让我们这样肯定：在质量型的平台上，运营质量主体地位的确立，将会让硅谷的企业失误、失败、倒闭倍减，产出、效益、企业寿命、企业健康度倍增！

可以这样说，历史的、地区的文明进程中，那些盛世、治世、中兴的历史时期与片段，都是在质量"领导"下，数量爆发出核聚变般能量的表现，虽然

在朝代的轮回中，这样的辉煌实属短暂、稀少，而且没有构成质量主导、数量从属的二维体系，但已经足以让我们做出这样的结论：任何的辉煌，都是质量高涨的结果！

察古鉴今、察时谋势。在信息文明的大门已经洞开的今天，以世界各大湾区兴衰、跌宕的轨迹为鉴，相比于既往自身发展的成功，粤港澳大湾区的发展应面临三大机能性变革：

（1）维度变革——换轨，由单维度数量型变轨为二维度质量型；

（2）结构变革——优化，系统性重构整个湾区诸城市特别是广深港三市的定位，以及相应的政策、制度、产业链、科技、人才、教育、基础设施等体系；

（3）模式变革——创新，形成有别于其他三大湾区的新型大湾区发展模式体系，包括了理论、知识、政治、经济、社会、文化、科技、人才、教育等在内的产出性、生态性模式。

概括而言，三大变革是维度变革为纲，结构、模式变革为目的"一纲二目"内容体系，将成为我国质量型发展的基础体系样例。

1. 质量型发展，粤港澳大湾区面临的三大现实问题

港珠澳大桥通车标志着珠三角发展进入新时期，粤港澳大湾区的概念由国家正式提出，标志着中国力量要安装新引擎。实际上，建设粤港澳大湾区的呼声已是多年来持续不断的事了，随着港深高铁的开通，已经开工的深中通道，以及深珠通道、珠三角区域轨道交通与1小时城市圈的规划与建设，不仅将珠江口东西翼更紧密连接，极大地加大了大湾区的战略纵深，而且，截至目前，粤港澳湾区已有港、广、深、莞、佛五个城市开通了地铁，总通车里程数突破1000千米，超过京津冀，和长三角三省一市基本相当。而客流强度、网线密度、运营能力，粤港澳大湾区都稳居全国第一。在建、拟建部分，整个未来至少还要新增1000千米的里程，等于再造一个地下大湾区！

在交通日益通畅的基础上，港珠澳大桥的建成为能源、通信、教育等社会经济文化基础层面树起了里程碑。另一方面，现代社会交通的繁荣能够跨越边界，联通社会经济文化发展，信息网络则能穿越边界，让社会生产力全要素资

源聚合。已是信息产业为数寥寥的世界级高地之一的粤港澳大湾区，在区域融合、国际融合的进程中，全要素资源的聚合就不是"一桥飞架南北，天堑变通途"，而是一种磁极—磁场效应。也就是说，在社会人文基础、物质基础诸领域，一个又一个港珠澳大桥式的标志也应该矗立，以此架构未来历史上牢不可破的中国根基。

可以预见，粤港澳大湾区在全球社会经济文化中心中国化的历程中，将逐渐超越纽约、旧金山、东京三大湾区，而成为新的全球性金融中心、科研中心、人才中心、交通中心、贸易中心，并以此为标志形成金融、科研、人才、产业制高点。

表 16-3　世界四大湾区主要数据

	粤港澳	旧金山	纽约	东京
GDP-亿美元	13,520	7,590	18,300	19,000
人口-百万	66.7	7.7	23.7	37.7
面积-平方千米	55.9	17.4	34.5	13.5
集装箱码头世界排名	深圳（3） 香港（5） 广州（7）	-	-	横滨（20）
国际机场排名 客运量 货运量	香港（3） 香港（1）	- -	纽约（19） 纽约（19）	东京（18） 东京（5）
股票交易所市值排名（至 2018 年年底）	香港（5）		纽约（1） 纳斯达克（2）	东京（3）

社会人文板块隆起的愿景很美很壮观，但制度、利益、产业的三大现实问题，更考量粤港澳大湾区发展的智慧。因为，这一大湾区存在社会生态、制度生态、产业生态三大生态的巨大差异。

首先，制度生态问题。这种"制式文明冲突"将会深度表现为一个阶段，关键是分散式民主与集中式民主、个体权与集体权的磨合甚至一定程度的博弈。中国复兴、和平崛起意味着世界文明版图的重构，旧霸主们被动了奶酪心有不甘，必将下绊子、设套子、出招子，而一些自甘作为代理人、导火索、风筝线的"走狗"们也必将会麇集吵闹，典型的如"占中"事件和香港游不和谐问题。

其次，利益问题。港珠澳大桥虽然举世成功但也是久经"磨难"，在时间的长轴上，香港会逐渐接受且不得不接受身边当年的吴下阿蒙超越自己的现实，超越意味着光环、利益的被分食，在旧版的发展模式中，从绝对优势的高悬到相对优势的消失，国际金融中心、贸易中心、航运中心、购物天堂等桂冠的光晕被罩、被夺带来的是利益跌落、消散，那么，新版的大湾区发展模式能够给一众珠三角城市以及泛珠三角地区城市带来什么？对于已经深度失落的香港而言，最大的利益是能否找到、找准自己的新定位，重新依托内地（国家）资源，置身世界的制高点。应该说，这是粤港澳大湾区的一个关键症结。

事实上，香港作为亚洲的"肚脐"，在新加坡、迪拜、广深等地区的崛起过程中，早已从单星曜世变为群星之一，而且星辉被夺。1997年香港GDP占整个中国内地的18%以上，现在只占3%；2018年深圳GDP正式超过香港，GDP高达2.4万亿人民币，增速7.5%。香港眼睁睁地看着对岸的小兄弟用40年的时间完成逆袭，从一个小渔村变成了体量超过自己的大都市，心里肯定五味杂陈。

这是结果性表象，结果性的内涵更不容乐观。随着人民币离岸中心的开张，沪港通、深港通的落地，香港虽然依然保持着世界级的金融中心、购物天堂称号，但航运中心的桂冠已经被更大的中心深圳这个曾经的小弟取代，而成为广、深、港港口群之一，吞吐量只居于区域第二，随着南沙港区的建设，还有被追超的可能。

从一个层面看，香港最大的问题是如美国一样的产业空心化，这是全球化、信息化的分工理论及其实践导致的，似乎是一个社会经济体绝症。但从另一个层面看，它恰恰是一种文明发展的升级，是"各展其能、各取所需""物尽其用、人尽其才"价值最大化的一种必然，即在和平共处、合作共赢的另面丛林法则理念下，如老虎、狼、兔子一样，各自占据自己的生态位。一个经济体是能力梯级分布集合，一个全球的社会经济体同样是能力梯级分布的集合，只是在国际之间形成犬牙交错的迭合。在此基础上，香港核心能力、核心优势的价值最大化不是做世界全能冠军，而是单项冠军、总部（脑袋）基地，让自己的产业肢体变成内地、其他地区的身体，由此扩增自己的社会纵深，或者如日本、新加坡一样另类发展——地域狭小、遭遇经济停滞 30 年的日本，实际在世界上再造了另一个体量的日本，同样地域狭小的新加坡以产业园区的形式在世界各地拓展，它们都成功地实现了隐性蜕变。

最后是产业生态。特区、特别行政区、一般行政区的边界不可回避地隔阂着产业生态的融合，产业生态作为经济的主体内容，实际上基础性地影响着制度生态、利益生态。

解决湾区产业融合，关键是各个城市棋局、棋子的定位，是抱团立世还是单打独斗，是一体融合性发展还是积木碎片化存在，道理再清楚不过，而做起来往往是诸侯纷争。这是千百年来的魔咒，也是粤港澳大湾区能否突破积木式组合的拦路虎。

根本上，三大生态差异的关键点是利益。形势比人强，在充分的利益面前一切理由都会变乖。其中，大局与局部、长远与短暂、快速与缓慢会是好事多磨的主体性分歧理由。一方面，任何巨大的利益都不是朝夕之间倾倒下来的，而是一个渐进过程，这是消除分歧、求同存异的最好策略之一；另一方面，作为更高的要求，对粤港澳大湾区三方诸城市而言，如果没有超越本湾区的格局，站在全球中心中国化的高度，自然会沦落到你多我少、你高我低的斤斤计较纠缠之中，那样的湾区不过是珠江口地区 9 城市的地域拼盘。国家明确粤港澳大湾区建设发展规划，是适应工业革命以来，全球中心欧美化向东方转移的历史机遇，面临可谓 500 年未有之大变局的一张中国大牌，这是与一带一路、亚投行、上合组织、金砖国家组织并行的连环矩阵，也是另一个中国大湾区长三角城市群（体量堪为伯仲，但一体性优于粤港澳）的序章。三大生态的第一关键点是香港问题，而澳门因天然的、客观的问题相对能够融洽对接。

2. 大湾区发展，旧道与新途的比较与必然

2017 年 10 月 18 日是注定要载入史册的，特别是在质量历史上更具标志性意义，这就是党的十八大会议报告中明确提出我国"由高速度向高质量转型"，这个宣言宣告了历史将由数量型文明迈入质量型文明。因为，一直以来，人类的文明史是一部数量主导的历史。

国家的主导方向已经明确，粤港澳大湾区的建设也已上升到国家层面，可以肯定，穿新鞋走老路的结果是此路不通，那么，在制度不同、人文不同的粤港澳大湾区，新鞋新路，路在何方？又是什么？

可资借鉴的经验教训不是没有，改革开放最早的4个特区，14个沿海开放城市，最大的特区海南省……在国家高速发展的进程中，这些具有一定历史拐点意义的地方，发展是肯定的，但耀眼的成功者恐怕只有深圳、浦东，以及信息化浪潮中特异的杭州。

（1）发展的旧道与新途。

湾区发展的旧道当然是指传统的数量型型制，即以工业这架文明引擎驱动的高速度、高效率、大规模，形成大鱼吃小鱼、大鱼游大海的模式，构成摊大饼式、单砖码墙式、烟花式、间断式"两高一大"为主体特征的大城市、大工业、大产业、大企业，延伸出粗放、野蛮、简单、超常的产业形态，引领或是成就规模效益的结果。

质量型不是不要速度、效率、规模，而是结构优、体系优、过程优、结果优"四优"与持续性、均衡性、递进性"三性"为前提的"两高一大"。

在此，有必要牢固的基本前提有三：

观念：无处不在的质量，不仅限于传统观念中的产品质量，组织、决策、执行、发展、竞争也有"质量"。

逻辑：质量与速度、成本的关系

表16-4 质量与速度、成本的关系

状态	错误	正确
质量低	成本低	速度越快，成本越高
质量高	成本高	速度越优，成本越低

概念：质量低是浪费，质量高也是浪费。在一定的质量范围内，质量越高越好。

所谓单维数量主导型，就是在以结果论成败的历史传统中，单维度的数量几乎完全居于支配地位，即一切成败由速度、规模、效益来裁判。

第十六章
质量型发展案例

二维质量主导型与此当然不同，首先，其核心是质量主导、数量从属，以此为前提，追求质量、数量匹配型增长，在根本上改变"速度单兵突进""速度主导全局"、质量"说起来重要，干起来不要"的普遍现象。其次，不论何种文明，任何发展都要建立在完善的质量、数量二维坐标系中。这一概念，应该在根本上界定了数量型、质量型型制与内容。最后，指明了质量型发展的方向、方法。数量文明几千年，早已积累了足够的内容资源，质量型型制即在此浑厚根基、依据、数据库上的螺旋上升。这两种型制的内容、结构体系，如图16-1所示。

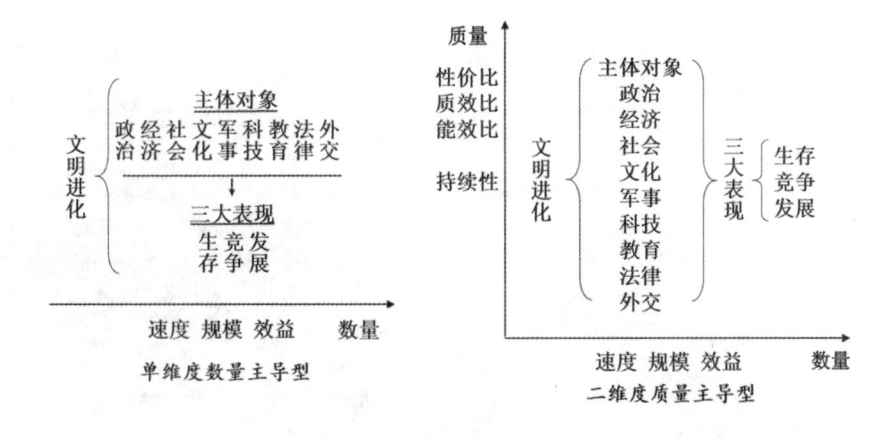

图16-1 文明发展质量的内容与架构

其实，历史以来不是不讲质量，而是被动接受质量规律的惩罚与隐性调控，间断地表现在不同的时代。因此，质量总是居于被支配的角色，或者是衍生物、副产品的地位，像一条暗线隐伏隐现于发展进程之中，经典的质量个案虽不绝于世，但星散于历史之中，构不成一条质量主导的历史明线。特别是工业革命以来，随着管理现代化的加速推进，工业文明十倍速于农业文明的"换挡提速"，碾压般的绝对优势，让发展的车轮不仅限于几乎单一的数量维度上狂奔，而且所有组织的发展终极几乎都锚定在"经济"之上，形成外延性、堆积式、投资型的发展形态。人类文明当然不只是经济的独角戏，它只是其中的一个关键内容，还包括政治、社会、文化、科技、教育、法律、军事、外交等。

（2）旧道、新途比较。

从文化哲学的角度审视工业文明体系中的质量，会发现工业传统的质量有四大突出特点：

——质量＝产品质量；

——质量主要是操作者的事；

——口号上"质量是生命"，实际上质量从属于数量的需要；

——组织运行主体建立在单维度数量型基础之上。

对比发展形态旧道、新途的基本表现，如表16-5所示。

表16-5　发展形态旧道、新途基本比较

	单维数量型	二维质量型
特点	点状、线性、就事论事 产品为中心，经济效益为核心 单维经济结果论成败 粗放、快速、高效 三同：同质化、同构化、同价化	面状、结构、系统论事 产品为途径，持续发展为核心 二维质量结果论成败 稳健、匀速、精益 三化：共享化、竞生化、差异化
表现	产能过剩 产业低级重复 一哄而上 红海现象 要素区隔、封闭、岛礁状 决策快、成效快、后患多 间断性、跌宕性、短命性	产能结构优化 产业集群化、生态化 价值链、产业链、产品链互动 命运共同体 要素能力开放、共享 决策稳、成效稳、后患少 连续性、平稳性、持续性

已经复兴的中国，肯定需要量的增长，相比于一路筚路蓝缕赶超的急迫，走上新台阶的现实与未来仍然需要高增长，但更需要的是有质量的高增长，它意味着国家发展的思想体系、知识体系、模式体系构成将发生质变。西方文明是在蒸汽机上工业化出来了一个文明形态，而在信息之中"网络化"出来的新文明形态，肯定有别于工业文明。

（3）殊途不同归。

单维数量型与二维质量型显然是具有代差级的两种发展与治理途径。

在信息文明与后工业文明迭代的现实中，由于环境的速变，继续单维数量型模式显然会带来成群成堆的"不可持续"问号。

第十六章
质量型发展案例

称雄世界的亚马逊于 2019 年 4 月 24 日正式发表声明,为寻求战略转型,将于今年 7 月 18 日起停止为亚马逊中国网站上的第三方卖家提供卖家服务。截至 4 月 21 日收盘,亚马逊市值 9160 亿美元,约相当于两个阿里巴巴。但正是这家全球市值最高的电商公司,却在中国这个全球最大最成熟的电商市场折戟沉沙。尽管亚马逊 2018 年的年报显示,该年电商业务创收 2079 亿美元,同比增加近三成,但在中国,其市场份额却从 2008 年的 15.4% 一路下跌至如今的 0.6%。与此对应的是阿里巴巴、京东的份额分别为 60%、24%。

随着宝洁公司在中国市场的风光消退,亚马逊又成为一个标志,有分析者认为,以亚马逊为代表的西方巨头在中国的现状主要是水土不服,已经适应不了中国市场成长之快。

其实,2017 年马云在美国演讲时被 CNN 名嘴尖锐提问"二者竞争优劣属谁"时,已经揭开了谜底,他说:"亚马逊是商业帝国,阿里巴巴是平台,两者没有直接竞争。"所以,二者竞争是关公战秦琼式的话题,除了这种商业模式的差异,更具根本意义的是二者的质:将线下商业搬到网上交易的亚马逊,作为电商的标志与阿里巴巴的运营模式显然不同。或者说,亚马逊是穿了网络马甲的传统店,就像第一代网络巨头搜狐、网易、新浪等只是网上门户一样。

图 16-2 亚马逊、阿里巴巴对比分析

(注:资料来源于 2019-04-24 经济日报网)

3. 顶层俯瞰，粤港澳大湾区发展"2241"大纲

顶层顶到哪里？应该顶到全球的层面并立足未来大趋势，如果只是站在粤港澳大湾区的顶层俯瞰该区的发展，那样无异于闭门造车。理由很充分且简单，粤港澳大湾区只有定位于世界大湾区的顶尖地位，才能作为支点撬动世界文明中心中国化进程的加速。

如果对粤港澳大湾区的发展进行阶段划分，截至目前，应该是走过了组合期，在进入聚合期。组合期是磨合、适应的导入期，聚合期则将开启粤港澳大湾区在全球四大湾区中后来居上的历史，这是中国的升势、地区的发展要求决定的。其依据主要有三：

（1）我国已成为全球唯一工业体系最完备的国家，按照联合国产业分类，现代的工业体系中，所有的工业门类总共可以分为39个大类，191个中类，525个小类，完整的工业体系包括大而全、高精尖，这是全球200多个国家与地区中的孤例，这种工业体系博物馆的形式，带给我国产业经济的是高效的自我配套能力。这是物质性基础，重要的是中国制造业解决方案是世界上最高效的。经典的案例是，一家制造业厂商在国内打半小时电话就能完成的配套工作，到其他国家可能要半个月才能搞定。相比而言，美国拥有94%左右，之后是俄罗斯、欧盟，日本勉强算得上（主要是民用制造业体系）。

（2）科技发展上，我国已加速迎头赶上，一般的科技指标包括以下的内容，从中可以看出这种力量的增势。

①研发投入强度，从2000年的0.90%升至2016年的2.11%。与2016年美国的2.74%、日本的3.14%相比，差距在缩小；

②研发人员比例，2016年我国研发人员占就业人员的比例为0.218%，美、日分别为0.914%、0.996%；

③科技论文数量及其影响力，2008—2018年，我国发表的论文总数216.8万篇，位居全球第二，约为美国的1/2，其中2017年中国发表论文42.8万篇，位居全球第二，数量上已达到美国的2/3。

④国际专利申请（PCT）数量，2017年我国首次升至全球第二。但从2017年"每10亿美元GDP（购买力平价）的PCT专利申请数量"指标看，

我国为 2.1 项 /10 亿美元 GDP，与美国 2.9 项 /10 亿美元 GDP、日本 8.9 项 /10 亿美元 GDP 差距明显。

⑤知识产权支付与收入，我国 2017 年收入额 47.79 亿美元，支出额 286.61 亿美元，逆差 238.82 亿美元。美国作为知识产权收入最强国为 1280 亿美元，支出额为 480 亿美元，顺差为 800 亿美元。

（3）国际影响力上，在人类命运共同体理念下，一带一路、上合组织、金砖国家组织、亚投行、金砖国家银行、中非论坛、中拉论坛、博鳌论坛等软、硬实力主导性平台、G20 世界平台话语权权重不断增强。

这是粤港澳大湾区的国家依托。实际上，国家关于粤港澳大湾区 60 页的规划是图纸，要加工成精致的世界级中国社会工程，需要的是引领世界级的智慧塑造，和中国人勤劳汗水的浇灌。

然而，在现实三大问题面前，作为国家意志的实施，还是有必要预见三种前途：

糟糕的拼盘：跌入本体利益、程序的迷宫，画地为牢，自我封闭而形成松散的组合体。

比肩三大湾区：靠着国家发展的福荫，在单维数量型轨道上惯性狂奔。

开创湾区新模式：摒弃直道超车、弯道超车模式，换道于二维质量型轨道，形成质量型发展历史经典。

因此，站在国家意志实施的层面，粤港澳大湾区深层次上需要的是抓住两个主体质量的"牛鼻子"，塑造三种结构、四链运行的质量优化能力，以中式聚变力引领世界湾区制高点的"2341"大纲，打破三大现实问题的制约，迈入二维质量型的轨道。

（1）两个主体质量。

一个区域当然不只有政府、企业两大主体，突出二者为两大主体质量，是因为在我国政府是区域之船的船长，企业是现代文明的引擎，二者质量的优劣决定着一个地区的强弱，对于任何地区这都是十分明确的。

事实上，讲了质量这么多年，极大的注意力都是聚焦在产品层面，对于组织质量层面的政府、企业等对象的"质量"几乎处于空挡的状态，而且，我们还忽略了政府、企业的"力量体系分析"，对此，我们不妨认识一下这个组织力学的体系，再构建一个如图 16-3 所示的两大主体质量图谱，以便我们认清其体系与构成。

图 16-3　三维组织力体系

在这个树状图上似乎看不到组织力量与质量、数量有什么关系，事实上，需要清楚的是组织力与物理力道理通而不同，作为人文力，其源于内生，走向、大小、作用性、持续性分别由价值观、使命、聚变力、方法、持续性决定，也就是说，这五项因素构成了组织力的来源、方向、大小、作用性、持续性五个维度。

质量、数量作为评价一个地区强弱的尺度，旨在廓清五个维度及其集合体的优劣、规模、效率，已找到症结与解决的策略。

现代社会，区域的发展在追求富强的力量驱动下发生着，一般表现为持续富强、阶段性富强、从没富强，基本来讲，这是由图 16-4 所示的两大主体的质量决定的。

以此而论，粤港澳大湾区这个组合体的组合质量、运营质量由于开头所说三大问题的客观存在，是否能达到高级的状态？

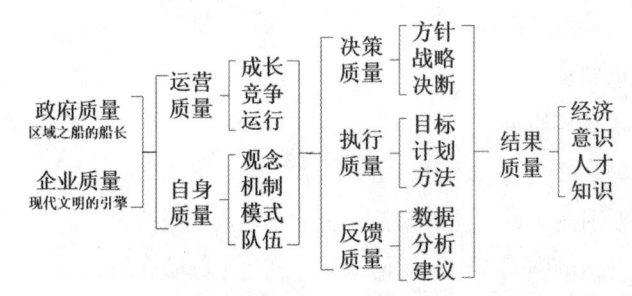

图 16-4　区域两大主体的质量图谱

区域两大主体质量图谱揭示了这样的问题：不论是政府还是企业，都有三

第十六章
质量型发展案例

个基本的质量内容,即自身质量、运营质量、结果质量。三者是起码的逻辑关系,就运营质量而言,在"大干快上"环境中呈现"火热的投资-产出"与"冷清的运行关注度"现象,原因不言自明,投资的热望在于对结果的预期,浮躁与机遇风口频频光顾,让人忽略运行艰苦、细致、持久的过程。不论什么时代,都有冷静者,作为主体,政府应该更具理性,以社会公器的力量调节社会氛围,约束资本逐利的狂躁。这是东方社会观、社会治理哲学与资本化

高速发展的我国,有一个著名的概念是三驾马车拉动。其中,多年来的一个主引擎是投资。这是外延性、增量性的内容。只要发展,投资就是永恒的主体,但投资质量不高的一大负作用是产能过剩(浪费),它包括高级产能、中级产能、低级产能三个层面的过剩,适当的过剩与不足都是合理的,这是社会发展的弹性要求与基本的正常性表现,其关键是需求与供给的匹配,要害是判断,任何的判断失误、决策失误都将造就匹配失衡,后果是要么不足,如有"国痛"之称的芯片产业、航发产业等;要么过剩,如大量的低端产能过剩,都知道严重过剩就是国家财富的灾害。亡羊补牢式的去产能、去杠杆纠偏与救治只能是减损的必要无奈之举。

对于任何一个系统,自身、运营、结果三大基本质量的提高都是可行、可控的,而且考量能力水平高低的试金石是持续的高质量状态。在一个资讯日益高度发达、可资借鉴参照的对象无以胜数的环境中,当代大大小小的决策者要像乔布斯、任正非一样决策、运营显然是世界级的难度,但保持少失误的底线却相对容易了许多,事实上,在失误、失败的案例堆中,概要分析,还是符合二八规律的,其中80%是低级失误。对于三个基本质量的守持,从决策学的角度看,其核心是决策者群体的站位、共识、能力问题。

解剖地处粤港澳大湾区中的标志性企业华为,如果说企业运营质量是在责任意识、模式、机制质量基础之上的决策、执行、反馈三大质量问题,那么,华为的成功不是风口型、机遇性的,概括起来就是两个字:透彻——透彻这个图谱中要素、结构、生态的关系。

(2)三种结构的质量。

结构有着不可思议的力量,不论是物理的还是人文的结构都是如此,归纳起来就是存量结构、增量结构、二量结构三种,它们的质量标志着过去,也决

定着未来。

存量、增量是数量的，它们各自即彼此的结构属于质量，而且，结构是此消彼长的动态状态。

港澳的既有地位是存量，随着本湾区广深两大主要城市的异军突起，存量结构已经发生了天翻地覆般的变化，其关键标志之一是深圳的GDP在2018年超越香港，随着体量的巨变，港澳的全球性单项内容地位也在剧烈变动，香港的世界金融中心、澳门的世界博彩中心没有位次的变动，但隐忧并没有消除，其他如航运中心、贸易中心等的地位已是大大滑落。与此相应的则是广深两市的存量发生巨大变化。

增量是主变量，存量是因变量，相应的，增量的结构因时制宜地发生着调整与改变，其实不过三点：为巩固核心能力与优势加大增量的速度、高度、强度；萎缩或退出已失去相对优势的存量；抢占新兴技术与产业制高点，形成新的优势。其中，随着智慧化的兴起，信息平台与体系的大脑日渐完善，城市及其集合体的生态内涵就如一个人上不上学一样，将发生两重天般的变革。

刚性地看，在同素异构体上，我们能看到石墨、钻石、石墨烯虽然都是碳元素构成，它们的性能与价值却是天壤之别，这是因为它们的分子结构不同；1949年前后的中国、改革开放前后的中国也是结构性的改变即国家政治、经济、社会、文化资源的重组，这是观念、制度、政策的结构性改变。粤港澳大湾区正式诞生于信息文明浪潮初现颠覆力量的时候，生逢其时的中国第一个大湾区，会在国家依靠、信息文明的双重平台上，重构本地区硬实力、软实力、巧实力的存量、增量，聚变成信息文明超越工业文明的那种指数型的变革。值得庆幸的是40多年的改革开放，让这一地区成功地迈出了区域组合的初级阶段，蓄积了天量的存量，也在进行着令世界侧目的增量，那么，进入第二个阶段的聚合时期自然值得期待。

概要而言，粤港澳大湾区的基本存量优势在于：世界性的金融、航运、制造业、商业、信息产业中心，服务业、人工智能、生物工程、科研等世界性高地，这是地区性实力，还应该看到广、深、港的世界影响力，本地区成长起来的具有世界影响性的华为、大疆、腾讯、美的、格力、华大、TCL、广汽、比亚迪等著名企业。具体而言，在电子、信息设备两个细分行业，上市公司数量相比于长三角，电子行业粤九市93家、长三角60家，信息设备粤九市44家、长三角29家，轻工和家电方面具有突出优势。

从内涵上看，从技术创新、城市年轻度、金融、教育等角度考量，大湾区呈加速向上的趋势。（1）技术创新，包括了IAB（新一代信息技术、人工智能、生物医药简称"IAB"）和NEM产业（新能源、新材料简称"NEM"），由人民网和知识产权出版社等机构制定的中国专利排行榜显示，华为、欧铂、格力、腾讯、中兴等广东企业拥有的专利数量均进入2018年我国专利授权量排名前10位。（2）年轻的人口，在全国老年人人口最少的10个城市中，深圳、东莞65岁以上在4.0%以内，按国际划分标准，属于青年城市，深圳被誉为我国最年轻的大都市，中山、惠州、珠海、佛山属于壮年城市，香港属于老龄化比较严重的城市，不过所占人口比例不算大。（3）金融方面，世界公认的几大金融中心是：纽约——全面领先，伦敦——老牌劲旅，东京——领军亚洲，香港——承东启西，有着"基金之都"名头的深圳有招行、平安等驻扎，广州则是央行八大大区分行之一驻地。（4）教育层面，有香港中文大学、香港大学、香港科大这样的亚洲一流强校，广州也有中山大学和华南理工等名校。

在电商、移动支付、网上金融、高铁、共享经济成为日常的今天，可以预言，粤港澳大湾区的政治、经济、社会、文化、科技、教育、法律等区域发展的支柱性内容将使得物理意义的现实世界、网络意义的虚拟世界合二为一，这不是简单的加和。

适应这种要求，要解决好存量、增量的三个基本问题：

——存量的全域或全球性最大化共享；

——增量的增"对"、增足；

——存量、增量的结构关系。

可以说，当今世界，一方面是存量过剩（包括低中高级）与严重短缺的矛盾，一方面是区域封闭带来的资源产能大量闲置。粤港澳大湾区的存量同样面临这样的困扰，而且，（1）产业–产品"三同"：同质化、同构化、同价化；（2）尚未形成世界级权威的科研高地；（3）尚未形成世界级的教育高地；（4）行政边界壁垒与制度对接。

如果说，产业–产品的"三同"低级存量问题可以用同城化、一网通、网络化破解，那么，存量体系的全域共享就会加速拉升存量的结构、层次、境界。而后三项内容作为增量的基础支撑，无疑将推高粤港澳大湾区的基线。

应该清楚，在所有的存量、增量中，最具标志性的是六家一匠三品牌，六家即政务家、经营家、科学家、教育家、艺术家、活动家，一匠即超级匠人，三品牌即产品（物理性产品、文化作品）、企业、地区，这些内容属于全部活动的结晶，也是聚合力的结果，其世界领先性与数量性规模标志着一个地区的能量级别。

（3）四链运行质量。

四链即生态链、价值链、产业链、产品链。这是一个从宏观到微观的逻辑体。每一根链子上都汇聚着人、财、物、研（科技）、教（育）、信（息）等要素。

首先是生态链。全球变暖已成为全球的公共热点，暖冬、雾霾、极端天气等自然生态状态质量揪动着人心，对于一个地区而言，文明的生态质量呢？

与西方国家"文明的冲突"不同，我国是一个和合包容、多元共生、天人合一的文明生态，随着"人类命运共同体"概念与"一带一路"世界格局的展开，一个包括自然、人文两种内容的生态链自然横亘面前。实践着"一国两制"的粤港澳大湾区，随着聚合期阶段的开启，将在制度生态、产业生态、社会生态三个层面开创性地形成一种生态体系。应该明白，曾经的香港游不和谐、"占中"事件折射的是人文生态质量低水平，那么，形势逼人强，浩浩荡荡的大湾区发展大趋势将驱使这种质量升级。具体而言，制度性安排、区域产业生态的协同、社会生态的融通融合会在市场价值规律、社会价值规律的作用下渐进、点状直至系统性变革。

其次，在湾区平台、信息平台双重平台之上，随着价值链、产业链、产品链三链的打通、打开、重组、重构，将会告别区域壁垒、个体壁垒和区位落差、层位落差，由抱团取暖、互助共进退的形态变为各自定位、卡位、靓位的主体，形成叶、花、果一根藤上链式串起的命运共同体。

（4）一个引领世界湾区的制高点。

以中式聚变力引领世界湾区制高点，其依据一是粤港澳大湾区是"一国两制"；二是政府-企业二元发展模式，这是当今世界独有的，也是中国式智慧的表现与结果；第三也是工业革命以来十分稀少的现象，这就是在世界性的封锁中，一个国家不得不被迫依靠自力更生，实现自己的复兴。相较于"二战"前先发国家的大国崛起，以及"二战后"欧洲马歇尔计划、日本道格拉斯计划，中国绝对没有那份幸运，但却有另一种幸运，那就是在纵横捭阖中，抓住了全球化的浪潮，于是，珠三角城市群、长三角城市群、环渤海城市群、长江经济带相继发挥引擎作用，让中国势不可挡地跻身强国之列。

因此，粤港澳大湾区冲顶世界大湾区，并形成独具特色的中国世界顶级大湾区模式不是"梦"，而是即将在手里变现的事实。

事实上，任何的历史发展都是立足于这样的三要素之上，粤港澳大湾区也不例外：

①引擎——知识文明；

②底盘——社会文明；

③行驶系——产业文明。

社会发展则是如图 16-5 所示的两类四种形态，即：

轨道同而同途同归、同途不同归；

轨道不同而必然的殊途同归、殊途不同归。

途不同 归同	途不同 归不同
途同 归同	途同 归不同

图 16-5　途、归异同矩阵

其中，殊途不同归包括三种情况：（1）价值观的不同；（2）数量－质量型的不同，前者是"不同主张、不同命运、不同前途"的性质，后者是量变—质变境界的性质；（3）即使走同一条轨道，也会因为方向、目标、策略、机制、模式的不同而拉开"一个世界、两种境界"的差异。

简单如交通上农耕文明的步行模式、工业文明的飞机模式，让生活方式、思维方式、地理时空等文明方式与内容发生了变异，即使同属工业文明中的铁路，由于阶段与技术代差，改变中国的高速铁路较之普速铁路，显然颠覆性地改变了国人的时空感与既定生活、工作、学习形态与格式。因此，与世界其他三大湾区不同，粤港澳大湾区应该走自己的路，殊途不同归！

——因为质量、数量二维，命运有恒持续；因为城市意识、湾区生态体升级，城市文明站在了又一层境界。

后记
拥抱质量文明

质量文明来了！虽然姗姗来迟，依然适逢其时！

作为横亘历史的分水岭，那边是数量文明几千年一程程攀升的历程，这边将是龙门跃起后社会经济文化全新景象飙升的蒸腾！

它表明：质量思想在决策、行为、结果的全程不再缺席！质量立于企业、政府、社会、文化等任何组织、任何平台、任何活动的中央！"更快、更高、更多"至上的数量型规模、速度、内容走向从属，"更强、更优、更精"的质量型灵魂、结构、运行居于主导！

它预示：在质量经济、价值工程、运营模式集约下，现实世界的单位均需量、投入量、能耗量趋于倍数下降，使用寿命、经济效益、人文效益呈现指数级增长！

它宣告：人类活动的决策过失、行为过度、表现过剩趋向没落！低级意识、低级重复、低级失误走向逼仄！经济过山车、社会过山车、人事过山车逐渐退场！

它将颠覆这样的历史：数量主导一切、标志全部、裁决成败！

奔腾不息的文明长河，数量是汹涌澎湃的水，质量是圈伏水能的堤坝，恒量是水势浩荡的内力！

当社会文明、产业文明从原始走到今天，虽然质量、恒量从没离场，但质量隐于幕后，恒量成了看客，文明成熟的三维尺度，几乎只有一根数量指挥棒指点江山。

毕竟，现代质量百年，我们还走在产品质量的丛林，未形成与管理质量、文化质量"一体三级"体系，也没有将人这个唯一主宰、最具活性的创造主体，以及政府、企业、文化、社会等任何组织形态作为质量对象，更没有建立从决策到执行、反馈、结果的质量体系，也没有形成工作质量、学习质量、生活质量的系统。

因此，我们制造也承受着这样扭曲的现象：

20%的人承当着至少80%的分量，80%的物品只发挥了不足20%的功能！

我们浪费了、重复了、闲置了至少20%不该发生的东西，也失误了、拍板了至少20%不该有的行为，还缺少了至少20%不该缺少的关键内容！

产品是蛋，管理是鸡，文化是基因！我们抓住产品不放，却忽视管理质量母体的强壮，骨子里漠视文明基因的塑造、文化作用的引力场。

站在历史的山巅，瞰视和人类一样漫长的质量史，文明的长河中，一切个体只是一粟，所有组织常如昙花，但历史的深处、高处、拐角处，文明的商品、知识、思想意识，从不乏质量的星光闪烁、丰碑耸立、神魂灵性照耀。

从司母戊鼎、金字塔、大运河到电脑、网络、卫星；从老子、孔子、苏格拉底到牛顿、瓦特、爱因斯坦；从《易经》《圣经》到《资本论》《科学管理》……文明的第一个轴心时代过去，两千年翘首再一个轴心时代降生：这个蓝色星球需要标志新文明期的一群巨人太阳光曜、一群巨著珠峰高耸、一群事物创世横空，一群群模式、机制、工具、方法、技术、技巧灿若繁星！

一部瑰伟的人类史不就是一部数量变迁、质量发展的历史吗？

今天，我们拥抱质量文明！

因为：质量决定存在的优质度，主导文明的常青度！质量文明能够升华任何人、任何组织的价值量、标志度、持续性！

明天，我们拥抱恒量文明！

因为：规律永恒！思想永恒！追求永恒！